Konfuzius im Management

Werner Schwanfelder ist Einkaufsleiter bei einem international tätigen Unternehmen und Bestsellerautor. Angeregt durch zahlreiche geschäftliche Reisen nach Asien beschäftigt er sich seit Jahren mit fernöstlicher Weisheit. Bei Campus erschienen zuletzt von ihm *Sun Tzu für Manager* sowie *Buddha und der Manager*.

Werner Schwanfelder

Konfuzius im Management

Werte und Weisheiten im 21. Jahrhundert

Campus Verlag
Frankfurt/New York

Alle im Buch zitierten Sprüche aus dem *Lunyu* wurden, sofern nicht anders angegeben, übersetzt von Erling Weinreich. Weitere Informationen auf: www.konfuzius.net

Bibliografische Information der Deutschen Nationalbibliothek
Die Deutsche Nationalbibliothek verzeichnet diese Publikation in der Deutschen Nationalbibliografie. Detaillierte bibliografische Daten sind im Internet über http://dnb.d-nb.de abrufbar.
ISBN-13: 978-3-593-37960-9
ISBN-10: 3-593-37960-0

Umschlaggestaltung: Büro Hamburg
Umschlagmotiv: © Zen Chiu Ling
Satz: Fotosatz L. Huhn, Maintal-Bischofsheim
Druck und Bindung: Freiburger Graphische Betriebe
Gedruckt auf säurefreiem und chlorfrei gebleichtem Papier.
Printed in Germany

Besuchen Sie uns im Internet: www.campus.de

Inhalt

Vorwort

Begegnung mit Konfuzius

Ich habe einen Freund in China, mit dem ich über viele Jahre zusammengearbeitet habe. Vor einigen Jahren habe ich mit ihm eine Einkaufsabteilung in China aufgebaut. Inzwischen ist er in einem anderen Unternehmen CEO. Er hat eine beachtliche Karriere gemacht. Bei meinem letzten Besuch in Shanghai trafen wir uns an einem verregneten Abend. Es war schon spät. Wir trafen uns am Bund, wo ich in einem Hotel untergebracht war. Der Bund ist die Uferpromenade von Shanghai, der faszinierendste Platz der ganzen Stadt. Dieser Meinung sind auch die Chinesen. Sie kommen hierher und fotografieren sich ohne Unterlass vor der Skyline der expandierenden Stadt. Wir trafen uns im Paulaner, nicht eben einfallsreich für eine kulinarisch so vielfältige Stadt wie Shanghai. Aber es regnete, und wir tranken ein gepflegtes Bier zu unserem Gespräch, auf das es uns ankam. Mein chinesischer Freund war seit einem Monat CEO der Niederlassung einer deutschen Firma, und es interessierte mich, wie er mit dieser Herausforderung zurechtkam.

Er hatte schon vorher Führungsverantwortung getragen, aber dies war nun doch ein wesentlicher, großer Schritt für ihn. Wir sprachen über die Einstellung, mit der er an diese Aufgabe heranging, und da sagte er einen Satz, der zu diesem Buch führte. »Ich habe einen guten Berater, den ich konsequent in Anspruch nehme.« Ich sah ihn fragend an. Lachend ergänzte er: »Konfuzius.«

Er ist in einer traditionsbewussten Familie groß geworden, deren Lebensweise vom Konfuzianismus geprägt war. Dieses Gedankengut war sozusagen mit seinem Leben verknüpft. Er las die *Gespräche* von Konfuzius immer wieder, hatte viele Zitate sogar auswendig parat.

»Konfuzius hat viele Weisheiten formuliert, die man auch im täglichen Leben anwenden kann, und natürlich erst recht als Manager, immer da, wo man es mit anderen Menschen zu tun hat. Dabei sind mir die Grundhaltungen wichtig. Ich bin davon überzeugt, dass Konfuzius bereits vor 2500 Jahren allgemein Gültiges erkannt hat. Auch für uns Manager.«

Aus diesem Gedanken, den wir dann noch trefflich diskutierten, entstand letztendlich dieses Buch. Ich habe auch die Erfahrungen meines Freundes in diesem Buch untergebracht. Es sind die Geschichten, die Situationen, die sich in der Fahrradfabrik AG Filiale China ereignen, in der er CEO ist. Natürlich ist er in einer anderen Firma beschäftigt. Natürlich habe ich die Beispiele etwas verfremdet, sodass sie keine Rückschlüsse auf lebende Personen zulassen. Aber im Kern sind es seine Erfahrungen mit Konfuzius als Berater.

Die Idee fasziniert mich, weil sie doch eigentlich naheliegend ist. Warum lassen wir uns nicht von einem der großen Weisen aus der Vergangenheit beraten? Weisheit ist nichts Neues, Weisheit ist ein uraltes Menschheitsgut. Man muss es nur immer wieder – wie einen wertvollen Schatz – heben.

Wir benötigen die Weisheit von Konfuzius heute dringend. Und Manager benötigen diese Weisheit heute dringender denn je.

Ich selbst bin Manager und habe seit vielen Jahren Führungsverantwortung. Ich bin im Laufe dieser Zeit zu zwei Einsichten gelangt: Zum einen sind die meisten Fehler, die in Unternehmen gemacht werden, Managementfehler. Nicht die einfachen Mitarbeiter machen die großen Fehler, sondern die Manager. Die Konsequenzen dieser Fehler sind weitreichend. Solange die Konjunktur steil bergan verläuft, machen sich die Fehler nicht bemerkbar. Wenn es steil nach oben geht, wird selten darüber gestritten, ob es noch ein bisschen steiler nach oben gehen könnte. Im Tal der Tränen aber wird jeder Managementfehler sofort offenkundig. Und die Konsequenz: Die Manager entfalten Hektik, sind überfordert, machen weitere Fehler. Schließlich werden Mitarbeiter entlassen, Unternehmen gehen zugrunde. Das Spiel ist aus.

Nun könnte man meinen, man müsste Manager eben besser ausbilden. Ich denke, dass dies nichts oder nur wenig ändern würde. Ich bin in einem Unternehmen beschäftigt, das großen Wert auf Ausbildung legt. Eigentlich dürfte es bei uns keine schlechten Manager geben. Aber auch bei uns gibt es sehr große Unterschiede. So glaube ich mittlerweile, dass man zwar handwerkliche Managementfähigkeiten erlernen kann, nicht aber die inneren Qualitäten von Management.

Sehr wohl kann man aber sich selbst verändern, sofern man die Einsicht hat. Wenn ich ganz persönlich zu der Ansicht gelange, dass ich meine Managementfähigkeiten verändern muss, dann kann ich dies bis zu einem gewissen Grad auch erreichen. Wie komme ich aber zu der Einsicht, dass ich mich verändern muss? Vielleicht, indem ich auf einen Berater höre. Viele Manager arbeiten auch mit einem persönlichen Coach.

So ein Berater oder Coach könnte Konfuzius sein.

Dieses Buch will das Nachdenken über Veränderungsnotwendigkeiten begleiten und vielleicht auch fördern. Es will dem Manager, dem wirtschaftlich denkenden Menschen Konfuzius als Berater oder Coach nahe bringen. Vielleicht hat dieser Konfuzius mit seiner Weisheit aus alter Zeit das Potenzial, Einstellungen zu ändern, Managementqualitäten zu verbessern. Vielleicht hat der Einzelne, der Leser, die Möglichkeit, Erkenntnisse für sein weiteres Arbeitsleben abzuleiten.

Konfuzius, das ist eine Person in weit entfernter Vergangenheit. Dennoch ist sein Name sehr geläufig. Viele Menschen sprechen über Konfuzius. Viele Zitate sind mit seinem Namen verbunden. Wie kann man Konfuzius erfassen?

Vielleicht auf einer Reise?

Ich habe geschäftlich viel in China zu tun. Und ab und zu nehme ich mir auch die Freiheit, privat in China Urlaub zu machen und dann meinen Interessen in aller Ruhe nachzugehen. Ein Interesse richtete sich darauf, Konfuzius zu finden und ein bisschen auch zu begreifen.

Daher entschloss ich mich, eine Reise in seine Heimat zu machen. Ich begann in der Stadt Taian in der Provinz Shandong. Dort packten wir unsere Sachen und machten uns auf, einen der fünf heiligen Berge des Buddhismus in China zu erklimmen – den Taishan-Berg. Sein Hauptgipfel wird als Gipfel des Jade-Kaisers bezeichnet. Er ist über 1500 Meter hoch, ein anstrengender Marsch stand uns bevor. Das Taishan-Gebirge ist stark bewaldet. Hier wachsen weit über 20000 uralte Bäume. Das passt irgendwie zu Konfuzius, ist unsere Vermutung. Aber das denken nicht nur wir, sondern auch viele andere, vor allem chinesische Touristen, die sich gemeinsam mit uns auf den Weg machen. Der Taishan-Berg ist ein beliebtes Reiseziel, und es gibt den entsprechenden Rummel um den Berg herum. Der Berg ist eine majestätische Erscheinung und flößt Betrachtern und Besuchern Respekt ein. Die Chinesen besuchen ihn wegen seiner Bedeutung als »Altar des Himmels«. So haben sich bereits 72 Kaiser der chinesischen Geschichte zum Taishan-Berg begeben, um dort dem Himmelsgott Opfergaben darzubringen. Viele Generationen glaubten, dass der Himmelsgott den Kaiser legitimiere, auf der Erde zu herrschen. Dem Himmelsgott war man auf dem Taishan-Berg am nächsten.

1987 wurde der Taishan-Berg im Osten des Berglandes von Shandong übrigens von der UNESCO in die Liste des Weltkulturerbes der Menschheit aufgenommen. Das hat zwar keine unmittelbaren Auswirkungen, aber die Chinesen sind sehr stolz darauf, und das Bergland von Shandong ist natürlich noch viel bekannter geworden. Heute besuchen das Gebiet daher nicht nur chinesische Touristen, sondern auch solche aus Korea und Japan, und ab und zu ist auch ein einsamer Wanderer aus Europa dabei.

Den Gipfel des Taishan kann man auf mehrere Arten erklimmen. Wir nehmen wie die meisten den Minibus bis zum Tor des

Mittleren Himmels, das sich auf halber Höhe befindet. Von dort führt eine Seilbahn zum Hauptgipfel hinauf. Wir jedoch erklimmen den letzten Teil des Taishan-Berges zu Fuß. Dies scheint uns der angemessene Weg zu sein: Wir müssen und wollen Mühe und Kraft einsetzen, um uns dem Himmel zu nähern.

6293 Stufen führen hinauf zum Gipfel des Jade-Kaisers. Die Strecke ist steil und in der Tat mühsam. Früher glaubte man, das Paradies zu erreichen, wenn man den langen Aufstieg hinter sich gebracht hatte. Das glauben wir zwar nicht und die meisten Chinesen wohl auch nicht mehr, aber vielleicht versucht doch der eine oder andere und vielleicht auch wir, wenn wir ehrlich sind, einen Zipfel vom Paradies zu ergattern.

Ganz oben auf dem Gipfel erstreckt sich ein weitläufiger Platz, bestimmt durch eine Straße und Wirtshäuser. Die Straße heißt Tianjie, auf Deutsch »Straße des Himmels«. Die meisten Touristen entscheiden sich dafür, in einem der Wirtshäuser hoch oben auf dem Gipfel zu übernachten. In der Morgendämmerung stehen sie früh auf und beobachten vom Gipfel aus den Sonnenaufgang. Wir machen es ihnen einfach nach.

Vor mehr als 2500 Jahren bestieg der große Denker Konfuzius den Taishan-Berg. Der majestätische Gipfel erweckte große Ehrfurcht in ihm. Als er vom Gipfel hinunterschaute, hatte der Philosoph den Eindruck, dass das Reich unter ihm »klein« wirke, so die Überlieferung. Dieser Eindruck beflügelte seinen Ehrgeiz und seine philosophischen Studien.

Wir beobachten den Sonnenaufgang, der sich nicht so richtig aus den Wolken befreien kann, eine kurze Zeit ist es wirklich still, und man meint den Himmel zu fühlen. Aber bald ist die Luft erfüllt von dem allgemeinen Touristengetümmel. Da kommt keine Ehrfurcht mehr auf. Jedenfalls ist die Welt da unten klein. Wir müssen Konfuzius zustimmen. Von hier oben relativiert sich so manches, was die Menschheit auf dem gesamten Erdball bewegt.

Die Heimat von Konfuzius befindet sich nicht weit vom heiligen Berg Taishan, in der kleinen Stadt Qufu im Südwesten der

Provinz Shandong. Hier wurde Konfuzius geboren und hier ist er aufgewachsen. Qufu ist daher auch die nächste Station unserer Reise.

Qufu wurde, wie später Peking, entlang einer kosmischen Achse angelegt. Der Palast der Hauptstadt des Fürstentums Lu – Vorgänger des heutigen Qufu – wurde von Nord nach Süd ausgerichtet, Stadttore, Türme, Altar axial angeordnet. So gilt Qufu bis heute als eines der ältesten Beispiele der chinesischen Stadtanlage.

Die heutige Stadt liegt im südwestlichen Teil der alten Lu-Hauptstadt, die von einer Mauer mit 16 Stadttoren umgeben war. Unter dem Ming-Kaiser Jiajing (Regierungszeit 1521–67) wurde Qufu um den Konfuzius-Tempel herum neu aufgebaut. Der Tempel bildet immer noch das eigentliche Zentrum Qufus – mit 21 Hektar nimmt er ein Fünftel der Stadtfläche ein.

Heute leben in der von Tourismus und Landwirtschaft geprägten Gegend in und um Qufu 510000 Menschen, von denen 110000 stolz sind auf denselben Familiennamen: Kong. Davon leitet sich der europäisierte Name Konfuzius ab.

Qufu wird heute immer noch bevorzugt von Akademikern und Gelehrten besucht. Es scheint für sie ein »Muss« zu sein, die Quelle der chinesischen Philosophie aufzusuchen. So ist Qufu keine normale Touristenstadt, sie ist eher die Philosophenstadt und in diesem Sinne natürlich die Konfuziusstadt.

»Lasse dich erheben durch die Lieder, stehe fest durch die Riten und werde vollendet durch die Musik.« Bis in unsere Zeit wird dieser Lehrsatz des Konfuzius bei Gedenkfeiern für den großen Weisen in Qufu befolgt. Ob die vielen lauten chinesischen Touristen dies heute noch so verstehen, ist uns nicht ganz klar geworden.

Konfuzius war einst ein unscheinbarer Wanderprediger, einer unter vielen, als sich damals vor zweieinhalbtausend Jahren überall in China neue philosophische und politische Strömungen herauskristallisierten. Er war auf der Suche nach dem idealen Herrscher. Diesem wollte er mit Fleiß dienen. Gefunden hatte er ihn nicht, so kehrte er enttäuscht in seinen Heimatstaat Lu zurück. Seine Lehrsätze und philosophischen Gedanken sind später von Schülern niedergeschrieben worden und bilden eine eigene Gedankenwelt und Philosophie, den Konfuzianismus. Seine Ideen haben in China und in ganz Asien tiefe Spuren hinterlassen.

Als Tourist pilgert man natürlich zunächst einmal zum Konfuzius-Tempel. Konfuzius heißt auf Chinesisch Kong Fuzi oder Kong Zi, also Meister Kung. Unter jenem Aprikosenbaum, unter dem auch wir nun stehen, soll er seine Schüler gelehrt haben. Er sprach dabei von den mythischen Herrschern der Frühzeit, die der Überlieferung nach allein durch ihr tugendhaftes Vorbilds regierten. Konfuzius suchte die Zukunft in der Vergangenheit zu erkennen.

Vom mächtigen Stadttor aus erstreckt sich Chinas größter Konfuzius-Tempel. Das erste Tempeltor trägt die Inschrift »Schall der Gongs und Vibrieren der Jade-Klingsteine«. Nach dieser Einstimmung auf das Opfergeschehen durchschreitet der Besucher weitere sieben Tore und gelangt schließlich zur ersten Halle, der Bibliothek Kuiwenge. Steininschriften, die bis in das Jahr 56 n. Chr. zurückreichen, belegen hier, wie alt der Konfuziuskult bereits ist. Die bedeutendsten finden wir im folgenden Hof, durch Pavillons geschützt. Im zweiten Hof des Osttrakts befindet sich ein Brunnen, aus dem angeblich schon Meister Kung persönlich getrunken haben soll. Der gesamte mittlere Trakt fiel im 18. Jahrhundert einem Brand zum Opfer und wurde danach komplett neu aufgebaut. Rund um den Innenhof läuft eine Galerie, die mit Inschriften und Steinreliefs ausgeschmückt ist. In diesem Hof haben sich früher zu Opferfeiern tausend Mitwirkende versammelt. Wir können dies heute kaum nachvollziehen. Zugegebenermaßen stören auch die vielen lauten chinesischen Touristen solche Gedanken. In der Mitte des Hofes liegt, von einem Pavillon überdacht, die sogenannte »Aprikosenterrasse«. Der Name ist eine Anspielung auf eine alte Textstelle, laut der Konfuzius einst an erhöhter Stelle umgeben von seinen Anhängern saß und musizierte.

Der prächtigste Bau der gesamten Anlange ist die Opferhalle Dacheng Dian mit ihren Drachensäulen. Leider sind die pompösen Goldschreine und Statuen im Inneren der Halle bloße Nachbildungen aus den achtziger Jahren des 20. Jahrhunderts. Die ursprüngliche Innenausstattung wurde während der Kulturrevolution zerstört. An die Opferhalle schließt sich eine weitere, kleinere Halle an. In dieser sogenannten »Schlafhalle« befindet sich ein Schrein für Konfuzius' Frau. Schließlich folgt noch die »Halle der Spuren des Weisen«, an deren Wänden Szenen aus dem Leben des Konfuzius zu sehen sind.

Nach Konfuzius' Tod ließ der Fürst von Lu einen ersten kleinen Gedenktempel für den in seiner Zeit gescheiterten Staatslehrer bauen. Es dauerte immerhin 200 Jahre, bis die chinesischen Kaiser erkannten, wie gut sie ihren Herrschaftsanspruch von den Lehren des Konfuzius ableiten konnten. Daher erhoben sie die konfuzianische Philosophie zur Staatsdoktrin. Rein äußerlich kann man die Auswirkungen am Konfuzius-Tempel in Qufu erkennen. Er wurde von Dynastie zu Dynastie größer und prächtiger ausgestaltet.

Zehn jeweils aus einem Steinblock gehauene Säulen tragen das doppelte Dach des Tempels. Darauf Drachen, die mit der Sonne spielen. Diese Steinmetzarbeiten sind so außergewöhnlich kunstvoll, dass sie beim Besuch des Kaisers verhängt wurden, heißt es. Der Sohn des Himmels sollte nicht vor Neid erzürnen, weil es so vollendete Säulen in seinem Palast nicht gab.

Die Chinesen, die einst das Tor zum Konfuzius-Tempel in Qufu durchschritten, konnten sehr stolz auf sich sein, denn sie hatten in diesem Staat schon viel erreicht: Sie hatten jahrzehntelang kaum verständliche Texte auswendig gelernt. Sie hatten viele harte Prüfungen bestanden und waren nun Anwärter auf ein Staatsamt. Für die hohen Beamten, die Mandarine, war es zunächst Brauch und später sogar Pflicht, vor Antritt ihres Amtes zu diesem Tempel zu pilgern. Auch alle Beamten, ausgebildet nach den von Konfuzius aufgestellten Regeln, das heißt in den klassischen Werken sowie in Riten, Musik und im Bogenschießen und in der alten Schriftsprache geprüft, mussten diesen Ort aufsuchen. Diese Gelehrten des Konfuzianismus waren die Säulen der Gesellschaft und übten bis ins 20. Jahrhundert hinein großen Einfluss auf die chinesische Politik und Gesellschaft aus.

In der Tempelanlage stehen Zypressen, die einst von Kaisern gepflanzt wurden: Sie gelten als Symbol für die immerwährende Gültigkeit der Lehren des Konfuzius. Dem heutigen Besucher fällt vor allen Dingen das kaiserliche Gelb auf. Kein Sterblicher im Reich der Mitte durfte solche gelben Ziegel verwenden. Sie blieben dem Kaiser vorbehalten. Der Konfuzius-Tempel ist eine der wenigen Ausnahmen. Auch die Drachen als Dachschmuck weisen auf den kaiserlichen Einfluss hin, denn auch sie sind Symbole für den Kaiser. Mit diesen Insignien sollten natürlich die Besucher beeindruckt werden. Erhabene Gefühle, Ehrfurcht und Respekt begleiteten sie auf dem heiligen Weg zum Haupttempel. Dabei mag aber auch Vorfreude den Gang der Besucher beschleunigt haben, denn für sie waren nunmehr alle Hindernisse auf dem Weg zu künftigem Reichtum überwunden: Schließlich waren mit jedem Amt reichhaltige Pfründe verbunden.

Wir schreiten durch die Audienzhalle, in der früher Gesuche eingereicht und Gericht gehalten wurde. Von dort aus wurde auch der größte private Landbesitz in China verwaltet. Hatte Konfuzius zu seinen Lebzeiten noch Bescheidenheit und Menschlichkeit gepredigt, waren seinen Nachfahren diese Eigenschaften offenbar völlig fremd. Jahrhundertelang herrschten sie fürstengleich über ihre Leibeigenen, bis zuletzt der Nachfahre aus der 75. Generation mit Chiang Kai-shek vor den Kommunisten nach Taiwan flüchten musste. Während der anschließenden Plünderung wurden große Teile der Residenz zerstört. Trotzdem ist sie eines der besten Beispielen früherer chinesischer Wohnkultur. So befindet sich das private Wohnzimmer noch etwa in dem Zustand wie 1949, als die Bewohner flohen. Die Wasserpfeifen im Arbeitszimmer scheinen nur auf die Rückkehr ihrer Besitzer zu warten. Interessante Aufschlüsse über die frühere chinesische Wohn- und Alltagskultur gibt auch die Konstruktion der Räumlichkeiten: Da alle Räume miteinander verbunden und somit frei zugänglich waren, gab es kaum Privatsphäre. Einzig hinter den Bettvorhang konnte man sich zurückziehen. In diesen verwinkelten Gemächern kann sich der Betrachter auch gut die Szenen vorstellen, die sich damals abgespielt haben dürften, die Machtspiele und Intrigen, Rangkämpfe und Eifersüchteleien unter den zahlreichen Konkubinen der Herren Kong. Konfuzius' Lehre wurde zu seinen Lebzeiten nicht anerkannt, dann missbraucht und schließlich während der Kulturrevolution bekämpft. Damals galt sie als »reaktionäre Ideologie«. Maos Rote Garden zerstörten die Statue des Philosophen, erst 1984 wurde eine Gipskopie aufgestellt.

Ein, man könnte sagen bedeutendes, Missverständnis ist die Erklärung des pragmatischen Moralisten Konfuzius zum Gott, welche der letzten Kaiser erließ. Das hätte sich Konfuzius zu Lebzeiten nicht gefallen lassen, denn er hielt nicht viel von Religion: »Opfert den Göttern, aber haltet euch fern«, soll er einmal gesagt haben. Er, dem das Jenseits wenig galt, ist heute ein Gott.

Dennoch, wir sind auf der Spurensuche. Was finden wir von Konfuzius, seinen Gedanken, seinen Idealen? Immer noch empfinden wir den Konfuzius-Tempel als das, was er über alle Jahrhunderte war, als heiligen Ort. Noch heute gilt der Tempel vielen asiatischen Touristen als eine Art Mekka.

Hier im Konfuzius-Tempel kann man die chinesische Architektur und Baukunst in einer sonst selten auffindbaren Vollkommenheit studieren: Dreifache Dächer mit himmelwärts aufgebogene Ecken, Holzkonstruktionen, die ohne einen einzigen Nagel zusammengefügt seit Jahrhunderten fest und unverändert stehen. Allein die Paläste der Verbotenen Stadt können dem Vergleich mit der Tempelanlage von Qufu standhalten.

Wir sitzen auf den Treppen der Tempelhalle und sind trotz der vielen Besucher beeindruckt von den gewaltigen Bauten. Hier schlägt in der Tat das geistige Herz Chinas. Auch wenn man Konfuzius selbst in China über lange Jahrhunderte nicht richtig verstehen wollte. Hier ist man ihm trotz allem nah.

Die Nachfahren von Konfuzius verwalteten diese Tempelhalle. Hier veranstalteten sie zu Aussaat und Ernte, aber auch bei Geburtstagen und anderen Gedenken, zur Verehrung der Ahnen große Zeremonien: Angeblich soll Konfuzius selbst die Anzahl der beteiligten Musiker und Tänzer sowie die Art der Instrumente und die Schrittfolgen festgelegt haben. Wahrscheinlicher ist aber, dass sich seine Nachfahren damit in Szene setzten. Heute lassen solche Feiern die frühere Bedeutung nur noch erahnen.

Im Laufe der Zeit wurde es geradezu Pflicht, dass jeder Kaiser vor seiner Inthronisation oder nach einem siegreichen Feldzug Qufu besuchte und seine Lobeshymnen auf Konfuzius, dem »Lehrer und Vorbild für 10000 Generationen« und sich selbst in Stein hauen ließ. Die Texte dieser steinernen Bibliothek aus Hunderten von Stelen wurden immer wieder abgeschrieben und auswendig gelernt. Konfuzius selbst war weniger anspruchsvoll. Von ihm ist nichts Schriftliches überliefert, seine Lehren wurden erst viel später schriftlich niedergelegt.

Um den einfachen Sterblichen die Unvergänglichkeit der Konfuzianischen Lehrsätze begreifbar zu machen, wurden sie auf steinernen Schildkröten festgehalten. Diese Schildkröten – Symbole für langes Leben – tragen Lehrsätze wie: »Die Menschen sind von Natur aus gut, aber wenn sie nichts lernen, wird ihre Natur verdorben.« oder »Nur durch das weise aufklärende Wort des Altertums kann der Mensch gewandelt werden.«

Konfuzius genoss zu Lebzeiten wenig oder kaum Anerkennung. Diese erhielten erst seine direkten Nachfahren, dafür wohl im Übermaß. Viele von ihnen wurden bestattet wie Fürsten. Mandarine stehen als Grabwächter vor den Gruften, steinerne Tiere säumen die Wege zu den Gräbern. Dabei stehen Pferde für den hohen Beamtenrang, Schafe für die kindliche Pietät. Katzen sind die Sinnbilder seherischer Kräfte. All diese Tiere und Figuren sind der Beistand auf dem Weg ins Jenseits für die Nachfahren des großen Weisen.

So mancher Urenkel des Meisters wurde in den Adelsstand erhoben, heiratete kaiserliche Töchter. Das kann man durchaus als Zeichen von Dank verstehen, schließlich legitimierte und stützte der Konfuzianismus ihre Herrschaft durch eine klare Hierarchie: »Der Kaiser untersteht dem Himmel, der Untertan dem Kaiser, der Sohn dem Vater, die Frau dem Mann.« Diese Lehre behielt ihren Geltungsanspruch über 2000 Jahre lang.

Die Überlegung war dennoch faszinierend: Bildung, nicht adelige Herkunft, sollte den Weg zu Einfluss und Reichtum sichern, hatte Konfuzius gefordert. Dies wurde verwaltungstechnisch umgesetzt, aber blieb dennoch ein Ideal, da letztlich nur die adeligen Grundbesitzer es sich leisten konnten, ihren Söhnen die erforderliche Bildung durch jahrelange private Studien zukommen zu lassen.

»Allerweisester alter Lehrer« lautet die ehrfürchtige Inschrift auf der Grabtafel des Konfuzius im Tempel. Jahrtausende hat dieser Tempel überdauert, immer wieder erneuert, erweitert und vergrößert von den Kaisern, die sich als die Hüter des Konfuzius-Kultes verstanden. Die Umsetzung des Kultes überantworteten sie den Nachfolgern des Weisen in Qufu. Der Kong-Hof, die Residenz der Konfuzius-Nachfolger direkt neben dem Tempel, nimmt eine Fläche von fast 17 Hektar ein und umfasst 463 Räume. Das große Haupttor der Residenz war allein dem Herrscher vorbehalten. Niemand sonst durfte es durchschreiten, nicht einmal die mächtigen und reichen Nachfahren des Konfuzius. Kam der Kaiser zu Besuch in die Residenz nach Qufu, so wurde jedes Mal, wenn der Kaiser durch das Tor ging, ein dreizehnfacher Ehrensalut geschossen.

Wir pilgern noch zu dem nördlich gelegenen Familienfriedhof. Jeder, der den Namen des Weisen Kong trägt, hat ein Recht darauf, im heiligen Hain, dem Familienfriedhof, bestattet zu werden. In der Mitte des Hains liegt das Grab des Meisters. Es hat die Form eines Pferderücken. Dies ist ein Zeichen von Pietät. Die große Stele vor dem links hinten liegenden Konfuziusgrab nennt den Ehrentitel des Weisen: »Großer Vollender, höchster Heiliger, kulturverbreitender König«.

Überall in dem zwei Quadratkilometer großen, lichten Wald entdeckt man alte und neue Grabhügel. Steinerne Grabfiguren, Altartische und Stelen kennzeichnen die Herzogsgräber.[1]

Geschichte des Konfuzius-Tempels[2]

Eigentlich kennt man in der chinesischen Philosophie keinen Tempel. Das chinesische Wort für Tempel (miao) hat keinen sakral-kirchlichen Ursprung, sondern leitet sich ab aus dem Wort für »Angesicht« (mao) und bezeichnete den Ort, an dem man sich das Angesicht seiner verstorbenen Ahnen in Erinnerung rief. Damit wird der chinesische Tempel zu einer Begegnungstätte mit den Ahnen.

Dies gilt auch für jeden Konfuzius-Tempel in China. Er ist eine Begegnungsstätte mit und für die Nachfahren des Konfuzius aus der Familie Kong. Daraus leitet sich auch der Anspruch der Familie Kong ab, die Pflege des Konfuzius-Tempels zu übernehmen. Verantwortlich ist jeweils der älteste Sohn.

Der ursprüngliche, sozusagen der »echte« Konfuzius-Tempel befindet sich im Heimatort von Konfuzius, dort, wo einst das Haus von Konfuzius stand, in dem er seine Schüler unterrichtete. Die Historiker berichten, dass bereits ein Jahr nach seinem Tod, im Jahr 478 vor Christus seine Anhänger ein »Konfuzius-Haus« am Ort seines Wohnhauses einrichteten und zahlreiche persönliche Erinnerungsgegenstände dort unterbrachten. Ein »Tempel« in der heutigen Form wurde aber erst daraus, als die Kaiser und ihr Gefolge Konfuzius für ihre Zwecke entdeckten. Als der erste Konfuzius-Biograf Sima Qian, der Vater der chinesischen Dynastiegeschichtsschreibung (145–86 v. Chr.), es mehrere hundert Jahre später beschrieb, war das Konfuzius-Haus noch immer in seinem ursprünglichen Zustand. Der Gründer der Han-Dynastie war der erste Kaiser, der den Tempel aufsuchte und Konfuzius hier verehrte.

In den folgenden Jahrhunderten erlebte der Tempel ein stetiges Auf und Ab, das die wechselhafte Geschichte des Konfuzianismus widerspiegelt. Während er in der Blütezeit des Buddhismus und in den ersten Jahren der Fremdherrschaft jeweils verfiel, wurde er in der Folge immer wieder und umso prächtiger aufgebaut.

Praktisch alle Kaiser haben im Laufe ihrer Regierungszeit Umbauten oder Renovierungen am Konfuzius-Tempel durchführen lassen. Allein in den knapp dreihundert Jahren der Ming-Dynastie von 1368 bis 1644 wurde der Konfuzius-Tempel mehr als zwanzigmal umgebaut oder renoviert. Dies ist zum Teil mit dem Baustoff Holz erklärbar, der eben nicht für die Ewigkeit gedacht war. Insbesondere die farbenprächtige Bemalung verblasste schon nach wenigen Jahren. Da der letzte große Umbau bereits fast dreihundert Jahre zurückliegt, überzieht den Tempel heute eine Patina des hohen Alters, die jedem chinesischen Kaiser als Frevel erschienen wäre – er hätte den Tempel umgehend in leuchtenden Farben streichen lassen und auf das Dach noch ein paar Ziegel in kaiserlichem Gelb gesetzt.

Im Jahr 1906 wurde der Konfuzius-Tempel neu mit gelben Dachziegeln gedeckt und damit architektonisch dem Kaiserpalast gleichgestellt. Das Konfuzius-Opfer wurde zu einem Opfer zu Ehren des Himmels erklärt, das bedeutet, dass Konfuzius im Prinzip zum Gott erhoben wurde.

Im Laufe der Geschichte brannte der Konfuzius-Tempel mehrmals vollständig nieder, so zum Beispiel in den Jahren 1499 und 1724. Dank der kommunistischen Regierung der VR China erhielt der Tempel schließlich im Jahr 1959 einen Blitzableiter.

Die letzte große Renovierung des Konfuzius-Tempels erfolgte 1977 bis 1981 sowie 1985. Seit 1979 ist der Tempel auch für Besucher aus der westlichen Welt geöffnet.

Wir haben auf unserer Reise nur bedingt den Zugang zu Konfuzius gefunden. Uns begegneten viele fröhlich-laute chinesische Touristen, sie boten uns keinen Kontakt mit den Hütern der Gedanken von Konfuzius. Beeindruckend war dennoch der unverkrampfte Umgang dieser Menschen mit ihrer Kultur und Philosophie. Konfuzius ist noch immer fester Teil des chinesischen Lebens. Der Konfuzianismus muss daher auch nicht besonders gepflegt und gehegt werden, weil alle Chinesen konfuzianisch geprägt sind. Das können wir Europäer mit unseren anderen philosophischen und religiösen Wurzeln nur bedingt nachvollziehen.

Aber Konfuzius ließ uns dennoch nicht los. Wir studierten die Schriften seiner Schüler.

Konfuzius – Ratgeber seit 2 500 Jahren

Wer war Konfuzius?

Der Meister sprach:
»Als ich fünfzehn war, war mein ganzer Wille auf das Lernen gerichtet. Mit dreißig stand ich fest im Leben. Mit vierzig war ich nicht mehr verwirrt. Mit fünfzig hatte ich den Willen des Himmels erkannt. Mit sechzig klang meinem Ohr alles angenehm. Mit siebzig folgte ich den Wünschen meines Herzens, ohne dabei die Regeln zu brechen.«

Lunyu 2.4

Dieses Zitat aus den »Gesprächen« (*Lunyu*)[1] könnte der Schlüssel zum Verständnis von Konfuzius sein. Er strebte sein ganzes Leben nach Erkenntnis. Diese Erkenntnis bemühte er sich dann für die menschliche Gesellschaft einzusetzen. So wird Konfuzius zum selbstlosen Diener der Menschheit.

Es existiert nur eine einzige Konfuzius-Biografie, die Sima Qian (der als Herodot des alten China bezeichnet wird) etwa 400 Jahre nach seinem Tod verfasst hat. Ihr verdanken wir unser Wissen über Konfuzius.

Der Rufname von Konfuzius war Qiu (Erdhügel), er trug den Beinamen Zhongni, was so viel wie der »zweitgeborene Sohn Ni« bedeutet. Er stammte aus einer verarmten Familie aus dem Kleinadel. Seine Heimat war der Staat Lu in der heutigen Provinz

Shandong. Er wurde 551 v. Chr. in Qufu, etwa 180 Kilometer südlich von Jinan (der Hauptstadt von Shandong) geboren und starb 479 v. Chr. Die in der westlichen Welt übliche Bezeichnung Konfuzius ist eine Latinisierung der Jesuiten aus dem 17. Jahrhundert von Chinesisch Kong Fuzi (Lehrer Kong). Von den Chinesen wird Konfuzius meistens nur Kongzi (Meister Kong) genannt.

Konfuzius hatte eine eher armselige Kindheit, sein Vater starb früh, und seine Mutter konnte ihn und seinen älteren Bruder gerade so ernähren. Ob er eine Ausbildung in einer Schule genoss oder ob er von seiner Mutter und seinem Großvater ausgebildet wurde, ist nicht geklärt. In seiner Jugendzeit lernte er jedenfalls die »sechs Künste«, wie es damals üblich war. Sie umfassten Riten, Musik, Bogenschießen, Wagenlenken, Schreiben und Rechnen. Schon früh konnte er schreiben und übertraf bald den Wissensstand seiner Lehrer.

Konfuzius lebte in der Chun-Qiu-Zeit, die von 772 bis 481 v. Chr. dauerte und nach den Annalen des Staates Lu (*chunqiu*) benannt ist. Die Zeit, in der Konfuzius lebte, war eine Zeit der Wirren. Zwischen einer Vielzahl von Kleinstaaten gab es ständige Kämpfe und kriegerische Auseinandersetzungen. Der König der damaligen Zhou-Dynastie besaß praktisch keine Macht und konnte dem Chaos nur tatenlos zusehen. So ist es auch gar nicht verwunderlich, dass der Grundgedanke der Philosophie von Konfuzius die Ordnung ist. Er wollte Ordnung in das Chaos der Welt bringen, indem er einen weisen Herrscher suchte, der diese Gedanken umsetzen würde. Allerdings scheiterte sein Lebenswerk in dieser Hinsicht.

Der Historiograf Sima Qian berichtet, dass Konfuzius als junger Erwachsener zunächst bescheidene Verwaltungsstellen im Staat Lu bekleidete. Er war Aufseher über die Getreidespeicher eines Bezirkes und Aufseher über die öffentlichen Weiden. Später war er wegen seiner Vertrautheit mit traditionellen Kultangelegenheiten, Riten und Zeremonien als wandernder Lehrer tätig.

Seine politische Laufbahn war kurz. Sie begann um 500 v. Chr.

in der Stadt Zhongdu, die für das Herzogtum Lu eine wichtige Rolle spielte. Er brachte Ordnung in die Stadt, indem er die Methoden, die er lehrte, anwandte. Die anschließenden Ämter als Bau- beziehungsweise Justizminister erledigte er zur Zufriedenheit des Herzogs von Lu. Bekannt ist sein Wirken als Zeremonienmeister während eines wichtigen Treffens zwischen den Herzögen von Lu und Qi, bei dem er durch seine moralische Überlegenheit während der Verhandlungen den Herzog Qi zur Herausgabe umstrittener Gebiete brachte.

Konfuzius scheiterte in Lu aber schließlich doch an einer List des Herzogs von Qi, der diese Niederlage nicht vergessen hatte. Nach der Überlieferung schickte der Herzog von Qi 80 schöne Frauen und 120 Pferde an den Hof des Herzogs von Lu, der sich dadurch von den Staatsgeschäften und der korrekten Durchführung der Riten ablenken ließ. Konfuzius war enttäuscht und quittierte seinen Dienst.

Es begann eine 13-jährige Wanderschaft durch verschiedene Staaten des damaligen China. Er suchte vergeblich einen Herrscher, der bereit gewesen wäre, seine Vorstellungen in der Politik umzusetzen. Konfuzius litt immer mehr unter dem Gefühl seiner Erfolglosigkeit, er zog sich aus der Öffentlichkeit zurück. Am Ende seines Lebens soll er sich in Lu aufgehalten haben. Er starb im Alter von 72 Jahren; seine Schüler trauerten drei Jahre lang. Damit wird auf die dreijährige Trauerzeit angespielt, die Kindern beim Tode ihrer Eltern vorgeschrieben war.

Konfuzius hatte als Erster in der Geschichte des chinesischen Denkens eine Art Schule begründet. In seinen »Gesprächen« treten 22 Schüler auf. China befand sich zu der Zeit des Konfuzius in einem gesellschaftlich-ökonomischen Umbruch. Aus diesem Grunde waren die Menschen auf der Suche nach einer neuen Orientierung. Die »Gespräche« zeigen eindrücklich, dass Konfuzius diese neue Orientierung geben will und sich um ihre Vermittlung in die Politik bemüht. Konfuzius hat sein Werk nicht selbst verfasst; es liegen einzig Aufzeichnungen seiner Schüler vor. Die

Überlieferung des Textes erfolgte über die verschiedensten Wege, sodass heute in den »Gesprächen« unterschiedliche Textschichten vorliegen. In Europa wurde Konfuzius erst im 17. Jahrhundert bekannt, als die Jesuitenmissionare Kunde von ihm erhielten und 1687 eine lateinische Übersetzung in Paris herausgaben. Konfuzius ist in der Aufklärungszeit mit Begeisterung aufgenommen worden, erschien doch seine Lehre als eine von Religion befreite Ethik. Auch in Europa trug er bei zur Neuorientierung der Gesellschaft.

Die Bezeichnungen des Konfuzius im *Lunyu*

Schon oft wurde beobachtet, dass in den 20 Kapiteln des *Lunyu,* »Gespräche«, Konfuzius in unterschiedlicher Weise bezeichnet wird. Der Name in der häufigsten Form ist tzu, »Meister«. [...]

Der Familienname des Konfuzius war K'ung. [...] Dieser Familienname geht auf den Mannesnamen eines Vorfahren namens K'ung-fu Chia, der in der 2. Hälfte des 8. Jahrhunderts [v. Chr.] gelebt hatte, zurück. [...] Wahrscheinlich hat sich dieser Familienname K'ung erst allmählich als solcher verfestigt. Noch der Vater des Konfuzius wird bei den seltenen Erwähnungen in den Quellen durch andere Namen bezeichnet.

Der persönliche Name, »Rufname«, des Konfuzius war Ch'iu, »Hügel«. Einer alten Legende nach soll die Mutter des Konfuzius auf einem Berg namens Ni-ch'iu um Nachkommenschaft gebetet haben. Zum Dank für die Erhörung erhielt der darauf geborene Sprössling einen Teil dieses Bergnamens zu seinem eigenen. Der vollständige Name des Konfuzius lautet also K'ung Ch'iu. – Nur in einem einzigen der ungefähr 500 Abschnitte des *Lunyu* wird Konfuzius so genannt. [...]

Neben dem üblichen *tzu,* »Meister«, findet sich vergleichsweise oft noch K'ung-tzu, »Meister K'ung«: 67 Vorkommen in 43 Abschnitten. [...]

Eine gebräuchliche Bezeichnung des Konfuzius ist auch die mit seinem Mannesnamen Chung-ni, »Mittlerer Ni«. [...] Diese Namensform enthält meistens ein Element, das in einer semantischen Beziehung zu dem persönlichen Namen steht. Hier ist das Ni, das den anderen Teil des oben erwähnten Bergnamens Ni-ch'iu aufgreift. Das »Mittlerer« bezieht sich auf den Rang in der Brüderfolge. Konfuzius hatte einen früh verstorbenen älteren Bruder.[2]

Welche Qualitäten zeichnen Konfuzius als Berater aus?

Wir haben angeregt, Konfuzius als Berater anzustellen. Welche Qualitäten sollen gerade Konfuzius auszeichnen und seine Eignung zum Berater ausmachen?

Stellen wir uns vor Beantwortung dieser Frage die allgemeinere Frage: Was ist eigentlich ein Berater?

Jemand, der Rat gibt, sollte ein gewisses Mehrwissen haben, das ihn dazu befähigt. Ein Ratgeber kann eine einzelne Person beraten, aber natürlich auch eine Gruppe von Personen oder ein Unternehmen.

Eine Einzelberatung kann man auch als Coaching bezeichnen. Der Coach wird beschrieben als ein Partner auf schwierigen Wegstrecken, in Krisen oder bei einer Neuorientierung. Manchmal kommt der Mensch alleine nicht mehr weiter. Alles ist festgefahren oder aussichtslos. Hier fängt die Arbeit des Coachs an.

Genauso kann sich ein Unternehmen in einer schwierigen Situation befinden, es braucht Anregung von außen, braucht neue Strukturen. Hier beginnt das Wirken des Beraters.

In jeder Krise, in jedem Konflikt steckt sowohl für den Einzelnen wie auch für das Unternehmen eine Chance. Nur können sie der Einzelne und die Mitarbeiter des Unternehmens nicht sehen, solange sie feststecken. Das Unternehmen braucht Hilfe, einen Berater, der Anregungen gibt, die Kreativität weckt, neue Ideen und neues Bewusstsein fördert.

In diesem Sinn trifft der Ausspruch Konfuzius' zu: »Der Weg ist das Ziel.« Der Berater hat das Ziel, die Perspektiven seiner Betreuten zu klären. Das ebnet den Weg für eine neue Lösung, die den Weg und das Ziel gleichermaßen erkennen lassen.

Coach bezeichnete ursprünglich die Kutsche, später wurde mit »Coach« oder »Coachman« auch der Kutscher gemeint. Seine Aufgabe ist das Führen und Betreuen (der Pferde), und in diesem Sinne wurde der Begriff »Coach« beziehungsweise »Coaching« zunehmend verwendet. Bereits im 19. Jahrhundert wurde die Bezeichnung »Coach« an Universitäten in England für Personen verwendet, die andere auf Prüfungen, Aufgaben und sportliche Wettbewerbe vorbereitet haben. Die Tätigkeiten eines Coachs waren also bereits damals nicht nur auf den Sportbereich beschränkt.

Coaching ist eine Form der Beratung für Personen mit Managementaufgaben (Führungskräfte, Freiberufler). In einer Kombination aus individueller, unterstützender Problembewältigung und persönlicher Beratung und Begleitung hilft der Coach als neutraler Feedbackgeber. Der Coach nimmt dem Klienten jedoch keine Arbeit ab, sondern berät ihn primär auf der Prozessebene. Grundlage dafür ist eine freiwillige und tragfähige Beratungsbeziehung.

Im Einzel-Coaching können die Anliegen des Gecoachten umfassend und auch langfristig bearbeitet werden. Da berufliche und private Themen oft nicht zu trennen sind und sich gegenseitig beeinflussen, reichen die Maßnahmen des Coachs dabei auch in den privaten Bereich hinein, wenn dies notwendig erscheint und gewollt ist.

Während früher fast ausschließlich Topmanager als Zielgruppe für Einzel-Coaching gesehen wurden, werden mittlerweile entsprechende Beratungsmaßnahmen auch für mittlere und untere Führungskräfte angeboten und zunehmend nachgefragt. Auch Freiberufler nehmen aufgrund mangelnder Austauschmöglichkeiten häufig Beratung in Anspruch.

Der wohl wichtigste Grund, Coaching in Anspruch zu nehmen, ist ein Mangel an Rückmeldung (Feedback) über das eigene

Verhalten, was zu einem unrealistischen Selbstbild, beruflichen Orientierungsschwierigkeiten und allen darauf aufbauenden Problemen führen kann (zum Beispiel Führungsprobleme, Konflikte, Karrierestillstand, Motivationsdefizit, Burnout, Leistungsabfall).

Ein typisches Beispiel für die Auswirkung von mangelndem Feedback ist der verschrobene Chef, dessen Allüren allen Mitarbeitern bekannt sind, aber nie thematisiert werden (können). Ein solcher Versuch wäre riskant, da Feedback – wenn es Wirkung zeigen soll – auch akzeptiert werden muss.

Der Feedback-Mangel entsteht, weil Führungskräfte oftmals von abhängigen und in die Problematik involvierten Mitarbeitern, konkurrierenden Kollegen und Erfolg erwartenden Vorgesetzen umgeben sind; zum anderen, weil Ehepartner und Freunde – sofern der Kontakt zu ihnen noch nicht ganz der Karriere geopfert wurde – meist überfordert sind, da ihnen für eine kompetente Beratung das betrieb(swirtschaft)liche und psychologische Fachwissen fehlt.

Stellt sich für uns nun die Frage, ob Konfuzius diese Rolle einnehmen könnte. Wäre Konfuzius, wenn er heute lebte, der ideale Coach? Und da er heute nicht mehr lebt: Können seine Philosophie, seine Gedanken uns helfen, sozusagen einen Coaching-Ersatz bieten?

Die notwendigen analytischen und lösungsorientierten Fähigkeiten, die einen Coach und Berater auszeichnen, kann man nicht allein im Rahmen von Ausbildungen erlernen. Vielmehr bedarf es dazu entsprechender persönlicher (Lebens-)Erfahrungen und der Befähigung, sich realistisch und selbstkritisch einschätzen zu können. Der Coach muss sich selber infrage stellen können, und er muss damit umgehen können, auch von anderen Personen infrage gestellt zu werden. Dies hat Konfuzius mehr als einmal gemacht. Diese »persönlichen Kompetenz« hatte er zweifelsohne.

Konfuzius hat zu seinen Lebzeiten Herrscher und Regierungen beraten. Er war zu seinen Lebzeiten darin – gelinde gesagt – nicht gerade erfolgreich. Aber seine Gedanken haben in späteren Jahrhunderten vielen Menschen und Regierungen als kompetenter Rat gegolten. Daher wollen wir untersuchen, welchen Einfluss seine Gedanken auf die chinesische Gesellschaft hatten und inwieweit wir heute davon profitieren können.

Dabei gehen wir davon aus, dass jemand, der über viele Jahrhunderte hinweg Regierungen und Gesellschaften beraten konnte, auch in unserer heutigen Zeit eine Empfehlung verdient.

Konfuzius prägt die chinesische Philosophie und Gesellschaft

Die Welt, in die der spätere Kung-Tzu (Meister Kung) hineingeboren wird, ist von Umbrüchen und Wirren geprägt. Es ist eine Zeit des politischen Verfalls, die chinesische Gesellschaft organisiert sich neu: »Mit dem Verfall der altorientalischen Gesellschaft seit der Mitte der Zhou-Dynastie wurde das Reich von kriegerischen Auseinandersetzungen verfeindeter Fürsten und Staaten geschüttelt, die um die Vorherrschaft kämpfen. Die soziale Hierarchie bricht auseinander, der König als oberster Herrscher wird von seinen Fürsten infrage gestellt und Stück für Stück entmachtet. Dies stellt auch alte Abhängigkeitsverhältnisse infrage. Die Verteilung der Macht unter den Adligen wurde garantiert durch eine starke hierarchische Ordnung, die nicht eben einfach war, die aber immerhin allen Aristokraten einen Anteil an der Herrschaft gesichert hatte. Alle diese Ordnungen werden nun durch die Konflikte und die daraus resultierende Emanzipierung der einzelnen Teilstaaten aufgebrochen. Willkür herrscht, die alten Sitten und Normen gelten nichts mehr, die Lebenssituation vieler Aristokraten, gerade der niederen, deren Aufgabe die Verwaltung des Reiches ist, verändert sich ungünstig.«[3]

Konfuzius gehörte als Sohn einer verarmten Aristokratenfamilie der Schicht der Verlierer an. Die niederen Aristokraten verlieren bei der Neuverteilung der Macht an Bedeutung, und viele stehen sogar vor dem gesellschaftlichen Ruin. Gleichzeitig erhielt Konfuzius als Angehöriger dieser niederen Aristokratie eine gewisse Bildung, die für die auszuübende Verwaltungstätigkeit notwendig war. Er wurde über die Riten und vielfältigen Erlasse aufgeklärt. Diese Zeremonien hatten nicht nur religiösen, sondern hauptsächlich sozialen Charakter. Die Beschäftigung mit ihnen löste in diesem Teil der Aristokratie eine Auseinandersetzung mit sozialen Themen aus. Konfuzius, der sich seinen Lebensunterhalt dadurch verdiente, dass er als Berater oder Verwalter in den Dienst verschiedener Fürsten trat, musste sich aufgrund seiner Stellung, Erziehung und Entwicklung fast zwangsläufig mit den politischen Wirren und Lebensunsicherheiten befassen.

Sein Befund über die sozialen Verhältnisse seiner Zeit lässt sich folgendermaßen zusammenfassen: »Die Welt hat den rechten Weg (*dao*) verlassen. Die vielen Kriege und Unsicherheiten machen dies deutlich.«[4] Dabei muss man *dao* als eine harmonische, mit dem Kosmos in Einklang stehende Ordnung verstehen. In ihr waren höchstens »geregelte« Veränderungen möglich und erlaubt. Diese harmonische Ordnung setzt Konfuzius mit der altorientalischen Gesellschaft zu Anfang der Zhou-Dynastie gleich, die ihm als vorbildhaft gilt. Diese Strukturen will er erneuert erschaffen und damit die sozialen Probleme seiner Zeit lösen. Diese Position des Konfuzius ist streng konservativ. Er definiert als Grund für die Unruhen seiner Zeit das »Verwischen der Namen«, anders ausgedrückt, die Verschiebung von Verantwortung und damit den Niedergang der festen Hierarchie. Deshalb ist es für Konfuzius wichtig, dass es zu einer Richtigstellung der Namen, also der zugeteilten Verantwortung und Stufe in der Hierarchie kommt.

Lunyu 13.3
»[...] Warum eine solche Richtigstellung der Namen?«

Der Meister entgegnete: »Wie ungebildet Du doch bist, Zi-Lu! Der

Edle ist vorsichtig und zurückhaltend, wenn es um Dinge geht, die er nicht kennt. Stimmen die Namen und Begriffe nicht, so ist die Sprache konfus. Ist die Sprache konfus, so entstehen Unordnung und Misserfolg. Gibt es Unordnung und Misserfolg, so geraten Anstand und gute Sitten in Verfall. Sind Anstand und gute Sitten in Frage gestellt, so gibt es keine gerechten Strafen mehr. Gibt es keine gerechten Strafen mehr, so weiß das Volk nicht, was es tun und was es lassen soll. Darum muss der Edle die Namen und Begriffe korrekt benutzen und auch richtig danach handeln. Er geht mit seinen Worten niemals leichtfertig um.«[5]

Konfuzius erkennt, dass der Verfall der Sitten und die Zunahme der Willkür der Herrschenden im Fehlen von einst akzeptierten Normen begründet ist, die sich aus der Machthierarchie der altorientalischen Gesellschaft ergaben. Deshalb war für Konfuzius die Reaktivierung der Normen und der damit verbundenen Verantwortung eine wichtige Botschaft. Früher waren die sozialen Ordnungen nicht hinterfragt worden, sondern sie wurden einfach vorausgesetzt und widerspruchslos befolgt. Nun mussten sie begründet werden, weil ihre Geltung nicht mehr selbstverständlich war. Die Hinwendung zu alten sozialen Verhältnissen ist insofern etwas Neues, weil sie einer bewussten Reflexion entspringt. Die einfache Notwendigkeit, sie nun argumentativ zu postulieren, regte das philosophische Denken im alten China an.

Zentrale Begriffe der konfuzianischen Philosophie[6]

Konfuzius möchte die Gesellschaft wieder zum rechten *dao* , zum rechten Weg führen. Dafür sollen die alten Formen patriarchalischer Abhängigkeiten wieder hergestellt werden. Konfuzius nennt das die »Richtigstellung der Namen«, also der alten Positionen in der hierarchischen Ordnung.

Der Begriff »li« ist bei Konfuzius eng mit dem Streben nach

Bewahrung, nach Kontinuität im gesellschaftlichen Leben verbunden. Er bezeichnet Zeremonien und Riten und schließlich allgemein die Einhaltung von Regeln des gesellschaftlichen Umgangs. *Li* kann also interpretiert werden als dem sozialen Rang gemäßes Verhalten. Wenn die Menschen *li* einhalten, lassen sie keinen Bruch zwischen Vergangenheit und Gegenwart zu. Nach Konfuzius ist es notwendig, dass sich die Gegenwart an der Vergangenheit orientiert, denn jeder Bruch mit der Vergangenheit führt zu *wu dao*, zu Unordnung und Chaos in Gesellschaft und Familie. Dies ist der wohl konservativste Teil seiner Lehre. In der Entwicklungsgeschichte des Staates China wurde dieser Begriff daher auch zum Inbegriff von Ordnung und schließlich von Formalisierung und Stagnation. Dennoch waren für Konfuzius Änderungen nicht vollkommen tabu. Sie mussten nur »harmonisch« verlaufen.

Nur durch die Einhaltung von *li* kann das Chaos abgewendet werden. *Li* ist das Regelwerk, das dem Einzelnen und seinem Verhalten Grenzen setzt. *Li* bedeutet nichts anderes als Disziplinierung des Individuums durch Selbstbeherrschung und Selbstbescheidung. Nicht der persönliche Vorteil und materieller Gewinn, sondern die Erfüllung der Pflichten soll Motivation des Einzelnen sein. Selbstverständlich machten sich die Herrschenden diese Lehren zunutze. Mit *li* stabilisierten sie ihre Herrschaft. Sie war nun zwar (noch) nicht gottgewollt, aber dennoch untrennbar verbunden mit den Traditionen des Staates.

Innerhalb der hierarchischen Ordnung – so die Idee von Konfuzius – sollte sich der Rang des Einzelnen an der Qualität seiner Lebensweise orientieren statt an Blutsverwandschaft und Nähe zum Herrscher. Das klingt zunächst nach Gleichheit, denn theoretisch kann sich jeder durch Aneignung von »Wissen« moralisch perfektionieren. Diese Form von persönlicher Karriere ist aber natürlich nur für Angehörige der Aristokratie möglich. Die Idee von angeborener Moral und Stand verbindet Konfuzius mit der Vergangenheit und Tradition.

In der Zhou-Dynastie herrschte eine strenge Machthierarchie, die kaum soziale Mobilität zuließ. Niedere Aristokraten hatten keine Chance auf gesellschaftlichen Aufstieg, waren dafür aber andererseits vor Willkür durch mächtigere Adlige geschützt. In diesem System hatte jeder aufgrund seiner gesellschaftlichen Position klar definierte Rechte und Pflichte. Dies schuf ein gegenseitiges Abhängigkeitsverhältnis, welches allen Beteiligten Sicherheit und Stabilität bot.

Diese Stabilität hatte es Konfuzius angetan:

Lunyu 1.12

You Zi sprach: »Der größte Nutzen von Riten und Zeremonien liegt im Herbeiführen von Harmonie. Das ist, was an der Regierung der frühen Könige als schön empfunden wird: In großen wie in kleinen Dingen strebten sie sie an. Doch wussten jene auch, wo sie nicht erreichbar war. Harmonie tritt nicht von selbst ein, sie muss immer durch Riten und Zeremonien reguliert werden.«

Das im *li* vermittelten Wissen ist eine Handlungsanweisung für das Verhalten des Einzelnen gegenüber seinen Mitmenschen. Moralische Vollkommenheit erreichte man nur durch ein Verhalten, das mit der Stellung innerhalb der Hierarchie übereinstimmte. Laut Konfuzius würde der Mensch durch die Befolgung des *li* moralische Vollkommenheit erlangen. Sein Ideal ist, durch Wissen (*zhi*) und praktische Übungen zum moralischen Menschen zu werden. Die praktische Übung bestand darin, die Handlungsrichtlinien zu verinnerlichen, sich mit der eigenen Rolle im gesellschaftlichen Gefüge auseinanderzusetzen und in Anerkennung der sozialen Position das eigene Wollen und Tun zu steuern. Konfuzius selbst soll immer sehr darauf bedacht gewesen sein, dass die Menschen untereinander sich ihrer gesellschaftlichen Stellung gemäß verhielten.

Konfuzius wollte zurück zur alten Hierarchie, aber er versuchte die neue soziale Mobilität zu berücksichtigen, die mit dem Aufbrechen der alten Ordnung einherging. Deshalb wollte er die Übernahme der einzelnen sozialen Rollen nicht von der Geburt (also dem Status der Eltern) abhängig machen, sondern vielmehr am Grad der moralischen Vollkommenheit derjenigen ausrichten, die sich nach *li* entwickelten. Vorausgesetzt, sie waren gebildete Aristokraten – die Übersetzungen bezeichnen sie meist als »Edle«.

Neben dem *li* ist *ren*, die Mitmenschlichkeit, ein weiterer Grundbegriff des *Lunyu*. Die Mitmenschlichkeit, also das moralisch Gute, bedeutet hier, dass sich der Einzelne seiner gesellschaftlichen Stellung und der damit verbundenen Rechte und Pflichten bewusst ist und sich gegenüber seinen Mitmenschen entsprechend verhält. *Ren* umfasst eine ganze Reihe von moralischen Normen und einzelnen Tugenden zur Durchsetzung von *li*, die einander ergänzen und sich gegenseitig einschränken. *Ren* ergibt sich, wenn man *li* praktiziert.

Schließlich gibt es noch den Begriff *yi*. Damit bezeichnet man das Maß, in welchem sich die moralische Qualität des Handelns ausdrückt. *Yi* beschreibt die Anwendung von *ren* und *li* in einer konkreten Situation.

Eine große Bedeutung hat im Konfuzianismus die Treue. Damit definiert sich auch das Rechte, das Richtige. Die Treue reicht bis hin zur Opferung des Lebens. Die Einhaltung der Tradition und der Moral ist mit dem eigenen Leben zu verteidigen. Es gibt aber auch eine Einschränkung: Die Treue zum Herrscher wird durch die Treue zur Sache begrenzt. Handelt also der Herrscher unrecht, verlässt er den Pfad von Tugend und Tradition, so bestehen das Recht und die Pflicht zum Widerstand.

Als Quelle aller Sittlichkeit nennt Konfuzius Pflichterfüllung und Unterordnung (*xiao*). In einer gewissen Hinsicht ist *xiao* die wichtigste Komponente von *ren*. *Xiao* ist an einem Beispiel gut darzustellen: Konfuzius verlangt vom Sohn weitestgehend Gehorsam dem Vater gegenüber, aber er fordert keinen »blinden Gehorsam«. Er räumt dem Sohn das Recht und sogar die Pflicht ein, dem Vater, sollte dieser Verfehlungen begangen haben, liebevoll den richtigen Weg zu weisen. Er soll ihm moralische Vorhaltungen machen und ihn auf den rechten Weg zurückführen.

Von Konfuzius zum Konfuzianismus

Konfuzius hatte zu seiner Zeit wenig Erfolg mit seiner Philosophie. Dass der Konfuzianismus dennoch zu so einer bedeutenden Denkrichtung in China wurde, lag daran, dass er die soziale Herrschaft bejahte und die Unterordnung unter die Herrschaft einforderte. Die Übereinstimmung mit den Anforderungen der Herrschaft machte diese Philosophie für viele Regenten der kommenden Jahrhunderte zur Legitimation ihrer Macht nutzbar. Deshalb wurde sie auch zur Staatsdoktrin in der Han-Dynastie und zum Wissenskanon der chinesischen Beamtenschaft. Konfuzius wurde zu einem in ganz China verehrten Weisen, dem ein staatstragender Kult gegeben wurde.

Das Menschenbild[7]

Wie kann man sich den konfuzianischen Idealmenschen vorstellen? Konfuzius geht davon aus, dass die Vollkommenheit zwar nicht erreichbar ist, die sittliche Lebensweise aber vom ständigen Mühen um die eigene Vervollkommnung geprägt ist.

Im praktischen Leben der Gesellschaft bedeutet dies, dass sich die soziale in eine moralische Polarität auflöst, indem man den »Edlen« (*junzi*) von seiner gesellschaftlichen Stellung unabhängig zu definieren sucht. Das Streben nach der Vollkommenheit führt damit nicht zur Konfrontation zwischen den Gesellschaftsklassen. Es mag daher keine Überraschung sein, dass die chinesischen Herrscher bald erkannten, dass sich die Ideen des Konfuzianismus als geistiges Herrschaftsinstrument anboten. Die Anfänge eines sittlichen und gleichzeitig bewahrenden Denkens gehen auf Konfuzius und seine Zeit zurück.

Konfuzius stand den traditionalistischen Kreisen nahe. Dies waren die Verwaltungsbeamte der damaligen Zeit, die die Verletzungen der alten Gebräuche und Vorschriften beklagten. Sie waren sehr empfänglich für eine Rückkehr zum richtigen Gebrauch der Riten in Tat und Wort.

Konfuzius wendet sich mit seiner Botschaft an die Edlen, deren Formung sein Ziel ist. Rituelle Übungen sollen durch Beherrschung von Gesten, Handlungen und Gefühlen zur Vervollkommnung des lernenden Menschen führen. Seine Lehre ist praxisbezogen und berücksichtigt die Charaktere seiner Schüler und Zuhörer.

Konfuzius geht davon aus, dass es unmöglich ist, die Eigenschaften des vollkommenen Menschen, und insbesondere das moralisch Gute (*ren*), ein für allemal zu definieren. Daher hat seine Lehre auch wenig Dogmatisches an sich. Er hat die Einsicht, dass Weisheit nur durch ständige Bemühung, jeden Augenblick und ein ganzes Leben lang, erreicht werden kann. Daher ist für ihn Lernen von ganz besonderer Bedeutung. Wichtige Mittel auf diesem Weg sind für ihn die Einhaltung der Regeln im gesellschaftlichen Leben, die Kontrolle kleinster Details im Verhalten, der Respekt vor dem anderen und vor sich selbst und schließlich der Sinn für Gegenseitigkeit.

Konfuzius begründet damit eine Art von Lebenskunst, die stark moralisch ausgerichtet ist, getragen wird von Respekt und Toleranz, und die Geduld und Nachsicht beinhaltet. Nicht die Konfrontation, der Wettkampf, der Krieg, das Gefecht stehen im Vordergrund des Denkens und Handelns, sondern Redlichkeit, Vertrauen, Gegenseitigkeit. Er meint, dass das Streben nach Wissen und Bildung der Persönlichkeit zum öffentlichen Wohl führt.

Der konfuzianische Idealmensch ist also jemand, der sich dem Lernen verschrieben hat, der den Riten gehorcht, der sich in sein gesellschaftliches Schicksal fügt, die Traditionen pflegt und der schließlich nach Weisheit strebt.

Auf Konfuzius werden die Grundlinien der neuen Lehre zurückgeführt. Erweitert werden sie durch Mengzi (etwa 370–290 v. Chr.) und Xunzi (um 298–235 v. Chr.). Sie erfahren eine Weiterentwicklung und nehmen neue Bedeutung an. Die größte Blüte erfährt der

Konfuzianismus während der Han-Dynastie (202–220 v. Chr.) und noch mehr seit der Song-Dynastie (10. bis 13. Jahrhundert). Diese Anerkennung und Bedeutung erklärt sich aber hauptsächlich aus den Weiterentwicklungen zur staatstragenden Philosophie. Konfuzius selbst hat nur wenig zu seinem allumfassenden Ruhm beigetragen.

Treue gegenüber den rechtmäßigen Fürsten[8]

Konfuzius hat den Gedanken vorgegeben, aber seine Nachfolger haben ihn immer wieder weiterentwickelt und vervollkommnet. Basis des Konfuzianismus ist die Treue gegenüber der legitimen Herrschaft. Dies wurde zum Grundzug der chinesischen Politik und Ethik. Konfuzius war ein Angehöriger des niederen Adels, dessen Lage sehr unsicher war. Seiner eigenen Lage entsprechend verteidigt Konfuzius daher den rechtmäßigen, doch schwachen Fürsten gegenüber den Ansprüchen mächtigerer Geschlechter.

Der *junzi* (der Edle) soll deshalb im Frieden an die Stunde der Gefahr denken. Nahrungsbeschaffung, Wehrhaftigkeit und das Vertrauen des Volkes geben der Herrschaft Stärke. Gänzlich unverzichtbar ist dabei das Vertrauen (die Treue) des Volkes.

Gerechtigkeit, und zwar gleiches Recht, muss gesichert sein. Konfuzius versteht darunter:

- Die wichtigsten Regeln der Gesellschaft sind zu ehren.
- Die Götter des Gemeinwesens sind bei Wahrung des Abstandes zu verehren.
- Ordnung und Frieden sind zu gewährleisten. Das Leben der Menschen, der Tiere und der Dinge ist zu sichern.

Der Sinn der Welt ist Erzeugung von Leben. Das Leben selbst besteht aus Werden und Veränderung, Verwandlung und Wechsel. Der Konfuzianismus versucht zwar eine Antwort zu geben, aber er ist keine Offenbarungsreligion.

Der Konfuzianer ist daher weitgehend vom Denken und nicht vom Glauben gesteuert. Wenn er sein Begehren zügelt, dann macht er dies in dem richtigen Maß, das ihn die Erfahrung lehrte. Es wird ihn nicht daran hindern, sich der Welt einzufügen. Ein Konfuzianer ist nicht wie der Buddhist, der sein Begehren abtötet, um der Welt ledig zu werden. Er wird niemals versucht sein, das Leben zu meistern, indem er die Welt Gott unterwirft.

Der Konfuzianer ordnet sich in die Welt ein und strebt danach, an seinen Erfahrungen zu wachsen – zum Wohle der Gemeinschaft. Der Konfuzianismus ist keine Religion, sondern eine sehr diesseitig geprägte Philosophie.

Die kanonischen Texte des Konfuzianismus

Es gibt die so genannten fünf Klassiker des Konfuzianismus, deren Studium zum Verständnis der Ordnung des Himmels und der Menschen empfohlen wird.:

- *Yi Jing (I Ging):* das Buch der Wandlungen (64 Hexagramme, Textbuch des Großwahrsagers);
- *Shi Jing:* das Buch der Lieder (eine Sammlung alter Volkslieder);
- *Shu Jing:* das Buch der Urkunden (Sammlung von Gesetzen und Erlassen mit Kommentierung);
- *Li Ji:* das Buch der Riten (Riten für den Umgang mit den Ahnen, dem König, der Familie);
- *Chun Qiu:* die Frühlings- und Herbstannalen (das einzige von Konfuzius selbst verfasste Buch, eine Chronik der Ereignisse seines Heimatstaates Lu vom 8. bis zum 5. Jahrhundert)

Überliefert wurden diese Bücher durch die beiden Philosophen und Kunfuzius-Nachfolger Mengzi und Xunzi.

Das einflussreichste Werk der ostasiatischen Geistesgeschichte ist das *Lunyu,* das ebenfalls zu den Büchern des Kofuzianismus gerechnet wird. In Europa wurde es unter dem lateinischen Titel

Analecta bekannt, im Deutschen später unter dem Titel *Gespräche.* Es enthält in 20 Kapiteln Aussagen und Gespräche des Konfuzius, die seine Schüler gesammelt und festgehalten haben. Im *Lunyu* werden die Vorstellungen von einem edlen Menschen *(junzi),* die Pflichten gegen andere und sich selbst, Ansichten über die Regierungskunst und die Erziehung dargelegt. In anderen Abschnitten wird das Verhalten des Konfuzius beschrieben, das ihn als einen Edlen ausweist. Dem Lernen wird eine hohe Priorität eingeräumt. Das erste Wort des *Lunyu* ist »lernen«.

Es enthält die vier Grundbegriffe des Konfuzius:

- Menschlichkeit (*ren*),
- Rechtschaffenheit (*yi*),
- Pietät (*xiao*),
- und Riten (*li*).

Alle diese Beschreibungen wurden im Konfuzianismus als normativ angesehen, ein entsprechendes Verhalten sollte das Wohl aller sicherstellen.

Die Reifestufen des Menschen

Von zentraler Bedeutung sind für Konfuzius die fünf Reifestufen des Menschen: Er ging so weit, dass er den Wert eines Menschen entsprechend beschrieb. Später ging man davon aus, dass wir mit unserem Verhalten – je nach Situation – unterschiedlichen Reifestufen angehören können.

Erste Reifestufe (der Gemeine):
Der gemeine Mensch lebt nur für die Befriedigung seiner Bedürfnisse. Er wird durch Belohnung und Strafe gelenkt.

Zweite Reifestufe (der Würdige):
Der Würdige versucht seine Gier zu meistern und auch für das Wohl der Mitmenschen zu arbeiten. Er kann als Lehrling der Menschlichkeit betrachtet werden.

Dritte Reifestufe (der Edle):
Der Edle weiß, dass der Sinn des menschlichen Lebens darin besteht, das Schicksal zu verstehen und zu realisieren; also im Einklang mit seinen Entwicklungsmöglichkeiten zu leben. Der Edle erzieht sich selbst und versucht, irdische Erfüllung und himmlische Bestimmung zu vereinen; er ist Maß und Mitte. Er ist der Mensch des Weges, also des Lernens – Konfuzius selbst wird als Edler dargestellt und seine Ratschläge richten sich stets an den Edlen, der sich um seine Vervollkommnung bemüht.

Vierte Reifestufe (der Berufene):
Der Berufene muss nicht nur sein persönliches Schicksal erfüllen, sondern auch das Wissen um den Sinn und Zweck menschlicher Existenz anderen darlegen und erläutern. Er knüpft an die Tradition an und wird selbst zum Ahnen.

Fünfte Reifestufe (der Weise):
Die höchste Reife hat der Heilige Weise, der nur noch existiert und ausstrahlt, bei dem irdische Erfüllung und himmlische Bestimmung eins geworden sind und sich die Weisheit in äußerer Schönheit und Anmut verkörpert hat. Er erfüllt seine natürlichen Möglichkeiten, lebt aus dem *Tao*, dem Weltsinn heraus, und zeigt durch sein Beispiel anderen den wahren Weg.

Das Buch der Wandlungen: I Ging

Das Buch der Wandlungen wird als der älteste der klassischen chinesischen Texte angesehen. Es geht zurück auf den König Wen und den Herzog von Zhou, die um 1300 v. Chr. auf der Basis von Überlieferungen der Vorzeit Grundsätze der Philosophie formulieren ließen. Es entstand eine Kosmologie und Philosophie des alten China, die von den Grundideen der Ausgewogenheit der Gegensätze (*Yin* und *Yang*) und der Akzeptanz von steter Veränderung ausgeht. Die chinesischen Weisen waren sich zu jeder Zeit bewusst, dass das *I Ging* nicht endgültig interpretiert werden kann. Es gibt daher zahlreiche Auslegungen der bildhaften, symbolischen Zeichen und Texte.

Das Buch der Wandlungen ist auch in Europa häufig interpretiert worden. Hier wurde es meist als Orakelbuch aufgefasst, aber auch Psychologen und Schriftsteller wurden von ihm angeregt. Die bis heute einflussreichste Übersetzung ins Deutsche stammt von Richard Wilhelm (1924).[9]

Das *I Ging* beschreibt die Welt als ein Ganzes, dessen ständige Entwicklung durch die beiden polaren Prinzipien *Yang* (das Schöpferische, Himmel) und *Yin* (das Empfangende, Erde) bestimmt wird. Durch die unterschiedliche Kombination von *Yin* und *Yang* (durchgezogene oder unterbrochene Linie) in Trigrammen (Bildern aus je 3 Linien) entstehen die 8 Bilder:

- *Kiën* – das Schöpferische (Himmel),
- *Kun* – das Empfangende (Erde),
- *Dschen* – das Erregende (Donner),
- *Kan* – die Gefahr, das Abgründige (Wasser),
- *Gen* – das Stillehalten (Berg),
- *Sun* – das Sanfte (Wind),
- *Li* – das Haftende (Feuer),
- *Dui* – das Heitere (See).

Die acht Trigramme wurden bereits von den mythischen Philosophiegründern ungefähr 2300 v. Chr. beschrieben. Diese Prinzipien vereinen sich zu Situationen, die aus je sechs Elementen, also je zwei Trigrammen bestehen. So entstehen acht mal acht Kombinationen, also vierundsechzig Hexagramme, von denen sich jedes in jedes andere wandeln kann. Sie sollen die Grundkonstellationen von möglichen Zuständen (Psychologen würden heute von archetypischen Situationen sprechen) auf Erden beschreiben.

Bemerkenswert am *I Ging* und folgenreich für die chinesische Philosophie ist die Auffassung, dass die Veränderungen als beeinflussbar angesehen werden. Der »Edle« kann also lernen, sich am Wandel zu orientieren und sich der Situation entsprechend zu verhalten und zu verändern. Dazu ist es notwendig, dass er der Gefahr und dem Wandel stets auf der Spur bleibt, dass er immer wieder eine Position der Ausgewogenheit/Mäßigung zwischen den Extremen findet, dass er mit Beharrlichkeit an seinen Zielen festhält.

Wichtig ist dabei, dass das Weisheitsbuch für Menschen in den verschiedenen Reifestufen unterschiedliche Bedeutung hat, aber jeder von ihm profitieren kann.

Das *I Ging* ist keine mythologische Dichtung, sondern stellt einen Versuch dar, die Gesetze für das menschliche Verhalten im Einklang mit der schöpferischen Natur zu bestimmen.

Die chinesische Kultur hat ein Wissen hervorgebracht und formuliert, das es nirgendwo anders auf Erden gibt. Dieses Wissen wurde im Laufe der Zeit allgemeines Menschheitsgut. Daher erkunden auch wir diese Gedanken ohne alle Skrupel und prüfen, inwieweit sie sich zu einer Verbesserung unserer Managementsysteme eignen. Wir wollen eine freie und kreative Kultur in unseren Unternehmen haben. Deshalb müssen unsere Manager und Führer in der Lage sein, die entsprechenden Grundlagen zu legen.

Dies fällt nicht leicht, denn auch der beste Manager wird nicht so einfach über sein Umfeld hinaussehen. Er bleibt im Alltag oft im Gewohnten befangen. Das Beharrungsvermögen ist groß. Aber gerade die Überwindung, das Streben nach dem Rang des Edlen ist von grundlegender Bedeutung für unsere Managementkultur. Aus diesem Grund laden wir Konfuzius ein, uns zu beraten. Wir versuchen aus seinen Schriften Rat für uns und unsere Manager abzuleiten.

Konfuzius als Berater im 21. Jahrhundert

In den letzten Jahren hat es sich gezeigt: Was Teile unserer Eliten machen, bleibt nicht ohne Folgen. Hohe Gewinne von Unternehmen, die mit Massenentlassungen einhergehen, Manager, die vor Gericht stehen und immense, ja unfassbare Abfindungen erhalten – bisherige Regeln der Wirtschaft werden außer Kraft gesetzt. Die gleiche Entwicklung sehen wir auch in der Politik – die beiden Strömungen unterstützen sich gegenseitig.

Drei Wahrnehmungen beschreiben die Situation. Erstens: Kontrollverluste der nationalstaatlichen Politik im Rahmen der Globalisierung. Unternehmenslenker können sich anscheinend alles erlauben, die Politik ist machtlos. Zweitens: Ungerichtete gesellschaftliche und wirtschaftliche Prozesse, die das Gefühl der Orientierungslosigkeit hervorbringen. Drittens: Die scheinbare Unbeeinflussbarkeit von ökonomischen Entwicklungen, die für den Mitarbeiter und den Bürger das Gefühl erzeugen, dass ein eigenes Engagement für die Sicherheit und Verwirklichung eigener Belange nur bedingt möglich ist.

Diese neuen Unsicherheiten beschreiben auch einen neuen Kapitalismus. Die Freiheit der Wirtschaft führt dazu, dass sie der Gesellschaft diktiert. Die Eliten geben sich eine neue Moral, die mit den bisherigen Werten wenig zu tun hat. Konkurrenz wird zum Naturgesetz erklärt, Effizienz als dominantes Kriterium wirkt sozial innerhalb und außerhalb der Unternehmen zerstörerisch. Es bilden sich neue Gegnerschaften: Die Eliten, die Unternehmensführer gegen die Mitarbeiter. Die Manager gehören einerseits zu den Eliten, andererseits sind sie auch Mitarbeiter. Sie sind in einer ganz besonderen Zwangslage.

Wir erlebten in den letzten Jahren eine Phase, in der sich alles nach der Rendite, nach der Börsenentwicklung ausrichtete. Das Modewort war Shareholder-Value. Es wird in die Geschichte eingehen, nicht unbedingt mit einem positiven Beigeschmack. Der Begriff füllte sich inhaltlich mit mehr Leben als man je hätte voraussehen können in der Zeit der Blasenökonomie und ihrer Exzesse. Die Aktienkurse stiegen unaufhaltsam. Viele Manager gaben sich der Illusion hin, dass es ihre Arbeitsleistung sei, die diese Steigerung ermöglichte. Dem Anstieg der Aktienkurse folgte auch ein

Anwachsen der Gier. Viele junge, selbsternannte High-Potentials hatten nur ein Ziel: den Cashflow in ihre Richtung zu lenken. Die Wirtschaft und ihre Manager gaben hierfür gute Vorbilder ab. Der Reichtum schien in greifbare Nähe gerückt zu sein. Konzernvorstände wie Rolf-Ernst Breuer (Deutsche Bank), dessen Jahresgehalt mutmaßlich auf einen zweistelligen Millionen-Euro-Betrag hochschoss, und Showmen wie Thomas Haffa (EM.TV), der mit Aktienverkäufen seiner Neue-Markt-Firma nach Brancheneinschätzung Millionen Euro »verdiente«, machten es vor. Und Millionen träumten davon, es ihnen gleichzutun. Es galt plötzlich als normal, 50 Prozent Rendite im Jahr einzufahren. In diesen Zeiten stieg die Gier ins Unermessliche. Und die, die an den Schalthebeln saßen und etwas bewegen konnten, bedienten sich ganz besonders ungehemmt. Das schnelle Geld war eine Versuchung, der offenbar viele nicht widerstehen konnten. Enron, Comroad und Global Crossing sind Firmennamen, die heute für Insidergeschäfte am Neuen Markt stehen. Es sind nur die schlimmsten Auswüchse. Vergehen ähnlicher Art gab es unzählige; viele sind noch heute nicht entdeckt. In der extrem kurzsichtigen Schneller-reich-Wirtschaft stieg der Preis des Anständigseins. Die Männer an den Schaltstellen, die Manager waren der Versuchung besonders ausgesetzt. Viele von ihnen langten hemmungslos zu.

Das Grundproblem der westlichen Gesellschaften und der Unternehmen in diesen Ländern ist anscheinend die völlige Monetarisierung des Lebens. Alles wurde in Geld bemessen. Sogar das Selbstwertgefühl bemisst sich in Geld. Weil andere Wertmaßstäbe fehlen, schlagen die Menschen über die Stränge. Sie tun alles, um erfolgreich zu sein.

Unternehmen, die den Shareholder-Value als einzigen Unternehmenswert verinnerlicht haben, ticken anders. Für sie ist das Unternehmen nur eine Organisation mit monetärem Wert, die ihrem Handeln unterliegt. So gab es viele Firmenverkäufe und Dauerumbau, der bald die Stimmung der Führungskräfte belastete. Der Stimmungsverfall setzte sich in Windeseile auf allen Mitarbeiterebenen fort. Es gibt Umfragen, die dies in schöner Regelmäßigkeit immer wieder zum Ausdruck bringen. Aus einer Umfrage des Führungskräfteverbandes VAA in der Chemieindustrie 2005 ging hervor, dass in Betrieben, die eine Umstrukturierung durchliefen oder gerade verkauft wurden, die Unzufriedenheit unter den Managern besonders hoch war.[10]

Unternehmensvorstände schenken solchen Befragungen durchaus Beachtung, weil es natürlich auch um einen Wettbewerb um die besten Manager geht. Die Unternehmen mit den niedrigsten Zufriedenheitsquoten sind in Gefahr, ihr Wissenspotenzial schnell zu verlieren. Eigentlich ist es schon Vergangenheit, aber dennoch kann man daraus eine Ableitung treffen. Schlusslicht bei der erwähnten Umfrage war mit Platz 22 das Chemieunternehmen Lanxess. Der Bayer-Konzern hat in diesem Unternehmen seine ertragsschwächsten Chemiegeschäfte zusammengefasst und an die Börse gebracht. Befragt nach ihrer Zufriedenheit, vergaben die Lanxess-Führungskräfte auf einer Schulnotenskala (von eins bis sechs) im Schnitt eine 3,9. Ähnliches lässt sich auch für das Unternehmen Clariant feststellen. Mit der Durchschnittsnote 3,8 steht dieses Unternehmen auf dem vorletzten Platz. Clariant besteht zu einem großen Teil aus dem Chemiegeschäft des zerschlagenen Hoechst-Konzerns. Mehrmals wurde das Unternehmen mit Stellenabbauprogrammen beglückt. Auffallend schlecht ist auch das Abschneiden des Unternehmens Basell, eines Tochterunternehmens von BASF, das an ein Finanzkonsortium veräußert wurde. Der Chemie- und Pharmakonzern Bayer profitiert offenkundig davon, dass der mehr als dreijährige Konzernumbau beendet ist – und damit auch die Unsicherheit, wohin der Vorstand die Firma strategisch führen will. Das Unternehmen konnte sich verbessern.

Unternehmen, die mehrheitlich in Familienbesitz sind, schnitten besonders gut ab. Als Spitzenreiter behauptete sich Boehringer Ingelheim mit der Note 2,1. Es folgen Roche Diagnostics, Beiersdorf und Henkel.

Ruhe im Unternehmen, so kann man das Ergebnis der Studie zusammenfassen, führt zur Zufriedenheit der Manager. Wir unterstellen, dass zufriedene Manager effektiver arbeiten.

Nicht nur in der Chemiewelt ist zu beobachten, wie Unternehmen zerfallen, Menschen verschoben oder hinausgeworfen werden. Man könnte dieses Verhalten als Risikokapitalismus bezeichnen. Die Folge ist eine große Verunsicherung. Manager haben in der Vergangenheit vor allem eine Doktrin befolgt: alles für die Renditen, alles für die Börsen, nur die Zahlen zählen.

Das Unternehmen als Wertegemeinschaft, als Großgruppe, als Schicksalsgruppe von Menschen, welche die gleichen Ziele verfolgen, verliert an Bedeutung. Angesichts aller Fusionen, Akquisitionen, Umstrukturierungen, Zerschlagungen ist es schwer geworden, sich in einem Unternehmen zu Hause, wohl oder gar zufrieden zu fühlen.

Paradoxerweise geht beim Versuch, sehr effiziente Strukturen zu schaffen, eines der wichtigsten Güter des Unternehmens verloren: das Vertrauenskapital. Die Glaubwürdigkeit der Manager schwindet, und sie und ihre Mitarbeiter sind nur noch von dem Bestreben getrieben, so viel wie möglich aus dem Unternehmen herauszuholen. Und das kann teuer werden. Nach soliden Schätzungen entstehen den Unternehmen in Deutschland durch Veruntreuung, Betrug und Unterschlagung jährlich Schäden in Höhe von zwei Milliarden Euro, mehr als doppelt so viel wie noch vor zehn Jahren.

Als Folgeerscheinung können sich Unternehmen nicht mehr darauf verlassen, dass die Gesellschaft ihnen loyale Mitarbeiter zur Verfügung stellt. Es wird immer schwieriger, stabile und erfolgreiche Teams zu installieren und zu begleiten, weil auch die Mitarbeiter anders geworden sind: individualistisch, hedonistisch, unverbindlich.

Weil das umfassende Wertegefühl schwindet, diffundieren die Wertvorstellungen. Es gibt keinen allgemein akzeptierten Konsens, was man tut und was gültig ist. Moral ist eine eher schwindende

Kategorie. Im Zweifel gewinnt die wirtschaftliche Opportunität bei Mitarbeitern und Managern gleichermaßen.

Daraus erklärt sich auch der Widerspruch, dass Manager zwar die Kundenorientierung beschwören, sobald es sich ergibt aber Kartellabsprachen zulasten der Kunden treffen. Die eigenen Gewinne stehen im Vordergrund und werden nicht hinterfragt.

Korruption ist zwar illegal, alle großen Unternehmen haben Compliance-Beauftragte, lassen ihre Manager Verzichtserklärungen unterschreiben, drohen mit drakonischen Strafen – und dennoch blüht die Korruption nicht nur in China, sondern auch in deutschen Landen. Solche Korruptionsfälle zeigen besonders deutlich, wie Opportunität über Moral siegt. Korruptionsfälle sind weitgehend von ganz oben abgesegnet und bestens verschleiert. Manchmal kommt es an die Öffentlichkeit. So soll der Anlagenbauer ABB in den neunziger Jahren einen satten zweistelligen Millionenbetrag für nützliche Aufwendungen ausgegeben haben, meistens vom Europachef persönlich angewiesen.

Dabei ist in der Wissenschaft der Zusammenhang zwischen Wohlstand und Korruption eindeutig nachweisbar: Länder mit wenig Korruption haben einen höheren Wohlstand (BIP). In den letzten Jahren ist Deutschland in die Schieflage gekommen. Im internationalen Korruptionsindex, der im Auftrag der Organisation Transparency International seit 1995 erstellt wird, ist Deutschland seit 1996 von Platz 13 auf Platz 20 gefallen. Die Zahl der Korruptionsverfahren hat sich in den vergangen Jahren verfünffacht.

Die Manager sind also nicht überzeugt, dass ihre Leistung und die Leistung ihres Unternehmens genügen, attraktive Geschäfte abzuschließen, sondern meinen, dass sie die Entscheidung des Kunden durch Geldzahlungen unterstützen müssen. Diese Einstellung betrifft aber nicht nur die Geschäfte mit den Kunden, sondern auch die eigene Entwicklung. Der Glaube, dass nach oben kommt, wer sich nur richtig anstrengt, hat unter Managern in den vergangenen Jahren merklich abgenommen. So sehen sich die Mitarbeiter und die Manager mit der Frage konfrontiert, wo sie ihre Freude und Befriedigung im Arbeitsalltag herbekommen – und wie man sie über Jahre behält.

Auf Vertrauensbasis läuft offensichtlich nichts mehr. Im Gegenteil, derjenige, der sein Leben auf Vertrauen aufbaut, scheint hoffnungslos naiv. Über alle Hierarchieebenen, vom Topmanager bis zum einfachen Angestellten, erleben die Mitarbeiter täglich, wie Unternehmen unter dem Eindruck von Konjunkturschwäche oder Shareholder-Value frühere Loyalitäten aufkündigen. Daraus resultiert permanentes Misstrauen. Misstrauen beherrscht das Verhältnis von den Mitarbeitern zu den Leitenden wie auch umgekehrt. Darunter leidet die Effizienz.

Es gibt noch keine Untersuchungen, welche Rolle der Vertrauensfaktor für Effizienz und Produktivität spielt. Aber die Annahme liegt auf der Hand, dass der Zusammenhang ziemlich linear ist. Die Manager in den Schützengräben, die Mitarbeiter auf den Barrikaden, das kann nicht gut gehen. Aber auch die Manager selbst fühlen sich im Stich gelassen. So werden Personaldienste (Personalverwaltung) nach Osteuropa verlagert und damit die persönliche Verbindung gekappt. Auch Manager werden vom Unternehmen nicht mehr betreut. Die Manager haben dies selbst so bestimmt. Sind sie Masochisten?

Ein Fall aus der beruflichen Praxis, wie er nicht selten vorkommt: Ein erfolgreicher Manager wurde aus den USA ohne Angabe von Gründen plötzlich nach Deutschland zurückberufen. Dort hatte in der Zwischenzeit eine Umorganisation stattgefunden, und man hatte plötzlich keine Aufgabe mehr für ihn. Verpflichtungen galten plötzlich nicht mehr. Heute kämpft dieser Manager vor dem Arbeitsgericht um seinen Job. Er wird wohl gewinnen, aber er wird niemals mehr so motiviert sein wie vorher.

Wir müssen umdenken. Moral muss wieder ein Wirtschaftsfaktor werden. Dies wird in einigen Jahren die neue Richtung sein. Der Chef übernimmt wieder eine Vorbildfunktion. Er wird sich auch wie selbstverständlich um seine Mitarbeiter kümmern.

Er wird das leben, was in den Hochglanzbroschüren der Firmenleitbilder schon immer steht. Wenn Mitarbeiter am Anstand ihres höchsten Chefs zweifeln, weil er sich nur selbst bereichert, dann werden sich neue Werte und neue Moral nicht durchsetzen. Wenn die Managerelite sich aber auch als Diener des Unternehmens versteht, kann Moral zu neuer Produktivität führen. Hierfür gibt es Vorbilder, Lehrmeister, die vor Tausenden von Jahren schon zu dieser Erkenntnis gelangt sind. Konfuzius ist einer von ihnen.

Die Politik muss auch die Kontrollverluste gegenüber der Wirtschaft wieder ausgleichen. Sie muss eine Vision für Orientierung und Sicherheit geben. Erst auf diesem Nährboden wird die überschäumende Motivation von Mitarbeitern und Bürgern zu neuen Leistungen führen.

Konfuzius hat zu seiner Zeit wichtige Impulse für die moralische Vervollkommnung gegeben. Er ist ein erfahrener Berater und dennoch kostengünstig. Seine Honorare bestehen nur in der eigenen Zeit zum Lesen, zum Nachdenken, zum Umsetzen. Natürlich hat Konfuzius auch Grenzen, die schon dadurch gegeben sind, dass die Ratschläge nur auf dem Papier stehen, es kann niemand überredet werden. Wichtig ist, dass der Leser und der Manager die Ratschläge überprüfen und annehmen, was für sie zutreffend ist.

Der Leader kann sich nur selbst ändern, indem er seine Einstellung überprüft. Dann kann er zu einem Leitstern werden, der die Richtung angibt. Wir werden es sehen.

Gibt es eine ideale Führungskraft?

Lunyu 12.7

Zi Gong erkundigte sich nach den Prinzipien einer guten Regierung. Konfuzius sprach: »Sie muss für ausreichend Nahrung sorgen, für ausreichend Verteidigung und das Volk muss Vertrauen in sie haben können.«

Zi Gong fragte weiter: »Wenn man auf einen dieser drei Punkte verzichten müsste, auf welchen könnte man als ersten verzichten?« Konfuzius sprach: »Auf die Verteidigung.«

Zi Gong fragte wieder: »Wenn man nun von den beiden übrigen Punkten auf einen verzichten müsste, auf welchen könnte man dann verzichten?«

Konfuzius sprach: »Auf die Nahrung. Denn der Tod ist sowieso unausweichlich – doch ohne das Vertrauen des Volkes kann sich keine Regierung halten.«

Vertrauen ist die Basis guter Führung

Konfuzius würde uns die Frage nach der idealen Führungskraft auf der Stelle beantworten. Der Führer sollte zu den »Edlen« gehören, und er denkt damit an die Reifestufen des Menschen. Der Edle hat die dritte Stufe erreicht und richtet sich damit nach den eigenen Maßstäben von Würde und Ehre. Aber ideal wird er deswegen noch lange nicht sein. Er muss immer noch streben und weiter lernen. Die ideale Führungskraft lernt ständig hinzu.

Was eigentlich heißt »führen«?

Es ist eine Tätigkeit im Sinne von »den Weg weisen, erziehen, ausbilden«. Führung ist damit ein richtungweisendes und steuerndes Einwirken auf das Verhalten anderer Menschen, um eine Zielvorstellung zu verwirklichen.

Führung hat also zwei Komponenten: zum einen das Ziel wissen und zum anderen den Weg kennen, der zum Ziel führt.

Der Manager benötigt eine Vision als Ziel und Mitarbeiter, die auf dem richtigen Weg marschieren.

Führen kann man offensichtlich nur, wenn man für seine Mitarbeiter auch sorgt. Konfuzius beschreibt sehr deutlich, dass die Sorge für die Mitarbeiter das wichtigste Ziel für eine Führungskraft ist.

> *Lehrsatz 1:* Ohne Vertrauen der Mitarbeiter ist keine erfolgreiche Führung möglich.

Was bedeutet diese Aussage, Sorge für die Mitarbeiter zu haben? Es ist auch für uns nicht neu. Der Vorgesetzte hat eine Fürsorgepflicht gegenüber dem Mitarbeiter. Diese ist schließlich sogar gerichtlich einklagbar. Auch nach den heutigen Motivationstheorien ist Fürsorge eng verbunden mit Motivation. Motivation besteht danach aus zwei Komponenten, der Attraktivität der Arbeitsaufgabe und dem Gegenwert der Arbeitsaufgabe, der sich ausdrückt in Entlohnung, Ansehen und Sicherheit.

Konfuzius beschreibt dies so: Die Mitarbeiter benötigen Nahrung (also ein angemessenes Einkommen) und Verteidigung beziehungsweise Schutz (also eine gewisse Arbeitsplatzsicherheit) und schließlich das Vertrauen in die Person und in das Können des Führers.

Konfuzius sagt auch sehr trefflich, in Krisenzeiten könne man gut auf Nahrung und Verteidigung verzichten, solange das Vertrauen bleibt. Die Mitarbeiter nehmen Lohnkürzungen hin und Verschlechterung der Arbeitsplatzsicherheit, solange das Vertrauen stimmt. Denn nur mit Vertrauen kann man aus Krisenzeiten herauskommen.

Der amerikanische Managementexperte Peter F. Drucker hat die Aufgabe des Managers einmal so definiert: »Sie hat zum Ziel, Ressourcen und Bemühungen eines Unternehmens in eine Richtung zu lenken, um Chancen zu ergreifen, damit Ergebnisse von wirtschaftlicher Bedeutung erzeugt werden können.«

Dabei muss man sich im Klaren sein, dass man immer nur sachliche Situationen »managen« oder »entscheiden« kann. Führung ist also mehr als managen. Der Führer, der Leader steht über dem Manager. Das Treffen von Entscheidungen ist nicht das alleinige Kriterium für eine Führungskraft in Anlehnung an frühere militärische Gepflogenheiten und Überzeugungen etwa des preußischen Offiziers von Clausewitz. Menschen kann man nicht wie eine Sache »managen«. Das aber ist genau die Aufgabe der Führung (»Leadership«), in der es weniger um Inhalte als um die Beziehung zwischen den beteiligten Personen selbst geht (»Menschenführung«).

Ein Manager kann ein Leader sein, muss es aber nicht. Wir werden auf die Unterschiede noch zu sprechen kommen. Festzustellen ist: Führen ist mehr als managen. Managen ist Handwerk, Führen ist Schaffen von Vertrauen.

Führung ist so alt wie die Menschheit, aber Führung ist erst seit kurzer Zeit auch Gegenstand der Wissenschaft. Die ersten Führungstheorien kamen in den fünziger und sechziger Jahren des letzten Jahrhunderts auf. Man unterschied den autoritären, Laisser-faire- und demokratischen Führungsstil. In den siebziger Jahren kam das Konzept des Managerial Grid auf und führte die Differenzierung zwischen Aufgaben- und Mitarbeiterorientierung ein. In den achtziger Jahren kam das Konzept des situativen Führens auf. Hier versuchte man den Reifegrad der Mitarbeiter zu berücksichtigen. Führungsqualität kann demnach nicht an sich beurteilt werden, sondern muss sich auf die unterschiedlichen Reifegrade der Mitarbeiter situativ einstellen. Allen diesen Konzepten war eine Idee gemeinsam: Die Führungsqualität liegt in der Person und im Verhalten der einzelnen Führungskräfte begründet. Spricht man von Professionalität, wird Führungsfähigkeit zum individuellen Persönlichkeitsmerkmal, das zwar geschult werden kann, aber doch auch zu einem großen Teil in der Persönlichkeit der Führungskraft angelegt sein muss. In den neunziger Jahren erfolgte dann auch die Einbeziehung von Organisationskonzepten. Im systemischen Denkkonzept werden keine Qualitätsstandards von Führungskräften definiert, sondern wird Führung in den Kontext Organisation gestellt und muss sich dort je nach Anforderung bewähren. Wie Führung und ihre Qualität jeweils konzipiert wird, hängt mit den Konzepten von Organisationen unmittelbar zusammen. Man geht von unterschiedlichen Bildern von Organisationen aus und leitet daraus Bilder von Führung ab. Gemeinsam ist ihnen: Führung in Organisationen hat die Aufgabe, das System – die Organisation – in seinen Umwelten zu steuern, ihr Überleben, ihre Entwicklung zu sichern. Organisationen werden als lebende und soziale Systeme definiert, deren Kernelement Kommunikation ist.

Lunyu 19.9

Zixia sprach: »Der Edle wirkt auf drei verschiedene Weisen: Wenn man ihn anblickt, erscheint er würdevoll, wenn man sich ihm nähert, ist er warmherzig, wenn man seinen Worten lauscht, wirkt er streng.«

> *Lehrsatz 2:* Der Führer passt sein Kommunikationsverhalten der Situation an.

Organisationen entwickeln sich stetig weiter und entfalten aufgrund von Arbeitsteiligkeit und Größe zunehmende Komplexität. Wie jedes lebende System werden auch Organisationen als sich selbst schaffende und sich selbst erhaltende Systeme verstanden. Organisationen sind nach diesem Verständnis komplexe Systeme, die nicht steuerbar sind. Führungskräfte setzen hier an. Sie sollen genau das tun, nämlich steuern. Eigentlich ist dies ein Widerspruch.

Wie jedes andere lebende System bewegen sich Organisationen in den Dimensionen von Raum und Zeit. Die räumliche Dimension beschreibt die Organisation als komplexes System in ihren Umwelten. Jede Organisation hat verschiedene Außenbeziehungen und Innenbeziehungen. Die zeitliche Dimension beschreibt die Organisation in ihrer Vergangenheit, Gegenwart und Zukunft. Entsprechend komplex gestaltet sich die Führungsaufgabe. Der Führer muss daher mit einer ganzen Reihe von wichtigen Eigenschaften ausgestattet sein. Für Konfuzius gehört der Führer auf jeden Fall zu den Edlen. Er muss würdevoll, menschlich und weise sein.

Lunyu 4.24
Konfuzius sprach: »Ein Edler sollte in seinen Worten bedächtig, aber umso flinker in seinen Taten sein.«

Lunyu 1.8
Konfuzius sprach: »Ein Edler genießt nur dann Achtung, wenn er sich auch würdevoll verhält. Er darf nicht stur auf seiner Bildung beharren, Loyalität und Vertrauen sind ihm das Wichtigste. Er hat nur Freunde, die seiner auch würdig sind. Und hat er etwas falsch gemacht, so schreckt er nicht davor zurück, seine Fehler zu korrigieren.«

Lunyu 13.27
Konfuzius sprach: »Standhaft, entschlossen, schlicht und schweigsam – so kommt man der Menschlichkeit näher.«

Lehrsatz 3: Der Führer muss von edler Gesinnung sein. Er ist würdevoll, menschlich und weise.

Die wichtigste Innenbeziehung scheint zwischen Personen und Organisation zu bestehen. Hier sind zunächst die Mitarbeiter gemeint. Sie erbringen bestimmte Leistungen für die Organisation und sind über Verträge an die Organisation gebunden. Dabei verknüpfen sich unterschiedliche Zielvorstellungen. Die Menschen wollen glücklich sein und gut leben. Die Organisation will ihre Aufgabe gewinnbringend erfüllen. Daraus entsteht ein Interessenkonflikt, der von der Führungskraft ausgesteuert werden muss.

Die Qualität der Führung kann man an ihren Ergebnissen ablesen. Wenn die Kopplung der Systeme nicht gelingt, ist die Wahrscheinlichkeit groß, dass Mitarbeiter mit Wissen die Organisation verlassen und damit der Organisation schaden. Führungskräfte vertreten beide Seiten. Sie vertreten gegenüber den Mitarbeitern die Interessen der Organisation, das bedeutet: Ziele vereinbaren, Ergebnisse überprüfen, Rahmenbedingungen für die Leistung der Mitarbeiter schaffen. Gleichzeitig vertreten Führungskräfte aber auch das Interesse der Mitarbeiter an Anerkennung und Entwicklungsmöglichkeiten innerhalb der Organisation. Führungskräfte müssen in der Lage sein, die Spannung auszugleichen. Hierfür benötigen Führungskräfte ausgeprägte kommunikative Kompetenzen.

Zu den Außenbeziehungen gehört zum Beispiel die zum Kundensystem. Kunden und die Organisation in der Rolle als Lieferant haben grundsätzlich unterschiedliche Interessen. Auch hier muss der Führer einen Ausgleich schaffen. Qualität von Führung bedeutet in diesem Zusammenhang aber noch viel mehr. Der Führer muss in der Lage sein, über die Organisation hinauszusehen, die relevanten Kundensysteme zu erkennen und die Organisation zielgerichtet auf die Kundensysteme auszurichten. Hierfür muss er die Organisation verändern und die Mitarbeiter in den Veränderungsprozess integrieren.

Die Führungskraft muss auch die Innenbeziehungen im Blick behalten. Da ist zunächst die Hierarchie: Spannungen zwischen den Hierarchienebenen sind anscheinend unvermeidbar. Sie sind auch sehr stark emotional geprägt. Dabei kann man Hierarchie durchaus als Versuch verstehen, die Organisation zu vereinfachen. Hierarchie wird definiert durch Strukturen, Positionen, Prozesse und Entscheidungskompetenzen, die eine Vielzahl von Einzelentscheidungen überflüssig machen sollen. Führung bezogen auf die Hierarchie erfordert zunächst einmal die Positionierung der eigenen Person als Führungskraft in der Hierarchie, zum anderen die permanente Reflexion über die Verbesserung der Organisation und damit auch über die Veränderung der Hierarchie.

Zum Innenbild der Organisation gehört auch das Zusammenspiel zwischen Abteilungen, Bereichen und Projekten. Das optimierte Zusammenspiel ist die Voraussetzung für den Erfolg der Organisation. Die Aufgabe von Führung besteht darin, die Eigenheiten der einzelnen Teilorganisationen zu bewahren und gleichzeitig die Kooperation zu sichern. Die meisten Führungskräfte sind gleichzeitig auch Teil eines solchen Teilbereiches.

Qualität und Professionalität von Führung zeigen sich in einem klaren Bild von ihrer Rolle und in der Fähigkeit, die Einzelbereiche zu einer effektiven Kooperation zu bewegen. Ziele und Interessen der eigenen Abteilung müssen mit den Interessen der anderen Abteilungen und dem Gesamtinteresse der Organisation ausgeglichen werden.

Nun müssen wir noch, wie bereits angedeutet, die zeitliche Dimension beleuchten. Die Organisation als lebendiges Gebilde verändert sich auf der Zeitachse. Führung bedeutet Steuerung dieser Veränderungsprozesse. Dabei muss erneut ein Balanceakt vollbracht werden. Zum einen sind Dynamik und Stabilität auszubalancieren. Führungskräfte müssen die optimale Veränderungsgeschwindigkeit für ihre Organisation festlegen. Oder anders ausgedrückt: Sie müssen so viel Ruhe und Stabilität schaffen, dass die Organisation die Veränderungen auch verdauen kann. Sie müssen aber auch darauf achten, dass sich die Organisation rechtzeitig gemäß den Außenanforderungen entwickelt.

Führungskräfte stehen unter dem permanenten Druck, Entscheidungen zu treffen. Entscheidungen müssen selbstverständlich so gut wie möglich vorbereitet werden. Die Vorbereitungen werden meist unter großem Zeitdruck vorgenommen, sodass sie nicht immer optimal sind. Es muss also aufgrund von unvollständigen Informationen entschieden werden. Dabei gibt es eine ganze Reihe von notwendigen Entscheidungen, die eigentlich gar nicht möglich sind. Zum Beispiel ist eine Frage: »Was ist das Beste für meine Organisation? Auswahl: A oder B?« grundsätzlich nicht entscheidbar. Alle auch in aller Eile erarbeiteten Informationen genügen nicht, eine solide Grundlage für eine solche Entscheidung zu erhalten. Es bedeutet, dass die Führungskraft unter Unsicherheiten entscheiden muss. Auch dies ist ein Kriterium für die Qualität einer Führungskraft, dass auch schwierige und komplexe Fragen entschieden werden und dass sie zumindest in sich konsistent entschieden werden. Ob die Entscheidung richtig oder falsch war, wird ohnehin erst die Zukunft zeigen.

Lunyu 2.11

Konfuzius sprach: »Wer sich das Alte noch einmal vor Augen führt, um das Neue zu erkennen, der kann anderen ein Lehrer sein.«

Lehrsatz 4: Zukunftsweisende Führung baut auf den Erfahrungen der Vergangenheit auf.

Professionelle Führung wird bestimmt durch:

- Rollenklarheit: Die Führungskraft braucht Klarheit über die eigene Rolle in den jeweiligen Dimensionen des Unternehmens. Wenn die Organisation diese Rollenklarheit nicht vorgegeben hat, muss die Führungskraft selbst dafür sorgen, eine hinreichend genau Bestimmung zu erstellen. Ohne sie ist keine Führung möglich.
- Fachwissen und Instrumente: Das Fachwissen in den einzelnen Bereichen liegt bei den Mitarbeitern, doch muss auch die

Führungskraft ein Verständnis für das Fachwissen, die daraus erwachsenden Möglichkeiten und Probleme haben. Weiterhin benötigt sie Instrumente zur Steuerung. Das sind kommunikative Instrumente, aber auch sachliche Instrumente, wie sie die Organisation erfordert.

- Professionelle Kommunikation: Viele Interessenausgleiche kann man nur über Kommunikation regeln. Führung ist Kommunikation. Es ist wichtig, eigene Ideen zu entwickeln und andere dafür zu begeistern, sich aber auch selbst von den Ideen anderer begeistern zu lassen und für eine angemessene Kommunikation dieser Ideen zu sorgen.
- Entscheiden: Wir haben gesehen, dass der Entscheidungsprozess ein schwieriger Prozess ist, der auch unter vielerlei Unsicherheiten vorgenommen werden muss. Die Fähigkeit, Entscheidungen zu treffen, ist eine Kernkompetenz der Führungskraft. Die Verantwortung für jede einzelne Entscheidung muss der Führungskraft bewusst sein.
- Außenperspektive und Innenperspektive: Die Führungskraft muss die Anforderungen von außen sowie die Anforderungen von innen ausgleichen können. Die Führungskraft braucht die Fähigkeit, sich in jede der einzelnen Perspektiven eindenken zu können, um dann im Rahmen eines ganzheitlichen Ansatzes zu entscheiden.
- Veränderung: Die Führungskraft muss das richtige Maß der Veränderung schaffen. Nicht jede Veränderung ist eine Chance. Die Führungskraft muss die richtigen Veränderungen angemessen durchführen. Sie muss der Organisation aber auch die Ruhe geben, Veränderungen jeweils zu verarbeiten. Veränderungen sind nicht per se Verbesserungen.

Wir wiederholen die Kernbotschaft Konfuzius' für dieses Kapitel: Diese vielfältigen Aufgaben des Führers sind nur zu leisten, wenn seine Mitarbeiter zu ihm (aber selbstverständlich auch er zu seinen Mitarbeitern) Vertrauen hat.

Führungskrise ist auch Vertrauenskrise

Hört man auf die Medien, so kann man sich des Eindrucks nicht erwehren, der Stand des Managers befinde sich in der Krise. Eine Krise entsteht dann, wenn die Menschen, die Mitarbeiter, aber auch die Manager das Vertrauen in ihre Führung verlieren. Viele Mitarbeiter haben kein Vertrauen mehr zu ihren Managern, Manager haben kein Vertrauen zu ihren Führern und den eigenen Führungsqualitäten. Viele Manager bereichern sich stattdessen ungeniert und ungehemmt. Dies ist der sichtbare Ausdruck von Krise.

Deutschland scheint von dieser Krise besonders heftig erfasst zu sein. Es gab Zeiten, da gingen von deutschen Unternehmen Impulse aus, technische Innovationen gelangten zur Serienreife, neue Prozessmodelle verkürzten die Durchlaufzeiten, Übernahmen wurden geplant und durchgesetzt. Von vielen dieser Aktivitäten ist man heute ernüchtert. Sie haben sich nicht so entwickelt, wie man es erwartet hatte.

Ein Lehrstück der besonderen Art ist die DaimlerChrysler-Story. Die Fusion von Daimler-Benz und Chrysler schuf für die Aktionäre keinen Mehrwert. Dennoch schafften es die Daimler-Manager, den Chrysler-Konzern zu sanieren. Dieses Abenteuer kostete aber viel Geld und wurde an den Börsen nie gewürdigt. Noch schlimmer war die Beteiligung bei Mitsubishi Motors. Hier zog Jürgen Schrempp 2004 die Reißleine und verabschiedete sich zugleich von der Idee der Welt-AG.

Wie immer man zu solchen Abenteuern stehen mag: Sie zeigten unternehmerische Leistung, Innovationskraft und Visionen. Jürgen Schrempp war alles andere als unumstritten im Konzern, er unternahm viele Alleingänge, schuf sich damit auch viele Feinde, stützte sich auf ein Netz von einer Hand voll ausgewählter Mitarbeiter. Andererseits war er aber auch in verschiedenen Projekten sozial engagiert. Besonders in Südafrika, wo er viele Jahre als sozial engagierter Manager tätig war und auch zum persönlichen

Freund von Nelson Mandela wurde, wird er immer noch verehrt. Was die Anteilseigner von ihm hielten, konnte man bei der Ankündigung seines Ausscheidens gut erkennen: Der Kurs zog kräftig an.

Heute befinden sich deutsche Unternehmen häufiger in der Rolle des Übernahmekandidaten. Angesichts von Flaute und Frust haben viele Manager eine No-Future-Mentalität angenommen. Ihr Handeln wird bestimmt vom Hier und Heute. Was sie anpacken, muss sich rechnen – nicht irgendwann, sondern möglichst rasch. Selbst im Großanlagengeschäft müssen Investitionen von einem Auftrag getragen werden. Das zeigt, dass kein Vertrauen auf ein sich stetig entwickelndes Geschäft vorhanden ist. Innovationen zählen nicht, die Visionen sind weggebrochen.

Kriege, Terroranschläge und wirtschaftliche Verwerfungen machen Managern Sorgen. Das sind neue Bedrohungen, auf die man sich nicht vorbereiten kann. Viele fürchten sogar, dass eine Wirtschaftskrise bevorsteht.

Was ruft uns Konfuzius in einem solchen Szenario ins Gedächtnis?

Lunyu 9.29

Konfuzius sprach: »Der Weise kennt keine Verwirrung, der Menschenfreund keine Sorgen und der Tapfere keine Furcht.«

> *Lehrsatz 5:* Auch Krisenzeiten dürfen den Manager nicht in Verzweiflung und Angst treiben. In solchen Situationen werden sich nur die weisen Manager bewähren.

Nirgends reagieren die Topmanager so restriktiv wie in Deutschland. Während amerikanische Manager sich auf ihre eigenen Stärken besinnen, auch Franzosen und Briten der Krise mit einem ausgeprägten Selbstbewusstsein begegnen, igeln sich die deutschen Manager ein. Statt neue Geschäftsfelder zu erschließen, neue Chancen aufzuspüren, liegt die Priorität in Deutschland beim Kürzen, Sparen und auch beim Entlassen. Das Credo der deutschen Manager ist: Kosten herunter, die Produktivität muss steigen. Sicherlich gehört dies zum Handwerk der Manager. Die deutschen Manager beherrschen dieses Handwerk, üben es sogar mehr oder weniger lehrbuchgemäß aus. Es scheint, dass die deutsche Wirtschaft, die einmal über ihre Visionäre stöhnte, nun unter ihren Handwerkern leiden muss. Daraus ergibt sich die Frage, ob diese Handwerker die idealen Manager sind. Ja, vielleicht. Aber sie sind mit Sicherheit nicht die idealen Führungskräfte. Gerade in Zeichen der Krise sind Visionen und Innovationen gefordert. Der Führungsstil vieler Manager steht dazu gerade im Widerspruch. Die meisten führen vergleichsweise hart und visionslos, obwohl auch sie wissen, dass kreative Potenziale durch Freiräume entstehen und nicht durch restriktive Kommandostrukturen. Nach einer Studie der Personalberatung Egon Zehnder International ist für 62 Prozent der deutschen Manager »der unbedingte Wille, Ergebnisse zu erzielen«, unverzichtbare Managertugend.[1] Nur 32 Prozent ihrer amerikanischen und 38 Prozent ihrer französischen Kollegen sehen dies genauso. Relativ gering schätzen deutsche Manager in auffälliger Ergänzung dagegen soziale Kompetenzen, wie die Fähigkeit, Teams führen zu können. Dies halten nur 38 Prozent der deutschen Manager für eine besonders wertvolle Fähigkeit. Ihre amerikanischen Kollegen erachten dies zu 61 Prozent und die französischen Kollegen zu 68 Prozent als wichtig. Auch die Mitarbeiterentwicklung ist nur für 24 Prozent der deutschen Manager wichtig, immerhin bekennen sich von den amerikanischen Kollegen 39 Prozent dazu.

Diese Studie zeigt ganz deutlich, dass deutsche Manager auf das Bewährte setzen, auch in Bezug auf den Leistungsbegriff. Kurzfristige Ergebnisorientierung und funktionale Kompetenz hat Vorrang gegenüber strategischem und innovativem Denken und Mitarbeiterorientierung.

Deutschland lebt von seiner Substanz. Die überzogene Investitionszurückhaltung führt und verstärkt die Wachstumsschwäche. Schuld sind natürlich nicht nur die Manager, sondern auch die Regierungen von Kohl bis Schröder, die ebenfalls nur auf Bewährtes setzten. Ordnung und starres Festhalten am Bewährten gelten in unserer Gesellschaft mehr als der Aufbruchswille zu neuen Zielen.

Nun ist auch Konfuzius immer wieder vorgeworfen worden, dass er sich auf Bewährtes konzentriert hat, dass er nicht für den Aufbruch warb. Viele chinesische Kaiser haben den Konfuzianismus genutzt, um ihre Hierarchiestrukturen zu festigen. Konfuzius war kein Revolutionär, aber er war jemand, der viel Freiräume ließ und eine kompetente Mitarbeiterentwicklung betrieb. Er wurde instrumentalisiert über viele Jahrhunderte. Wir sollten lieber seinen Weisheiten pur folgen.

Lunyu 4.2

Konfuzius sprach: »Wer keine echte Menschlichkeit besitzt, wird Widrigkeiten nicht lange ertragen und genauso wenig immer glücklich sein. Wer jedoch Menschlichkeit besitzt, findet in ihr seine Ruhe – der Weise vermag sie zu nutzen.«

Lehrsatz 6: Erfolgreiche Manager führen aus der Ruhe heraus.

Die Krise werden wir auch in Deutschland nur durch Persönlichkeiten überwinden, deren Größe und Menschlichkeit sie zur Führung befähigt. Der Edle wird aus der Ruhe heraus strategisch denken und führen.

Lunyu 4.15

Konfuzius sprach: »Shen, meine Lehre stützt sich doch auf ein einziges Prinzip, das alles durchdringt!«

Zeng Zi sprach: »So ist es.«

Als Konfuzius gegangen war, fragte einer der Jünger: »Welches meint er?«

Zeng Zi sprach: »Die Lehre des Meisters stützt sich nur auf eines: Treue gegen sich selbst und Rücksichtnahme auf andere.«

Zugegeben, Konfuzius bringt Kriterien der Führung ins Spiel, wie wir sie bisher für Manager und Führer nicht kannten. Und doch kann dies keine Überraschung sein. Konfuzius schöpft aus der Menschlichkeit, Treue, Rücksichtnahme die Stärke, die er für die Führung benötigt. Und noch ein anderes Zitat passt gut zu diesem Bild eines Führers.

Lunyu 12.4
Sima Niu erkundigte sich nach dem Wesen des Edlen. Konfuzius sprach: »Ein Edler ist, wer keine Angst und Furcht kennt.«

Sima Niu erwiderte: »Keine Angst und keine Furcht zu kennen – reicht das etwa schon aus, um ein Edler genannt zu werden?«

Konfuzius sprach weiter: »Wer sich selbst geprüft hat und sein Gewissen für rein empfindet – was könnten dem Angst und Furcht noch anhaben!«

Was kann die Krise einer solchen Persönlichkeit anhaben, so möchte man ergänzen. Es scheint in Deutschland nicht viele solche Persönlichkeiten zu geben. Es scheint so, als hätten viele Manager sich und ihr Land bereits aufgegeben. In einer Gallup-Umfrage gaben nur 16 Prozent der deutschen Manager an, dass sie in Deutschland noch ein Wachstumspotenzial sehen. Unter den amerikanischen Managern sahen dagegen 64 Prozent Wachstumspotenzial im eigenen Land, bei den Briten waren es 41 Prozent und immerhin noch 21 Prozent bei den Franzosen. Die deutschen Manager sehen ihr Heimatland auch nicht als einen Standort für Innovationskraft. Nur 40 Prozent glauben, dass die Deutschen in Forschung und Entwicklung Stärken haben (im Gegensatz zu den Amerikaner, die dies zu 82 Prozent von sich glauben, und 47 Prozent der Franzosen). Da ist es folgerichtig, dass die deutschen Manager auch ihre eigene Qualität als schlecht einstufen: Nur 40 Prozent halten die Qualität der heimischen Führungskräfte für eine Stärke der deutschen Wirtschaft. Und die Manager aus den anderen Ländern stimmen dem zu. Eine Mehrheit der US-Führungskräfte glaubt, die deutschen Manager seien schlechter ausgebildet als sie selbst.

Beratung tut also not. Welche Anregungen bietet Konfuzius für die Veränderung dieser Situation?

Lunyu 6.18

Konfuzius sprach: »Wenn die Natur den Sieg über die Bildung davonträgt, dann ergibt das einen Barbaren. Wenn die Bildung den Sieg über die Natur davonträgt, dann ergibt das einen Pedanten. Nur wenn Bildung und Natur harmonieren, ergibt das einen Edlen.«

Mein Freund übernahm die Stellung eines CEO in der Filiale der Fahrradfabrik AG in China am Standort Shanghai. Er freute sich sehr über die Chance, sich an seinem Geburtsort zu beweisen. Die Filiale der Fahrradfabrik AG in China ist bereits gut positioniert. Man produziert Hightech-Fahrräder und will sich damit auf dem Fahrradmarkt in China etablieren. Die ersten Erfolge gab es schon. Als mein Freund seine Aufgabe übernahm, gab es in Shanghai bereits zwei deutsche Manager, die das Unternehmen vor ihm geleitet hatten. Er führte lange Gespräche mit ihnen, weil er sie überzeugen wollte zu bleiben. Es war nicht seine erste Führungsposition, aber doch seine erste in so einer exponierten Stellung. Er war sich klar, dass er noch viel lernen musste. Die beiden deutschen Mitarbeiter konnten ihm sehr viel beibringen. Er könnte ihnen jedoch auch viel über die chinesische Unternehmensphilosophie vermitteln. Sie sprachen sich offen aus, und er konnte die beiden deutschen Manager für weitere zwei Jahre gewinnen. Sie beschrieben gemeinsam ihre jeweiligen Aufgaben, definierten die Schnittstellen, legten fest, wie sie miteinander kommunizieren wollten. Er erklärte ihnen, dass er mit einem Berater zusammenarbeite. Die beiden waren sehr überrascht. Doch er erklärte ihnen, dass der Berater in ihm sei, wie in fast allen Chinesen. Es sei Konfuzius. Nach seinen Ideen wolle er das Unternehmen führen. Der erste Schritt sei, Bildung und Natur in ihren Personen zu einer Harmonie zu bringen. Das ergibt den Edlen. So begann mein Freund seine Aufgabe in China.

Die Kraft der Vorbildwirkung

Lunyu 2.1

Konfuzius sprach: »Wer sich in der Politik nach der Tugend richtet, der gleicht dem Polarstern: Er ruht an seinem Platz und alle anderen Sterne richten sich nach ihm aus.«

Welche Anforderungen stellen wir an einen Manager? Der Manager muss ein guter Handwerker sein. Er muss seine Tools beherrschen. Er muss Ziele geben und organisieren können. Er muss entscheiden und kontrollieren können. Er muss Mitarbeiter einstellen, entwickeln und führen können.

Ein Manager wird in den meisten Fällen Führungsverantwortung haben. In diesem Fall verlangen wir von ihm mehr. Er muss bestimmte Persönlichkeitseigenschaften mitbringen. Wir werden darauf zu sprechen kommen: Wir verlangen von ihm Ehrlichkeit und Bescheidenheit. Wir verlangen Mut und Konsequenz. Wir fordern Kommunikations- und Einfühlungsvermögen. Er muss teamfähig und kooperationsbereit sein. Er muss rundum eine erfahrene Führungsperson sein.

Lehrsatz 7: Es ist wichtig, in einem Unternehmen einen Polarstern zu haben, an dem sich alle ausrichten können. Diese Funktion hat der Leader zu übernehmen. Er hat sie mit Tugend auszufüllen.

Kann man allgemeingültig formulieren, über welche Eigenschaften oder Tugenden eine Führungskraft verfügen muss, um erfolgreich zu sein? Alle sehnen sich nach Rezepten.

Solche Rezepte hat aber noch keiner gefunden – und da wo man glaubt, sie gefunden zu haben, haben sie nur dort Geltung, wo man sie erfunden hat. Sobald man diese Rezepte in ein anderes Umfeld zu übertragen versucht, zu anderen Mitarbeitern, in eine andere unternehmerische Situation, wirken sie nicht mehr. Dann ist das Rezept eben doch kein Rezept mehr.

Aber die Frage bleibt: Wie stellen es die Erfolgreichen an? Was haben sie gemeinsam? Was kann man daraus ableiten?

Dieser Frage ging das Gallup-Institut nach: 80000 Manager wurden befragt, wie sie tatsächlich führen. Nach einem Kriterienkatalog konzentrierte sich Gallup nur auf die Erfolgreichen. Abgefragt wurde: Was haben jene gemeinsam, die erfolgreich sind?

Das Ergebnis war reichlich überraschend: Die Erfolgreichen arbeiten sehr unterschiedlich. Ihre Methoden gleichen sich nicht. Also keine Rezepte. Aber einige Ableitungen konnte man schon treffen:

- Erfolgreiche Manager haben eine Aura der Offenheit.
- Erfolgreiche Manager differenzieren. Sie wissen, dass es immer Unterschiede auch zwischen den Menschen geben wird.
- Erfolgreiche Manager beteiligen sich aktiv. Sie bleiben am Ball. Sie betreiben ein Mannschaftsspiel.
- Erfolgreiche Manager sehen auf die Stärken ihrer Mitarbeiter, sie vergeuden keine Zeit mit den Schwächen.
- Erfolgreiche Manager fördern nach Begabung.

Lunyu 5.17

Konfuzius sprach: »Yan Ying ist ein Meister im Umgang mit Menschen: Je länger man ihn kennt, desto mehr Achtung bringt man ihm entgegen.«

Lehrsatz 8: Erfolgreiche Manager werden als Vorbilder angesehen.

Nach Konfuzius soll der Führer ein Polarstern, ein Vorbild sein. Bei Konfuzius heißt Vorbild sein gleichzeitig, dass der Führer, das Vorbild, sich zurücknimmt. Sein Vorbild liegt als Erstes in seiner Bescheidenheit. Er wird geachtet für seine Fähigkeiten im Umgang mit Mitarbeitern, die seinem Beispiel folgen. Auch die Mitarbeiter werden bescheiden und teamorientiert. So kommen Aufbruchstimmungen zustande.

Es gab einmal eine Zeit, in der sich Manager viel auf ihre offene Tür einbildeten. Die offene Tür drückte aus, dass der Manager ständig für die Mitarbeiter da war, vielleicht auch »das Vorbild sitzt mitten unter euch«. Dies hat meistens nicht funktioniert, weil viele Manager ständig beschäftigt waren, auch bei offenstehender Türe. Eine der wichtigsten Fähigkeiten des Managers ist es, die vorhandene Zeit bestens einzuteilen.

Mein Freund erzählte, dass er von einem seiner Mentoren die so genannte Drei-Drittel-Regel gelernt habe. Sie heißt: ein Drittel der Zeit für die Mitarbeiter, ein Drittel für die Vorgesetzten und die ganze Hierarchie und ein Drittel für die Sacharbeit. Mein Freund hat diese Regel meistens beherzigt. Immer wieder, wenn er mit seiner Zeit nicht zurechtkam, überlegte er sich, was er eigentlich den ganzen Tag gemacht habe, und versuchte dann wieder die Drei-Drittel-Regel einzuhalten. Es gab Zeiten, in denen er durch Mailverkehr so beschäftigt wurde, dass er fast 80 Prozent seiner Zeit Mails bearbeitete. Er stellte fest, dass dies durchaus verführen kann, fast stoisch arbeitet man Mail nach Mail ab und fühlt sich sogar gut, wenn man alle eingegangene Mails wie auch immer bearbeitet hat. Aber war dies wirklich notwendig? Aufgrund seiner Drei-Drittel-Regel analysierte er die eingehenden Mails. Darauf ließ er sich aus vielen Standardverteilern streichen, sensibilisierte seine Mitarbeiter, ihm nur noch wirklich wichtige Mails zukommen zu lassen. Mein Freund vermutete, dass sein Informationsstand durch diese Maßnahme vielleicht etwas litt, aber er empfand dies nicht als störend. Auf der anderen Seite hatte er plötzlich wieder Zeit für seine Mitarbeiter – die Informationen, die er dort bekam, entschädigten ihn vollends.

Die offene Türe bedeutet natürlich auch, dass man für Mitarbeiter erreichbar ist, wenn sie ein Anliegen haben. In diesem Sinne behaupte ich, die wichtigste Anforderung an einen Manager ist, dass er sich selbst diszipliniert führen kann, dass er sich seine Zeit einteilen kann, um sich angemessen sowohl um Sachfragen wie auch um Mitarbeiter und Hierarchie zu kümmern.

Wichtiger als alle einzelnen Anforderungen ist die Gesamtpersönlichkeit, die nach Konfuzius wie ein Polarstern wirkt, nach dem sich die Mitarbeiter orientieren (*Lunyu* 2.1).

Lunyu 12.19

Herzog Ji Kang befragte Konfuzius nach den Regeln guten Regierens: »Wie wäre es, wenn ich die Bösen einfach töten würde, um dem Guten zu seinem Recht zu verhelfen?«

Konfuzius sprach: »Ihr seid hier doch zum Regieren, nicht zum Morden! Wenn Ihr das Gute wirklich wollt, so wird Euer Volk gut werden: Die Tugend des edlen Herrschers ist wie der Wind, die Tugend der kleinen Leute ist wie das Gras – wenn der Wind über das Gras hinwegfegt, wird es sich ihm beugen.«

Lehrsatz 9: Die Persönlichkeit einer Führungskraft ist geprägt von Tugend, Weisheit und Achtung.

Es wurde viel über Eigenschaften und Anforderungen für Manager geschrieben. Ich vertrete die Auffassung, dass man das Managen, also den handwerklichen Teil der Aufgabe, sehr wohl erlernen kann. Hier braucht man Aufgeschlossenheit, Neugierde, Lernwilligkeit und vielleicht etwas Ausdauer. Bereits für Konfuzius war das Lernen äußerst wichtig und ein lebenslanger Prozess. Der Manager kann durch Lernen und Erfahrungen immer besser werden und es zu einer gewissen handwerklichen Professionalität bringen. Führen jedoch kann man nur bis zu einem gewissen Grad lernen. Führung ist im Wesentlichen an die Persönlichkeit des Leaders gekoppelt. Persönlichkeit wiederum kann man nicht erlernen. Aber der Manager kann an seiner Persönlichkeit arbeiten, indem er seine Einstellung ändert. Die Einstellung zum Beispiel Menschen gegenüber kann man im Rahmen eines rationalen Prozesses ändern. Wenn man den Änderungswillen auch noch emotional umsetzen kann, hat dies sehr wohl Auswirkungen auf die Persönlichkeit. Natürlich kann ich mein Führungsverhalten ändern, aber nur, wenn ich es wirklich will.

Mein Freund erzählte mir von einem seiner Einstellungsgespräche, das er mit seinem Chef in Deutschland geführt hatte. Er wollte wissen, warum die Wahl ausgerechnet auf ihn gefallen sei. Sein Chef erklärte, man wolle in dieser Position einen Chinesen haben. Man lege auch Wert darauf, dass dieser Chinese die deutsche Kultur verstehe, er also eine Kommunikations- und Verständnisbrücke aufbauen könne. Aber besonders wichtig sei bei der Auswahl gewesen, dass er einen bescheidenen Eindruck mache, dass er in der Vergangenheit Achtung vor seinen Mitarbeitern gezeigt habe. Gleichzeitig habe man erkannt, dass er dennoch unternehmerische Impulse geben könne. Natürlich war dies in der Vergangenheit auf einem niedrigeren Niveau. Er spiele als CEO in Zukunft in einer anderen Liga. Aber seine Persönlichkeit werde ihm auch in dieser Liga helfen zu gewinnen. Alle handwerklichen Wissenslücken könne man durch Lehrgänge schließen, und man könne ihm Mitarbeiter zuordnen, die ihn entsprechend unterstützen.

Lunyu 14.41

Konfuzius sprach: »Wenn die Oberen sich an die Regeln halten, dann wird auch das Volk einfach zu lenken sein.«

Lehrsatz 10: Gutes Beispiel wirkt von oben nach unten.

Stärken und Schwächen der Führungskräfte

Lunyu 16.5
Konfuzius sprach: »Es gibt drei Arten von Freuden, die gesund sind, und drei Arten von Freuden, die einem nur schaden. Es ist gut, sich mit gutem Stil und Musik selbst zu disziplinieren. Es ist auch gut, wenn man Freude daran hat, das Gute an anderen Menschen hervorzuheben. Ferner ist es gut, wenn man weise Freunde um sich sammelt. Schädlich hingegen ist es, sich an schlechter Musik zu ergötzen, wenn man sich Ausschweifungen hingibt und wenn man an übermäßigen Festgelagen teilnimmt.«

Schlechte Führung und »Abwesenheit« von Führung

Die bereits erwähnte Gallup-Umfrage brachte für Deutschland auch noch folgendes Ergebnis:

- 69 Prozent aller Arbeitnehmer machen Dienst nach Vorschrift,
- 16 Prozent haben sich innerlich verabschiedet und nur
- 15 Prozent sind engagiert bei der Arbeit und mit ihr zufrieden.

Die Wissenschaftler fanden heraus, dass der wichtigste Grund für den Frust vieler Mitarbeiter schlechtes Management sei. Arbeitnehmer beklagen sich, dass sie nicht wissen, was von ihnen erwartet wird, und dass ihre Vorgesetzten sich nicht für sie als Menschen interessieren. Ihre Meinungen und Ansichten hätten kaum Gewicht.

Noch gravierender ist aber die Tatsache, dass Mitarbeiter umso weniger engagiert sind, je länger sie in ihren Unternehmen sind. So nimmt das menschliche »Kapital« in einem Unternehmen ab, das eigentlich durch Weiterbildung und Entwicklung wachsen sollte.

Bei solchen Umfrageergebnissen ist es kein Wunder, wenn Deutschland in die Krise rutscht. Wir verschenken das wichtigste Potenzial unserer Unternehmen, die Mitarbeiter, ihre Kraft, ihre Arbeitsfreude, ihre Kreativität, ihren Leistungswillen.

Ich halte es auch für gefährlich und hochgradig alarmierend, wenn das Engagement der Mitarbeiter nachlässt, je länger sie in einem Unternehmen sind. Gerade sie haben fundierte Erfahrungen. Sie wissen, was in einem Unternehmen gut geht und was in einem Unternehmen schlecht läuft. Sie könnten manches kleinere oder auch größere Problem schnell beheben. Warum machen sie es nicht? Weil man sie nicht lässt? Weil sie bereits resigniert haben?

Eine weltweite Produktivitätsstudie der Czipin & Proudfoot Consulting GmbH erbrachte 2001 deutliche Ergebnisse.[2] Demnach werden in deutschen Unternehmen 85 Arbeitstage oder 39 Prozent der Arbeitszeit unproduktiv verbracht, das heißt verschwendet. Zu den Ursachen sagt die Studie:

- Mangelnde (strategische) Planung und Steuerung schlägt mit 45 Prozent zu Buche;
- mangelnde Führung und Aufsicht mit 17 Prozent;
- mangelnde Kommunikation mit 12 Prozent;
- mangelnde Arbeitsmoral mit 11 Prozent;
- mangelnde Qualifikation mit 5 Prozent.
- Bleiben noch EDV-Probleme mit 10 Prozent.

Klammert man die »mangelnde (strategische) Planung und Steuerung« und »EDV-Probleme« aus, erkennt man, dass zirka 45 Prozent des Arbeitszeitausfalls auf Mängel bzw. die Abwesenheit von Führung zurückzuführen sind. Dies heißt, die Mitarbeiter arbeiten zu einem großen Teil unproduktiv, weil sich keine Führung um sie kümmert.

Abwesenheit von Führung kann zweierlei bedeuten: Entweder der Manager kann die geforderte Art von Führung nicht erbringen, weil er das Wissen und die Erfahrung hierfür nicht hat. Es kann aber auch bedeuten, dass er nicht die Zeit zur Verfügung hat, um entsprechend zu kommunizieren und zu führen. Beide Gründe deuten auf unakzeptable Zustände hin.

Ein gutes Kommunikationsmedium ist der Jour fixe. Es wird ein Kreis von Mitarbeitern eingeladen, um »über alles Mögliche«

zu reden. Meist lädt ein Vorgesetzter die Hierarchieebene darunter ein. In einem solchen Kaskadensystem werden Informationen in einem Unternehmen weitergegeben. Die Struktur solcher Gespräche ist sehr unterschiedlich und auch etwas vom Bedarf der Gruppe abhängig. Ich bevorzuge den Jour fixe mit einer Agenda, mit einer Zeitangabe. Jeder kann sich auf die Themen vorbereiten. Man hat einen vorgegebenen Zeitrahmen und kann sich darauf einstellen. Interessant ist jeweils die Offenheit des Teilnehmerkreises. Selbst als Gast hat man schnell die Stimmung erfasst. Wird in dem Kreis offen kommuniziert, kann jeder seine ehrliche Meinung sagen? Sind die anderen an dieser Meinung auch interessiert? Oder ist dies nur eine Pflichtveranstaltung, in der sich alle bedeckt halten?

In einem solchen Jour fixe kann sich der Meister der Kommunikation entfalten, nicht indem er meistens redet, sondern indem er zuhört, lenkt und leitet, Ideen aufgreift, weiterentwickelt. Hier kann er sich auch ein Bild über das Potenzial seiner Arbeitsgruppe machen.

Die zitierte Produktivitätsstudie lässt natürlich auch folgende Rückschlüsse zu:

- Es sind bei den Mitarbeitern schlummernde Potenziale vorhanden. Diese muss man nur wecken. Dann kann schnell die Arbeitsleistung verbessert, die Motivation entwickelt werden.
- Das bisherige Führungsverhalten der Vorgesetzten konnte diese Potenziale noch nicht wecken. Sonst hätten wir kein Problem, das behoben werden muss.
- Eine bessere Führung ist also der Schlüssel zur Produktivität und Motivation unserer Mitarbeiter gleichermaßen.

Warum ist das Führungsverhalten vieler Vorgesetzter so kontraproduktiv? Einen Grund habe ich schon angeführt: die Zeit. Ein anderer Grund mag vielleicht auch überraschend sein. Dieser zweite Grund ist die Macht.

Jede Führungsaufgabe vermittelt dem Stelleninhaber eine gewisse Macht. Die Macht kommt natürlich nur zum Tragen, wenn sie anerkannt wird. Nun hat der Vorgesetzte eine ganze Reihe von Machtmitteln wie Gehalt, Beförderung oder auch Kündigung. Und es gibt in deutschen Unternehmen durchaus einen gewissen Trend, dass Führungskräfte vermehrt Kündigungen, Betriebsschließungen, Versetzungen anwenden, um die Produktivität zu erhöhen, Kostenpositionen zu senken. Das geht aber vielfach zulasten der Offenheit. Mitarbeiter halten in solchen Fällen ihre Ideen zurück bis hin zur inneren Kündigung. In vielen Unternehmen geht sogar die Angst um. Besteht die Wahrscheinlichkeit von Kündigungen, sind die Mitarbeiter nicht mehr bereit, Wissen weiterzugeben. Ein hoher Schaden kann für das Unternehmen daraus entstehen.

In vielen Fällen, so kann man immer wieder erfahren, hat der Manager eine eingeschränkte Sicht der Dinge, und dies verstärkt sich, je weiter er von der Mitarbeiterebene entfernt ist. Seine Erlebenswelt ist weit von der eines einfachen Mitarbeiters entfernt. Daher sind ihm die Probleme und die Potenziale der Mitarbeiter gar nicht bewusst. Das Umgekehrte gilt natürlich auch. Der einfache Mitarbeiter kann die Managerwelt nicht verstehen, auch nicht den Prozess der Entscheidungsfindung, an deren Ende vielleicht der Verlust seines Arbeitsplatzes steht. So besteht zwar eine Kommunikation über gewisse Hierarchieebenen, aber diese ist mit Sicherheit eingeschränkt und von einem gewissen Tunneleffekt gezeichnet. Die Kommunikation zwischen Manager und Mitarbeiter erfolgt nur durch diesen Tunnel, alle andere Wahrnehmung wird abgeschnitten.

Eine wichtige Anforderung an die Führungskraft ist daher die Kommunikation. Sie hat einen direkten Einfluss auf die Zusammenarbeit der einzelnen Hierarchien, auf deren Optimierung, auf Arbeitsfreude und Motivation und dann ebenfalls auf die Produktivität.

Lunyu 13.6

Der Meister sprach: »Wer in seinem Wandel aufrecht ist, dem folgt man ohne Befehl. Wer aber nicht aufrecht ist, dem folgt man auch trotz eines Befehls nicht.«

Lunyu 14.24
Konfuzius sprach: »In alter Zeit lernte man für sich selbst. Heute lernt jeder nur noch anderen Menschen zuliebe.«

Lehrsatz 11: Der Manager und Führer wird nur erfolgreich sein, wenn er authentisch ist.

Man kann die Aussagen von Konfuzius vielleicht folgendermaßen zusammenfassen: Der Manager und Führer muss in seiner Person integer sein. Er muss sich an die eigenen Regeln oder an die Regeln des Unternehmens halten. Er muss eine Vorbildfunktion übernehmen. Dann wird er von den Mitarbeitern auch als Polarstern wahrgenommen, dem man folgt. Dann braucht er auch keine Befehle zu erteilen. Man folgt seinen Worten. Und die Mitarbeiter lernen und arbeiten sogar mit Freuden für ihn.

Kriminelle Manager

46 Prozent aller deutschen Unternehmen waren in den Jahren 2003 und 2004 von Wirtschaftskriminalität (Studie von PriceWaterhouseCoopers und Martin-Luther-Universität Halle-Wittenberg) betroffen. Dies war ein Anstieg um 7 Prozent im Vergleich zur früheren Gallup-Studie. Dabei entstand ein Schaden von 622 Millionen Euro. Jeder dritte Täter kam aus dem Topmanagement. Das häufigste Delikt war Unterschlagung (29 Prozent), darauf folgten Betrug (23 Prozent) und Industriespionage beziehungsweise Produktpiraterie (13 Prozent). In den meisten Fällen sind die Täter Mitarbeiter des betroffenen Unternehmens. Ihnen wird meist gekündigt, nachdem das Ver-

gehen aufgedeckt ist. Die weiteren Konsequenzen der Verfehlungen hängen allerdings vor allem von der Position des Täters im Unternehmen ab. Delikte, die von Topmanagern begangen werden, werden in der Regel schwächer santioniert als die anderer Mitarbeiter. Bei Führungskräften kommen Straftaten nur in jedem dritten Fall zur Anzeige, bei allen anderen Angestellten geschieht dies doppelt so oft. Führungskräfte sind privilegiert, weil die Unternehmen verhindern wollen, dass der Fall bekannt wird und der Ruf der Firma Schaden nimmt. Gleichzeitig ist aber auch festzustellen: Je höher die Stellung des Täters im Unternehmen, desto größer auch die von ihm verursachten materiellen Schäden. Dazu kommt der immaterielle Schaden durch die negative Beispielwirkung.

Mein Freund richtete in einem Werk das so genannte Frühstücksgespräch ein. Er hatte festgestellt, dass die Arbeiter zur Frühstückszeit immer in einen Saal gingen, wo sie sich hinsetzen und ihre Reismahlzeiten zu sich nehmen konnten. Er war eines Tages dort vorbeigekommen. Mit einigen Mitarbeitern hatte sich ein Gespräch ergeben. Er fragte. Sie antworteten. Auch sie stellten Fragen. Daraus ergab sich durchaus ein interessanter Dialog. Er stellte fest, dass die Arbeiter wenig Ahnung hatten von der Firmenphilosophie, den Qualitätsprogrammen und anderem. Er fragte die Mitarbeiter, ob man sich ab und zu so treffen solle, um miteinander zu reden. Nun kommt er einmal im Monat zu einer Frühstückspause zu den Arbeitern und unterhält sich mit ihnen möglichst zwanglos. Bei diesen Gesprächen kann er viele seiner Vorstellungen auch mit den einfachen Mitarbeitern, also den Arbeitern diskutieren. Mein Freund behauptet, dass er bei diesen Gesprächen schon einige sehr gute Ideen entwickelt habe. Eine Idee führte sogar zu einer Umgestaltung des Fertigungsprozesses.

Was einen Manager zum Leader macht

Lunyu 8.2

Konfuzius sprach: »Ehrerbietung ohne das rechte Maß ist nur ermüdend. Vorsicht ohne das rechte Maß ist bloße Ängstlichkeit. Tapferkeit ohne das rechte Maß führt ins Chaos. Direktheit ohne das rechte Maß wirkt aggressiv. Wenn das Verhalten des Herrschers zu seiner Umgebung von Verlässlichkeit geprägt ist, dann wird unter seinen Untertanen tugendhaftes Handeln aufkommen. Wenn er alte Weggefährten nicht einfach beiseite drängt, werden seine Untertanen ihre Grenzen nicht überschreiten.«

Lehrsatz 12: Das Ergebnis ist vom rechten Maß abhängig.

Die Aufgaben des Managers wurden schon aufgezählt: Ziele geben, Organisieren, Entscheiden, Kontrollieren, Mitarbeiter einstellen, entwickeln und führen. Bis auf die Mitarbeiterführung handelt es sich dabei um eher handwerkliche Aufgaben. Die Mitarbeiterführung stellt die Schwelle zum Leader dar. Manager und Leader unterscheiden sich in der Art und Weise, wie sie mit Mitarbeitern umgehen.

Ein Manager, der nur verwaltet, ist eigentlich fehl am Platz. Sobald er es mit Mitarbeitern zu tun hat, ist sein Führungsgeschick gefragt. Dies kann man zwar bis zu einem gewissen Grad lernen, aber letztendlich ist vorbildliche Führung Teil der Persönlichkeit des Leaders.

Leader sind Visionäre. Sie inspirieren und motivieren. Sie schaffen Kreativität, Innovation, Sinnerfüllung und Wandel. Konfuzius gibt dem Leader die Regeln an die Hand. Trotz großer Visionen darf der Leader nicht über die Stränge schlagen. Auch der Leader muss die Regeln kennen. Wie sagte Konfuzius? Es liegt alles am Maß der Dinge.

Lunyu 19.11

Zi Zhang sprach: »Bei Deinen großen Prinzipien darfst Du nicht über die Stränge schlagen – geht es um das Aufgeben kleiner Vorsätze, kannst Du ein Auge zudrücken.«

Lunyu 20.3

Konfuzius sprach: »Wer seine Bestimmung nicht erkannt hat, kann kein edler Mensch werden. Wer die Regeln nicht kennt, kann sich nicht in der Gesellschaft etablieren. Wer die Macht der Worte nicht erkannt hat, der wird die Menschen nicht richtig verstehen.«

Welcher Manager will nicht Leader sein? Wir halten die Aufgaben des Leaders für anspruchsvoller. Aber es werden auch gute Manager gebraucht, die als Handwerker agieren. Der Manager, der bestens organisieren, umsetzen kann, hat einen hohen Wert. Wir sollten froh sein, wenn wir solche Mitarbeiter im Unternehmen haben.

Wie viele Leader kann ein Unternehmen vertragen? Leader sind meistens keine einfachen Menschen. Sie haben eine sehr differenzierte Sicht der Dinge. Und wenn sie von einer Sicht überzeugt sind, folgen sie ihr auch, ohne zu zögern. Je vorausschauender ein Manager sein muss, je mehr Personalverantwortung er hat, desto mehr Eigenschaften eines Leaders benötigt er. Viele Unternehmenskrisen wurden allerdings auch von Leadern verursacht, die sich gegenseitig bekämpften und bekriegten.

Lunyu 13.1

Als Zi Lu nach der Regierungskunst fragte, sagte Konfuzius: »Gehe anderen immer voraus und bemühe Dich selbst mehr als sie.« Er bat um weitere Erläuterung und so sprach der Meister: »Zeige keine Müdigkeit.«

Lehrsatz 13: Gehe den anderen voraus und zeige keine Müdigkeit.

Ein Unternehmen braucht Manager und Leader. Ein Unternehmen braucht mehr Manager als Leader. Die Manager müssen geschulte Professionals sein. Die Leader müssen darüber hinaus überzeugende Persönlichkeiten sein.

Auch Leadership ist eine Aufgabe, die neben Persönlichkeit Handwerkskunst erfordert. Daher ist es gut, wenn ein Leader zuerst die Managerlaufbahn durcheilt hat.

Es gibt eine Reihe von Anforderungen, die ein Leader erfüllen muss:

- Ausgewogenheit, Kompetenzen und Potenziale,
- eindeutige Werteorientierung und Stressresistenz,
- Freude an der täglichen, handwerklichen Arbeit,
- aufrichtiges Interesse am Mitarbeiter,
- Freude und Bereitschaft, Verantwortung zu übernehmen und zu führen,
- mentale Fitness und Aufgeschlossenheit gegenüber Neuem.

Trotzdem habe ich noch keine Visitenkarte mit dem Aufdruck Leader gesehen. Ich habe auch noch niemanden kennen gelernt, der sich als Leader bezeichnet hat. Gut so, das spricht für ihre Bescheidenheit. Konfuzius hätte dies als eine der wichtigsten Eigenschaften bezeichnet.

Lunyu 1.16

Der Meister sprach: »Mach' Dir keine Sorgen darüber, dass die Menschen Dich nicht kennen, sondern darüber, dass Du sie nicht kennst.«

Lunyu 17.9

Der Meister sprach: »Ich will nicht mehr sprechen.« Zi Gong fragte: »Wenn der Meister nichts mehr sagt, was sollen seine Schüler dann von ihm berichten?« Der Meister sagte: »Was spricht denn der Himmel? Und doch schreiten die vier Jahreszeiten fort, werden die hundert Lebewesen geboren. Was spricht denn der Himmel?«

Lunyu 7.38

Der Meister Konfuzius war zugleich sanftmütig und streng, er war Ehrfurcht gebietend, ohne grausam zu sein, und dabei liebenswürdig und ausgeglichen.

Lunyu 13.26

Konfuzius sprach: »Der Edle ist erhaben, aber nicht stolz. Der Gemeine ist stolz, aber nicht wirklich erhaben.«

Lehrsatz 14: Der Leader überzeugt durch seine Dasein und vermeidet überflüssige Worte.

Dieser Lehrsatz ist nicht so einfach zu verstehen, weil wir auch immer wieder gesagt haben, gerade Kommunikation ist die Stärke des Leaders. So ist der Lehrsatz auch nicht ausschließlich zu sehen. Ein Leader ist und wirkt – wie der Himmel im Bild des Konfuzius. Das ist so, ob er spricht oder nicht. Manchmal kann ein Leader ohne Worte sogar mehr erwirken als mit Worten, etwa durch Anwesenheit und Beispiel. Es geht also eher darum, ein Zuviel an Worten zu vermeiden.

Mein Freund war in Deutschland Manager und wurde dann in China CEO. Ich fragte ihn, wie er das empfinde. Er antwortete, dass es eigentlich ganz natürlich sei. Der CEO müsse ein Führer sein. Die Menschen verlassen sich auf ihn. Er hat das Vertrauen seiner Mitarbeiter quasi kraft Amtes. Nun muss er sich das Vertrauen als Person erst noch verdienen. Er hat sich ein Stück Vertrauen bei den beiden deutschen Managern erworben, weil er sich offen mit ihnen auseinandersetzte, weil er sie umwarb, weil er sich auf sie einstellen konnte. Er fand das richtige Maß. Er ließ zwar spüren, dass er der Leader war, nahm aber dennoch seine Mitarbeiter an, stand ihnen Rede und Antwort. Er sagte mir, es sei leichter gewesen, als er es sich vorgestellt habe. Aber ich wusste, dass der Leader in seiner Persönlichkeit schon lange schlummerte.

Die Inflation der Manager

Lunyu 9.22

Konfuzius sprach: »Es gibt solche, die zwar sprießen, aber nie richtig blühen werden. Und dann gibt es solche, die zwar prächtig blühen, aber nie richtig Früchte tragen werden.«

> *Lehrsatz 15:* An ihren Ergebnissen werdet ihr die guten Manager erkennen.

Ich habe in meiner Visitenkartensammlung eine Vielzahl von Karten mit der Berufsbezeichnung »Manager«. Ich kann mich nicht an alle Menschen erinnern, die mir ihre Managerkarte gegeben haben. Darunter befand sich aber zum Beispiel auch der Inhaber einer Tankstelle mit drei Teilzeitangestellten. Er nannte sich Manager. Dann gab mir auch ein Campingplatzbetreiber seine Karte, auf der er sich Manager nannte. In Deutschland habe ich festgestellt, dass die Menschen sich zunächst gerne Manager nannten. Seit sie festgestellt haben, wie viele Manager es auf der Welt gibt, versuchen sie durch Beinamen zu differenzieren. Es ist richtig: Manager ist zu einer Massenbezeichnung geworden.

Manager ist durchaus eine wichtige Position. Von ihm, dem Manager, hängt die Produktivität der Wirtschaft maßgeblich ab. Die Manager teilen ein, geben vor, organisieren, leiten an. Die Manager schaffen oder ruinieren die Motivation, Leistung und Zufriedenheit von jenen schätzungsweise 90 Prozent der Bevölkerung, die im heutigen Wirtschaftsleben als Angestellte oder Arbeiter von Organisationen ihr Geld verdienen. Niemand weiß, wie viele Manager es gibt, aber ihre Zahl dürfte einige Millionen betragen.

Die meisten Manager sind für diese Tätigkeit nicht ausgebildet. Sie studieren Jura, Wirtschaftswissenschaften, Ingenieurwissenschaften oder etwas anderes an einer Hochschule, aber sie lernen kaum etwas über Management. So beginnen sie reichlich neu und naiv in der Praxis.

Professionalität muss man auch als Manager erst erwerben. Es gibt drei Wege, das zu erreichen. Die größte Gruppe sind die Manager, die sich im Job erproben und lernen und dann nach Versuch und Irrtum zu einer gewissen Erfahrung kommen. Dann gibt es die Managerlehrlinge, die in den ersten Jahren einen erfahrenen Manager als Chef haben, der ihnen seine Erfahrung weitergibt. Und schließlich gibt es noch die Manager, die bereits in der Jugendarbeit, im Sportverein oder an ähnlicher Stelle erste Erfahrungen mit Management gemacht haben, eine Gruppe geführt und betreut haben. Diese Führungskompetenz, die sich diese jungen Leute freiwillig aneigneten, ist von großer Bedeutung. Jede Bewerbung von Schulabgängern habe ich immer nach zwei Kriterien beleuchtet: Ob er oder sie schon einmal eine verantwortliche Stelle in einem Jugendclub oder einer ähnlichen Organisation innehatte und ob er Auslandserfahrung aufweisen konnte. Die Noten selbst waren mir dagegen nicht so wichtig.

Eine wichtige Ausbildung von Jungmanagern ist die Ausbildung im Unternehmen selbst. Es gibt in großen Unternehmen eine Vielzahl von Lehrgängen für die Hoffnungsträger. In Kursen, Diskussionen, Lehrmodulen können sie ihre Erfahrungen kritisch hinterfragen und an den eigenen und den Erfahrungen der anderen lernen.

Manager oder solche, die sich so nennen, mag es immer mehr geben, aber es kommt auf jeden Einzelnen an, was er daraus macht. Konfuzius gibt uns einige Leitsätze mit, wie wir uns aus der Masse der Manager abheben können.

Über das lebenslange Lernen und die damit verbundene Erfahrung kann man sich dem Idealbild einer Führungskraft annähern. In diesem Sinne gibt es auch heute Führungskräfte, die aus der Masse steil herausragen. Dies sind alles Manager mit einer gefestigten Persönlichkeit.

Lunyu 2.4
Konfuzius sprach: »Als ich fünfzehn war, war mein ganzer Wille auf das Lernen gerichtet. Mit dreißig stand ich fest im Leben. Mit vierzig war ich nicht mehr verwirrt. Mit fünfzig hatte ich den Willen des Himmels erkannt. Mit sechzig klang meinem Ohr alles angenehm. Mit siebzig folgte ich den Wünschen meines Herzens, ohne dabei die Regeln zu brechen.«

Lunyu 5.14
Wenn Zi Lu etwas gelernt hatte, kannte er nur eine Furcht: Etwas Neues zu lernen, bevor er das zuvor Gelernte umgesetzt hatte.

Die Chinesen legen großen Wert auf Bildung, auch die gesellschaftliche Wertschätzung für Bildung ist sehr hoch. Mein Freund hat alle Schulen in China besucht, die möglich waren. Er musste in vielen Prüfungen sein Wissen beweisen. Die härteste Prüfung seines Lebens bestand er, als er sich um ein Stipendium an einer deutschen Universität bewarb. Trotz aller Sprachschwierigkeiten kam er auch in Deutschland mit dem Lernen gut voran. Dann begann er in der Fahrradfabrik AG mit einem Informationsjahr. Er lernte wieder, und bald hatte er die Abläufe und Strukturen der Fahrradfabrik AG bestens begriffen. Und er lernte weiter. An jeder Stelle, an der er eingesetzt war, lernte er. Nun ist er CEO in China, und immer noch behauptet er, dass er unbedingt mehr lernen müsse. Er hat nunmehr sehr wenig Zeit, weil ihn das Tagesgeschäft überrolle. Aber abends lese er noch Bücher über Management, und demnächst wolle er zu einem Erfahrungsaustausch von CEOs gehen. Er sagt, er sei sehr glücklich, dass er lernen könne und dürfe.

Lehrsatz 16: Lernen ist auch für einen Manager das bestimmende Element des Lebens.

Lehrsatz 17: Man kann niemals genug lernen – aber erst die Anwendung entscheidet über den Erfolg.

Bildung und Selbstvervollkommnung

Lunyu 8.5

Der Meister Zeng sprach: »Fähigkeiten haben und trotzdem Leute um Rat fragen, die [scheinbar] keine Fähigkeiten besitzen, mit seiner eigenen Fülle einen Menschen befragen, der [scheinbar] weniger hat, den eigenen Besitz ansehen, als sei er keiner, die eigene Fülle ansehen, als sei sie Leere – ach! früher, da hatte ich noch einen Freund, der so etwas konnte.«

Wir haben uns nun schon mit einigen Antworten von Konfuzius an seine Schüler vertraut gemacht. Einige seiner Überlegungen wollen wir hier noch einmal zusammentragen. Wie können wir uns aus der Masse der Manager abheben, wie können wir zum Vorbild werden? Was müssen wir in unserem Managerleben beachten? Wie werden wir Leader?

Die Persönlichkeit des Managers ist nicht ich bezogen, sondern sie konzentriert sich auf andere. Persönlichkeit ergibt sich aus dem eigenen Engagement für die Mitarbeiter, für das Unternehmen und auch für die Vorgesetzten.

Lunyu 1.7

Zi Xia sprach: »Wer Menschen aufgrund ihrer Weisheit schätzt, ohne sie aufgrund ihres Aussehens zu verurteilen, wer sich nach Kräften um seine Eltern sorgt, wer im Dienst für seinen Fürsten sein Leben einsetzt, wer im Umgang mit Freunden immer zu seinem Wort steht –

Den nenne ich gebildet, auch wenn andere sagen: ›Der hat doch nicht studiert!‹«

Lehrsatz 18: Der Leader und Manager zeichnet sich durch Charakterbildung aus. Er setzt sich für das Wohl anderer ein und steht zu seinem Wort.

Der Manager muss die höchsten Anforderungen an sich stellen. Er gewinnt an Größe und Einsicht mit den Anforderungen, die er an sich stellt. Aber Konfuzius gibt zu, dass dies auch seine Grenzen hat. Auch diese muss man sich selbst eingestehen – aber nur nach großem und aufrichtigem Bemühen.

Lunyu 7.2

Konfuzius sprach: »Ohne Worte zur Einsicht gelangen, ohne Ermüdung lernen zu können, ohne Unterlass seine Mitmenschen unterweisen – selbst ich habe diese Eigenschaften nicht!«

> *Lehrsatz 19:* Der Manager und Leader kann seine Stärken und Schwächen einschätzen und offen mit seinen Schwächen umgehen.

Immer wieder lehrt Konfuzius: Die Größe des Managers ist von seiner Persönlichkeit abhängig. Daran muss man lebenslang arbeiten. Man darf nur das versprechen, was rechtschaffen ist und was man einhalten kann. Man muss sich so geben, dass man hinterher noch in den Spiegel blicken kann, und man soll seine Wurzeln nicht verleugnen.

Lunyu 1.13

You Zi sprach: »Nur wer Dinge verspricht, die in ihrem Kern auch rechtschaffen sind, wird sein Wort letztlich auch halten können.

Nur wer sich auf eine Weise aufführt, die in ihrem Kern den guten Sitten nahe kommt, wird Schmach und Spott von sich fern halten können.

Nur wer nach seiner Heirat trotzdem nicht den Draht zu seinem Elternhaus verliert, ist es wert, als Familienmensch geachtet zu werden.«

Lunyu 15.24

Zi Gong fragte den Meister: »Gibt es überhaupt einen einzigen Spruch, nach dem man sich sein ganzes Leben richten kann?« Konfuzius sprach: »Ist das nicht das Prinzip der gegenseitigen Achtung? Was ich nicht wünsche, das mir geschieht, das tue ich auch keinem anderen an.«

Lehrsatz 20: Oberstes Führungsprinzip ist das Prinzip der gegenseitigen Achtung. Es ist die Aufgabe des Leaders und Managers, damit zu beginnen.

Der Manager wird sich von der Masse abheben, wenn er seine Persönlichkeit vermitteln kann. Wenn diese Persönlichkeit an dem konfuzianischen Ideal orientiert ist, wird er bald feststellen, dass er eine hohe Akzeptanz genießt. Dann ist es einfach, die notwendigen Informationen zu bekommen, mit denen man arbeiten will. Man muss nur darum bitten. Die Mitarbeiter geben gerne.

Lunyu 1.10
Zi Qin fragte den Jünger des Konfuzius Zi Gong: »Wenn der Meister in ein anderes Land kommt, wird er bestimmt etwas über die dortige Regierung in Erfahrung bringen wollen – muss er da um Auskunft bitten, oder wird ihm alles von selbst mitgeteilt?«

Zi Gong sprach: »Der Meister erlangt alles wie von selbst, nur durch seine milde, gutmütige, höfliche, maßvolle und nachgiebige Art.

Seine Art zu bitten ist wirklich ganz anders als die anderer Menschen!«

Lehrsatz 21: Der Leader und Manager muss die Anforderungen, die er an seine Mitarbeiter stellt, zuerst an sich stellen.

Lunyu 13.19
Fan Chi fragte nach dem Wesen der Menschlichkeit.

Konfuzius sprach: »Im privaten Leben sei rücksichtsvoll und schlage nie über die Stränge; beim Erledigen Deiner Aufgaben sei sorgfältig; im Umgang mit Menschen sei ehrlich. Und bleibe dieser Haltung treu, auch wenn Du Dich im Ausland unter Fremden befindest!«

Lunyu 13.27
Konfuzius sprach: »Standhaft, entschlossen, schlicht und schweigsam – so kommt man der Menschlichkeit näher.«

Lunyu 15.3
Konfuzius sprach: »Du hältst mich wohl für jemanden, der viel gelernt hat und umfassende Kenntnisse besitzt, Zi Gong?«

Jener erwiderte: »Ja – oder ist dem nicht so?«

Konfuzius sprach: »Ganz im Gegenteil: Ich stütze mich nur auf ein einziges Prinzip, das alles durchdringt.«

Lunyu 4.15
Konfuzius sprach: »Shen, meine Lehre stützt sich doch auf ein einziges Prinzip, das alles durchdringt!«

Zeng Zi sprach: »So ist es.«

Als Konfuzius fortgegangen war, fragte einer der Jünger: »Welches meint er?«

Zeng Zi sprach: »Die Lehre des Meister stützt sich nur auf eines: Treue gegen sich selbst und Rücksichtnahme auf andere.«

Lehrsatz 22: Der Leader und Manager übt Treue gegen sich selbst und Rücksichtnahme auf andere.

Auf den ersten Blick sind manche Anforderungen, die Konfuzius an den Manager stellt, nicht so leicht zu verstehen, auf den zweiten Blick werden sie eingänglicher. Der Manager benötigt Menschlichkeit, damit er aus der Ruhe agieren kann. Er muss wissen, was Angst ist, damit er weise und vorsichtig ist, kein unnötiges Risiko eingeht.

Lunyu 4.2
Konfuzius sprach: »Wer keine echte Menschlichkeit besitzt, wird Widrigkeiten nicht lange ertragen und genauso wenig immer glücklich sein. Wer jedoch Menschlichkeit besitzt, findet in ihr seine Ruhe – der Weise vermag sie zu nutzen.«

Lunyu 7.11
Konfuzius sprach zu seinem Jünger Yan Yuan: »Zu handeln, wenn man

gebraucht wird, und sich zu verbergen, wenn man nicht gebraucht wird, das verstehen nur wir.«

Sein Jünger Zi Lu fragte daraufhin: »Wen würde der Meister mitnehmen, wenn er drei Armeen führen soll?«

Der Meister sprach: »Leute, die ohne Reue in den Tod gehen, die mit bloßen Händen einem Tiger entgegentreten oder zu Fuß den Gelben Fluss überqueren wollen, würde ich nicht mitnehmen. Nur wer in Gefahren auch Furcht empfinden kann, wird nach sorgfältiger Planung zu Erfolgen kommen.«

Lehrsatz 23: Der Leader und Manager muss menschlich sein. Er achtet auf Gefahren und kann sein Handeln danach ausrichten.

Mein Freund sagt von sich, dass er kein »gläubiger« Anhänger von Konfuzius ist. Er ist durchaus offen für andere Philosophien. Er hat auch durch seinen Aufenthalt in Deutschland andere Kulturen und Philosophien kennen gelernt und natürlich auch von ihnen gelernt. Er hält die Philosophie von Konfuzius für eine tragfähige moralische Basis für Führung und Mitarbeiter eines Unternehmens. Deshalb hat er auch Regeln des Beraters Konfuzius aufgestellt. Er hat sie am PC niedergeschrieben, und einmal in der Woche verschickt er eine Regel an die ganze Belegschaft. Er hat bisher hierzu ein sehr positives Feedback erhalten.

Lunyu 12.16

Konfuzius sprach: »Ein Edler hilft den Menschen, ihre guten Seiten zu vervollkommnen, nicht die schlechten. Ein gemeiner Mensch handelt entgegengesetzt.«

Aus dem Baukasten des Beraters Konfuzius

Lunyu 13.23
Konfuzius sprach: »Der Edle strebt nach Harmonie, nicht nach Gleichheit. Der Gemeine strebt nach Gleichheit, nicht nach Harmonie.«

Lunyu 4.14
Der Meister sagte:

»Mach' Dir keine Sorgen um einen guten Posten, sondern sorge dafür, dass Du etwas hast, mit dem Du ihn verdienst.

Mach' Dir keine Sorgen darüber, dass Dich niemand kennt, sondern trage Sorge, Dich so zu verhalten, dass man Dich kennen wird.«

Lunyu 15.19
Der Meister sprach: »Der Edle leidet nur an seinem Mangel an Fähigkeiten – er leidet nicht darunter, dass ihn niemand kennt.«

Ziel und Weg bedingen sich gegenseitig

Lunyu 14.38
Als Zi Lu sein Nachtquartier am Steintor aufschlagen wollte, fragte ihn der Torhüter: »Woher kommt ihr?« Als er entgegnete: »Aus dem Haus des Konfuzius«, sagte jener: »Ist das nicht der Mann, der weiß, dass sein Streben aussichtslos ist, aber dennoch nicht aufhört?«

Lunyu 7.6

Konfuzius sprach: »Richte Deinen Willen auf den Weg, halte Dich an die Tugend, stütze Dich auf die Menschlichkeit, suche Muße in den Künsten.«

Ich habe zwei gute Freundinnen, die sich gerne auch mit philosophischen Themen beschäftigen. Eines Tages überraschten sie uns mit der Erkenntnis, nicht das Ziel sei wichtig, der Weg zum Ziel erfordere viel mehr Aufmerksamkeit. Sie wussten nicht, dass das schon ein gewisser Konfuzius gelehrt hatte. Trotzdem finde ich es bewundernswert, wenn Menschen in ihrem Denken zu dieser Weisheit kommen.

Wie alle Weisheiten, ist aber auch diese zu hinterfragen. Stimmt sie, versteht man überhaupt, was damit gemeint ist? Die Aussage von Konfuzius, auf die man sich dabei bezieht, ist *Lunyu* 7.6: Ich habe meinen Willen auf den Weg (*dao*) gerichtet. In freierer Übersetzung wird daraus der bekannte Satz: »Der Weg ist das Ziel.« Doch bei Konfuzius hat dieses *dao* eine viel umfassendere Bedeutung. Ich bevorzuge hier die Interpretation von »Einstellung«, also »die Einstellung ist das Ziel«.

Es wird klarer, wenn man in Bildern denkt. Erklimme ich einen Berg und will auf die Spitze, dann kann ich mir nur ein mühseliges Lächeln abgewinnen, wenn mir jemand sagt, vergiss den Gipfel und konzentriere dich nur auf den Weg. Natürlich stimmt diese Aussage, aber sie befriedigt mich nicht. Und wenn ich das Ziel nicht erreiche, was war der Weg wert? Trotzdem wird insbesondere auch jeder Sportler bestätigen, dass er sich in erster Linie auf den Weg konzentrieren wird, um das Ziel erreichen zu können.

Was aber war der Weg wert, wenn man das Ziel nicht erreicht? Dies ist vielleicht die entscheidende Frage. Deshalb ist mir der Begriff »Einstellung« wichtig. Selbst wenn ich den Gipfel nicht erreiche, bleibt die Einstellung bestehen und das ist gut so. Denn mit dieser Einstellung kann ich einen anderen Gipfel ebenso erreichen. Damit sind die Einstellung und der Weg einfach die Basis des Lebens.

Mit den beiden Freundinnen habe ich das Thema Weg und Ziel diskutiert. Eine von ihnen versuchte es so auszudrücken: Sie malte eine verworrene Linie auf ein Stück Papier, die sich vielfach überkreuzte. Das sei der Weg. In jedem Moment überblicken wir nur eine winzige Strecke. Er formt sich aber allmählich zu einer Figur. Und die, als ganze, ist zuletzt das Ziel. So ist der Weg das Ziel, und trotzdem ist das Ziel mehr als der Weg, weil es alle Wege, so verschlungen sie auch sein mögen, umfasst. Oder umgekehrt: Ziel ist auch dieser verschlungene Weg, weil er uns (außer der Erreichung des anvisierten Zieles) vielerlei Gelegenheit gibt, Neues zu lernen.

Als Antithese wird hier gern ein Franz Kafka zugeschriebenes Zitat ins Feld geführt: »Es gibt ein Ziel, aber keinen Weg. Das, was wir Weg nennen, ist Zögern.« Wenn der Weg schon Zögern ist, was wäre dann ein Umweg? Man könnte mit Fug und Recht auch behaupten, Umwege erhöhen die Ortskenntnis. Damit wären wir wieder beim Ziel.

Die andere Freundin erklärte: Irgendwie muss man doch auf jeden Fall ans Ziel kommen. Das ganze Leben ist irgendwie ein Weg und steckt voller Ziele, die sich manchmal erst dann ergeben, wenn man ganz bestimmte Wege geht. Somit kommt man vielleicht doch zu dem Schluss, dass sich Ziel und Weg gegenseitig bedingen.

Was heißt dies nun für einen Manager?

Er muss sich mit Ziel und Weg gleichermaßen befassen. Es hat keinen Sinn, nur Ziele zu formulieren und nicht auf den Weg zu achten. Es hat aber natürlich auch keinen Sinn, Wege zu beschreiten ohne ein Ziel zu kennen.

In der Praxis von Unternehmen werden Ziele häufig »topdown« formuliert. Der Vorstand formuliert in seiner Weisheit ein Ergebnisziel und gibt es den Mitarbeitern vor. Diese finden aber häufig den Weg nicht. Auch der Vorstand kennt den Weg nicht. So stagniert die gesamte Organisation, und das Ziel rückt in immer weitere Ferne.

Die Formulierung des Wegs wird delegiert, und man wartet darauf, dass irgendjemand einen guten Gedanken zum Weg hat. Natürlich stellt sich immer wieder die Frage, ob die Mitarbeiter überhaupt das Ziel des Vorstandes akzeptieren. Finden sie das Ziel unerreichbar, werden sie es auch nicht erreichen. Sie werden den richtigen Weg nicht finden, sondern einen Weg beschreiten, der nicht zum Ziel führt.

Lunyu 6.12

Ran Qiu sprach: »Es ist nicht, dass ich den Weg des Meisters nicht mögen würde. Aber meine Kraft reicht nicht aus.« Konfuzius sprach: »Bei wem die Kraft nicht ausreicht, der wird nach der Hälfte des Weges aufhören. Du aber bist noch gar nicht losgegangen.«

Lehrsatz 24: Es gehört Mut dazu, anzufangen. Aber wenn wir nicht anfangen, haben wir ohnehin schon verloren.

Lehrsatz 25: Der Manager muss Ziel und Weg in Übereinstimmung bringen. Er muss sowohl Ziele erkennen und formulieren, als auch darauf achten, dass der Weg beschritten wird.

Ich habe immer wieder die Erfahrung gemacht, dass sowohl Ziel wie auch Weg von der Gruppe, die es betrifft, auch gemeinsam erarbeitet werden sollen. Wenn das Ziel gemeinsam bestimmt wurde, dann finden sie mehr oder weniger automatisch den Weg und erreichen das Ziel. Ein Beispiel aus meiner Berufspraxis ist die »Vision« und die »Ursachenwirkungskette«. Eigentlich ist das Vorgehen trivial. Die Gruppe diskutiert und formuliert zunächst eine Vision. Wir befinden uns hier gedanklich in der Nähe von Leitbildern. Viele Unternehmen formulieren Leitbilder für ihr

Unternehmen, in den neunziger Jahren war das eine regelrechte Mode. Viele Unternehmen glaubten dies für ihre Öffentlichkeitsarbeit zu benötigen. Sie schalteten Unternehmensberater ein, die ihnen das Leitbild erarbeiteten. Ich bin der Meinung, dass ein Leitbild nicht für jemanden erarbeitet werden kann. Man muss es selbst erarbeiten. Und je mehr Mitarbeiter in einem Unternehmen sich daran beteiligen, desto besser wird das Leitbild akzeptiert.

Ich bleibe zunächst bei dem Begriff Vision, weil sich eine Vision sowohl ein Einzelner wie auch eine Gruppe geben können. Hier müssen wir nicht gleich das ganze Unternehmen bemühen. Die Vision ist eine Idee, die in der Zukunft verwirklicht werden soll. Die Vision kann sein: »Wir wollen im Jahr X eine Rendite von 10 Prozent in unserem Geschäftsfeld erzielen.« Die Vision kann aber auch lauten: »Unsere Produkte sind beim Kunden anerkannt und werden uns aus den Händen gerissen.« Eine Vision muss nicht kompliziert sein. Sie muss auch nicht sehr konkret formuliert sein, sollte aber Verstand und Gefühl ansprechen. Die Mitglieder der Gruppe müssen sie verinnerlichen. Sie müssen die Vision leben und sich damit identifizieren: »Ja, so sollte es sein.«

Von der Vision leitet sich das konkreter formulierte Ziel ab. Und zum Ziel kommen wir durch die Ursachen-Wirkungs-Kette. Meistens gibt es mehrere Ursachen-Wirkungs-Ketten, die zum Ziel führen. Das heißt, es gibt durchaus mehrere Wege, die zum Ziel führen und die unter Umständen alle gemeinsam beschritten werden müssen.

Mein Freund hat in seiner Einkaufsabteilung einen Zielfindungsworkshop veranstaltet. Alle Mitarbeiter nahmen an diesem Workshop teil. Sie diskutierten zunächst über ihre Vision. Diese brachen sie dann zu Zielen herunter und erstellten die richtigen Ursachen-Wirkungs-Ketten.

Eine Vision und strategisches Ziel war zum Beispiel die Aussage: »Wir verantworten und optimieren die Kosten für Zukaufteile.« Für die Umsetzung dieses strategischen Ziels kamen sie zu den folgenden Maßnahmen:

- Kosten für Zukaufteile senken,
- Global-Sourcing-Aktivitäten erhöhen,
- Materialfeldstrategie entwickeln und umsetzen,
- E-Procurement-Aktivitäten forcieren,
- Mitarbeiterzufriedenheit steigern,
- ausreichende kompetente Kapazität bereitstellen.

Wie liest man nun die Ursachen-Wirkungs-Kette? Jeder Einkauf will und muss die Kosten seiner Zukaufteile senken. Wie macht man das? Natürlich muss eine ausreichende Kapazität bereitgestellt werden. Wenn die Mitarbeiter erkennen, dass sie genügend Kapazitäten (genügend Zeit) haben, um eine Aufgabe auch bewältigen zu können, steigt die Mitarbeiterzufriedenheit. Die Mitarbeiter sind dann offen für innovative Methoden. Die Mitarbeiter entwickeln für ihre Materialfelder Strategien, setzen alle einkäuferischen Hebel ein, unter anderem auch Global Sourcing, und erreichen schließlich die Senkung der Kosten. Also: Ziel erreicht.

In der Einkaufsabteilung der Fahrradfabrik AG in China fanden die Mitarbeiter drei solche Ursachen-Wirkungs-Ketten, die untereinander verknüpft sind. Diese wurden dann als Maßnahmen festgelegt und werden von den Mitarbeitern nun umgesetzt.

Wichtig war meinem Freund, dass sich alle Mitarbeiter an diesem Prozess beteiligt hatten. Somit sind Ziele und Maßnahmen natürlich in der ganzen Abteilung akzeptiert.

Schon Konfuzius wusste:

Lunyu 15.12

Der Meister sprach: »Wer sich nicht über seine Zukunft Gedanken macht, der wird sich bestimmt bald über sein Heute sorgen müssen.«

Lehrsatz 26: Der Manager muss sich rechtzeitig über die Zukunft Gedanken machen und aufgrund seiner Erkenntnisse Ziele formulieren.

Jeder Manager ist gut beraten, sich rechtzeitig über seine Ziele Gedanken zu machen. Auch im Wirtschaftsleben kann man zu spät kommen. Hat er das Ziel bestimmt, hat er seine Mitarbeiter auf das Ziel eingeschworen, begeben sich alle gemeinsam auf den Weg. Sie nehmen zunächst den einfachsten Weg.

Lunyu 6.17
Konfuzius sprach: »Wer sucht schon einen anderen Weg aus dem Haus als die Tür? Warum folgen wir nicht genauso auch in anderen Dingen dem einen richtigen Weg?«

Warum wählen wir so häufig einen falschen Weg oder zumindest einen besonders komplizierten Weg? Vielleicht kommen wir auf diesem Weg zum Ziel, aber nur über große Umwege. Der Weg ist wichtig und er sollte einfach und klar sein. Geradlinig.

Gruppenarbeit ist Managementaufgabe

Lunyu 13.23
Konfuzius sprach: »Der Edle strebt nach Harmonie, nicht nach Gleichheit. Der Gemeine strebt nach Gleichheit, nicht nach Harmonie.«

Für Konfuzius war der Weg zum Ziel und zur Vision die Harmonie. Bei dem Begriff Harmonie stelle ich mir immer ein Räderwerk vor, das ineinandergreift. Dieses Räderwerk ist der Weg, der zu einem Ziel führt. Jeder Manager, der Führungsverantwortung hat, wird diese Aussage bestätigen. Ein Team, das harmonisch zusammenarbeitet, wird erfolgreicher sein als ein Team mit Dissonanzen. Konfuzius differenziert dabei sehr wohl. Er unterscheidet zwischen Harmonie und Gleichheit. In einer Kultur der Gleichheit schleicht sich automatisch Behäbigkeit ein. Nichts geht dann mehr. Die Gruppe verharrt auf dem Weg. In einer harmonischen Gruppe dagegen kann sich die Kreativität entfalten. Die Gruppenmitglieder sind sehr unterschiedlich, aber sie arbeiten harmonisch zusammen. Ich habe gute Erfahrungen gemacht mit Gruppen, bestehend aus Menschen mit sehr unterschiedlichen Funktionen und Charakteren, die aber ein harmonisches Ganzes gebildet haben. Eine solche Gruppe zur kreativen Arbeit anzuleiten ist Führungsaufgabe. Der Manager muss für die entsprechende Harmonie sorgen. Konfuzius unterscheidet immer wieder zwischen dem Gemeinen und dem Edlen. Der Gemeine strebt nach der Gleichheit, weil er in dieser Gleichheit sich gut und trefflich verstecken kann. Der Edle, und dies muss in unserem Fall der Manager sein, strebt nach der Harmonie, um Kreativität und Produktivität aller zu fördern. Damit befindet er sich auf dem richtigen Weg.

Lunyu 4.9
Der Meister sagte:

»Ein Gelehrter, das ist einer, der seinen ganzen Willen auf das *DAO* richtet. Wenn er sich dabei seiner schlechten Kleidung und seiner schlechten Speisen schämt, so ist er es nicht wert, dass man ihn zurate zieht.«

Hat man den Weg erkannt, so kommt es nicht auf die Äußerlichkeiten an, sondern auf die Schritte, die man vorsichtig wagt, Schritt für Schritt auf dem Weg, der das Ziel ist.

Lehrsatz 27: Der Manager konzentriert sich auf den Weg. Er darf sich dabei nicht von den Umständen ablenken lassen.

Haben Sie schon einmal von »Harmonieterror« gehört? Natürlich kann es auch zu viel Harmonie geben, vor allen Dingen, wenn Harmonie angeordnet wird. Das ist in Unternehmen immer dann der Fall, wenn nach außen die heile Welt demonstriert werden soll. Dann werden alle Mitarbeiter auf Harmonie verpflichtet. Das ist genauso falsch wie das Gegenteil, wenn sich alle miteinander bekriegen. Insbesondere wenn sich einzelne Mitglieder der Führung (Leader) gegenseitig bekämpfen (Sind sie dann eigentlich noch Leader?), hat dies eine bedeutendere Auswirkung auf die Produktivität des Unternehmens, als wenn ein einfacher Mitarbeiter aus welchen Gründen auch immer nicht »funktionieren« sollte. In solchen Fällen gibt es keine gemeinsam erarbeitete Vision und keine gemeinsam abgeleiteten Ursachen-Wirkungs-Ketten.

Lunyu 14.30
Konfuzius sprach: »Sorge Dich nicht darüber, dass Dich keiner kennt – denke lieber darüber nach, ob Du auch Fähigkeiten hast, die wert sind, gekannt zu werden.«

Lehrsatz 28: Nicht auf die Person des Führers kommt es an, sondern auf das, was er erreicht. Darauf sollte sich der Führer konzentrieren.

Konfuzius bezeichnet die Bescheidenheit als die wichtigste Eigenschaft. Das mag vielleicht etwas merkwürdig klingen in unserer heutigen Welt. Welcher Manager will dies schon hören? Konfuzius ist kein Anhänger von Public Relation, von marktschreierischen Aktivitäten, von Machtgetöse. Nein, in dieser Art will er nicht bekannt werden. Er will etwas geleistet haben, das bleibende Anerkennung wert ist. Er will lobend erwähnt werden, weil Mitarbeiter und Vorgesetzte ohne allen Neid (Konfuzius will kein Mandat, keinen Chefsessel) anerkennen, dass er geholfen hat, dass er sie unterstützt hat, dass er sie auf ihrem Weg zur Zielerreichung begleitet hat. Ich halte dies für einen fantastischen Satz. Wo gilt er noch? In welcher Unternehmenskultur hat er eine Chance zu überleben? Sich Anerkennung zu erwerben bedeutet nicht, dass man überall fehlerfrei gearbeitet hat. Es bedeutet, dass man überall und in jeder Situation sein Gegenüber fair behandelt hat. Dann nämlich wird man gelobt, weil man andere unterstützt hat und nicht, weil man sich in den Vordergrund geschoben hat.

Lehrsatz 29: Der Leader muss in der Lage sein, zurückzutreten und anderen den Vortritt zu lassen. Es geht nicht um seine Person, sondern es geht um das Ergebnis.

Es fällt mir zu diesem Thema ein Buch ein, »Der Alchimist« von Paulo Coelho: Santiago, ein andalusischer Hirte, hat einen wiederkehrenden Traum: Am Fuß der Pyramiden liege ein Schatz für ihn bereit. Er überlegt sich, ob er das Vertraute für möglichen Reichtum aufgeben soll. Santiago ist mutig genug, seinen Traum nicht einfach beiseite zu wischen. Er wagt sich hinaus und begibt sich auf eine Reise, die ihn nicht nur von den Souks in Tanger über Palmen und Oasen bis nach Ägypten führt, er findet in der Stille der Wüste auch immer mehr zu sich selbst und erkennt, welche Schätze das Leben bereithält, die nicht einmal mit Gold aufzuwiegen sind. Verschleierte Frauen und sich bekriegende Berber säumen seinen Weg, vor allem aber Menschen, die ihn ermuntern, die Geheimnisse der Welt zu erkunden: eine Zigeunerin, ein alter Mann, und nicht zuletzt der weise Alchimist. Und er erfährt die Liebe in ihrer schönsten Form. Fatima und der Alchimist helfen ihm, bis zu tiefstem inneren Glück und völligem Einklang mit der Welt und den Menschen vorzudringen.

Dieses Buch beschreibt, egal, was man am Ende seines Lebens, seines Suchens findet, ob Schatz oder nicht, dass eben einzig und allein der Weg dorthin wichtig ist, denn nur der Weg ist auch das Ziel, und dieser Weg zu seinen Träumen und die damit verbundenen Erfahrungen sind mehr wert alle Schätze dieser Welt.

Für Konfuzius ist die Konzentration auf den Weg wichtig. Und er hat uns mitgeteilt, dass er die praktische Handhabung seiner Zeitgenossen und wohl auch von den Managern nicht immer adäquat findet. Viele Menschen machen es sich zu leicht und zu einfach. Sie nehmen den Weg nicht ernst. Ein Marathonläufer konzentriert sich so stark auf sein Vorhaben, dass er vergisst loszulaufen. Ein Manager analysiert eine Sachlage so intensiv, dass er gar nicht dazu kommt, Entscheidungen zu treffen.

Lunyu 19.4

Der Jünger Zi Xia sprach: »Selbst scheinbar niedere Tätigkeiten können Beachtliches hervorbringen – nur weil sie sein Fernziel behindern würden, übt der Edle sie dennoch nicht aus.«

Lunyu 18.4

Als das Volk von Qi eine Gruppe von Tänzerinnen als Geschenk übersandte, nahm Ji Huan Zi sie mit Freuden entgegen.

Drei Tage lang wurden keine Audienzen abgehalten. Daraufhin verließ Konfuzius den Hof.

Konfuzius gibt uns an dieser Stelle eine tiefe Weisheit weiter. Man kann sie leicht in Lehrsätze formulieren:

Lehrsatz 30: Befindet man sich auf dem Weg, so muss man sich auf den Weg konzentrieren. Konfuzius fordert, dass wir uns nicht ablenken lassen.

Lehrsatz 31: Wenn man von seinem Ziel überzeugt ist, so gibt es keinen Grund aufzugeben.

Lehrsatz 32: Und wenn man uns mit Nebensächlichkeiten vom Weg abbringen will, sollten wir uns dagegen wehren.

Lunyu 15.29

Konfuzius sprach: »Der Mensch kann den Weg bekannt machen, aber dieser Weg macht den Menschen nicht bekannt.«

Lehrsatz 33: Es kommt auf den Weg an, nicht auf persönliche Eitelkeiten.

Mein Freund hatte mit seinen beiden Managementkollegen über Pläne und Ziele gesprochen. In der Vergangenheit war es so, dass die Ziele vom Stammhaus vorgegeben wurden und die Regionen die Aufgabe erhielten, die Ziele zu erreichen. Nun waren wieder die Zielvorgaben aus Deutschland gekommen. Mein Freund fand, dass die Marktgegebenheiten nicht ausreichend berücksichtigt waren. Er diskutierte lange und ausführlich mit seinen beiden Kollegen. Schließlich formulierten sie eine Vision: »0,5 Prozent des chinesischen Fahrradmarktes werden wir bedienen.« Die Prozentzahl mag klein aussehen, aber in Stück gesprochen, war dies immens. Es ging weit über die Planungen in Deutschland hinaus. Sie brachen die Vision in konkrete Ziele herunter. Schließlich erarbeiteten sie die entsprechenden Maßnahmen. Die drei Führungskräfte glaubten, dass sie diese anspruchsvollen Ziele innerhalb von drei Jahren umsetzen könnten. Nun fanden intensive Gespräche mit einer Vielzahl von Mitarbeitern statt. Aus den Diskussionen heraus wurden die Maßnahmen weiter angepasst. Die Ziele waren von allen akzeptiert worden. Die vorgegebenen Ziele aus Deutschland wurden zwar nach wie vor betrachtet, die Erfüllung auch nach Deutschland berichtet. Die Belegschaft selbst stellte sich aber den wesentlich anspruchsvolleren eigenen Zielen. Schon im ersten Jahr hatte man die Vorgaben aus Deutschland übertroffen. Mein Freund berichtete beim nächsten CEO-Meeting in Deutschland, wie er vorgegangen war. Er war sich nicht sicher, ob dies auf Akzeptanz stoßen würde. Aber er erhielt viel Lob, und für das nächste Jahre durfte er seine ambitionierte Planung selbstverantwortlich entwerfen. Sie wurde von Deutschland ohne Nachfragen akzeptiert.

Führung und Motivation sind eineiige Zwillinge

Lunyu 13.16

Der Herzog von She erkundigte sich nach der Regierungskunst. Konfuzius sprach: »Wer seine eigenen Untertanen erfreut, dessen Reich wird Zulauf aus der Ferne bekommen.«

Lunyu 2.19
Herzog Ai fragte: »Wie muss ich handeln, damit das Volk mir ergeben bleibt?« Konfuzius antwortete: »Wenn Du aufrechte Menschen über die Unehrlichen stellst, wird das Volk Dir folgen. Stellst Du aber unehrliche Menschen über die Aufrichtigen, so wird das Volk Dir nicht mehr folgen.«

Über Motivation und Führung ist viel geschrieben worden. Es gibt zahlreiche Theorien, es gibt ungezählte Lösungsansätze. Aber anscheinend gibt es keine eindeutige Lösung. Ja, es gibt auch kein Rezeptbuch, wie man führen kann. Man nehme, man setze ein ... und dann klappt es mit der Führung.

Der Manager ist zuständig für die Motivation, die sich aus der Arbeitsaufgabe ergibt. Der Leader ist mit seiner ganzen Persönlichkeit verantwortlich für die Führung. Während man einen Teil der Motivation noch über handwerkliches Geschick erreichen kann, lässt sich Motivation durch Führung nur über die Persönlichkeit des Führers erreichen.

Lehrsatz 34: Der Leader muss dafür sorgen, dass er aufrichtige (edle) Führungskräfte einsetzt.

Deutsche Angestellte übten bei einer Umfrage der Jobbörse StepStone unter mehr als 8000 Jobsuchenden harsche Kritik an ihren Vorgesetzten. Mehr als 60 Prozent geben ihren Chefs schlechte Noten. Knapp ein Drittel bezeichnet es sogar als unverantwortlich, dass ihr Boss überhaupt Mitarbeiterverantwortung besitzt. 29 Prozent sehen noch erheblichen Nachholbedarf bei den Führungsqualitäten und stufen die Fähigkeit ihres Chefs zur Mitarbeiterführung als schlecht ein.

Nun könnte man annehmen, dass sich an dieser Umfrage besonders viele Unzufriedene beteiligten. Aber trotzdem ist die Aussage sehr bedenklich: Es gibt in unseren Unternehmen viel zu wenige Leader. Dann ist es vielleicht besser, keinen Führer zu haben und die Gruppen den eigenen Selbstführungskräften zu überlassen.

Nun kann man die Schuld nicht immer einseitig den Führenden zuordnen, es gibt auch chaotische Gruppen von Mitarbeitern, die fast nicht führbar sind. Aber auch Mitarbeiterauswahl und -einsatz sowie Teambildung sind Führungsaufgaben. Auch in solchen Fällen liegt es am Führungsgeschick. Notfalls muss er eben die Gruppe aufteilen, anders formen, umstrukturieren. Der Schwierigkeitsgrad mag in den einzelnen Situationen unterschiedlich sein; letztendlich aber bleibt die Verantwortung beim Leader.

Lunyu 3.5

Konfuzius sprach: »Selbst wenn ein zivilisiertes Land keinen Herrscher hat, ist es trotzdem noch besser als ein Barbarenland mit einem Herrscher.«

Lunyu 13.12

Konfuzius sprach: »Selbst wenn jetzt ein Weiser an die Macht kommt, würde es immer noch eine Generation dauern, bis sein guter Einfluss sich bemerkbar macht.«

Konfuzius vermutet: Wenn eine zivilisierte Kultur keinen Führer hat, dann ergibt sich aus den Kräften dieser Kultur immer noch ein gewisser Anspruch. Setzt man jedoch den besten Führer in einer chaotischen Gruppe ein, wird er Schwierigkeiten haben, Ordnung zu schaffen. Führung braucht Zeit, und man muss dem Führer eine gewisse Zeit des Wirkens zugestehen.

Lunyu 13.29

Konfuzius sprach: »Erst wenn ein tüchtiger Herrscher sein Volk sieben Jahre lang unterwiesen hat, wird es so gefestigt sein, dass er es auch zu den Waffen rufen kann.«

Mein Freund erzählte mir von einem CEO-Treffen in Shanghai. Er lernte dabei einen CEO aus der Automobilbranche kennen, der in China einen ausgezeichneten Ruf hatte. Er hielt einen Vortrag über die Führungssituation in seinem Unternehmen. Noch vor nicht langer Zeit hatte das Unternehmen zwar eine Führung, aber diese konnte sich nicht durchsetzen. Der CEO versuchte mittels zahlreicher Regularien zu führen. Er gab vielerlei Anweisungen heraus und erreichte damit die Bürokratisierung des Unternehmens. In Wirklichkeit kümmerte sich aber keiner darum. Die Mitarbeiter hatten weder die Zeit, all die Rundschreiben zu lesen, noch waren sie für jeden Mitarbeiter verständlich. Der CEO erkannte, dass er sich so nicht durchsetzen konnte. In seiner Not wechselte er die Manager aus. Diese Wechsel fanden immer schneller statt. Neue Manager versuchten mit immer wieder unterschiedlichen Ansätzen, das Unternehmen in den Griff zu bekommen. Die ständige Neuorientierung hatte einen verheerenden Einfluss auf die Produktqualität des Unternehmens. Die Mitarbeiter gewöhnten sich nach einiger Zeit an die ständigen Managementwechsel, und sie arbeiteten mehr oder weniger nach ihren eigenen, eingespielten Regeln. Jeder neue Manager, auch wenn er mit viel Können und viel gutem Willen seine Arbeit begann, benötigte eine gewisse Zeit, bis er das komplexe Geschehen überhaupt verstehen konnte. Dann erst konnte er sachlich und fachlich zielorientiert eingreifen. Diese Zeit billigte der CEO seinen Managern aber nicht zu. Wenn das Chaos nach einem halben Jahr noch nicht beseitigt war, löste man den Manager wieder ab, und das Spiel begann aufs Neue. Das änderte sich erst, als der CEO selbst abgelöst wurde. Der neu berufene CEO, eben jener Bekannte meines Freundes, wechselte seine Manager nicht aus, sondern begann, sie zu einer Gruppe zu formen. Er stärkte sie und demontierte sie nicht. Es dauerte mehr als ein Jahr, bis die Manager unter ihm so gestärkt und selbstbewusst waren, dass sie darangehen konnten, Ordnung zu schaffen. Und dies dauerte wiederum mehr als zwei Jahre. Aber dann zeigten sich die Ergebnisse. Heute ist der CEO sehr angesehen, und sein Unternehmen hat großen wirtschaftlichen Erfolg.

Ein Führer benötigt Ausdauer und einen langem Atem. Er benötigt bis zur erkennbaren Wirkung (Veränderung) eine gewisse Zeitspanne. Es ist notwendig, dass ihm diese Zeit auch gegeben wird. An vielen Krisenstellen des Managements sind 100 Tage schlichtweg zu wenig. Die ausschließliche Ausrichtung auf kurzfristige Maßnahmen kann kontraproduktiv wirken.

Erst wenn ein tüchtiger Herrscher sein Volk sieben Jahr lang unterwiesen hat, wird es so gefestigt sein, dass es auch im rauen Wettbewerb mit anderen Firmen bestehen kann. So sagte jedenfalls Konfuzius.

Lehrsatz 35: Ein Führer macht aus einer chaotischen Mitarbeitergruppe noch lange kein effizient arbeitendes Team. Der Führer braucht Zeit, bis er sich durchsetzen kann. Diese Zeit muss man ihm zugestehen.

Es ist festzustellen – und Umfragen bestätigen dies: Führung und Motivation sind in den meisten Unternehmen ein Problem. Selbstverständlich gibt es Regeln, wie man besser führen kann. Selbstverständlich überprüft die Personalabteilung in größeren Unternehmen auch regelmäßig die Führungsleistung. Es gibt ausreichend Instrumente – und vielerlei Erkenntnisse über die Barrieren und Grenzen. Konfuzius betrachtet die Situation auch aus der Sicht des Mitarbeiters: Es ist leicht, für einen Leader zu arbeiten, und doch ist es schwer, seine Erwartungen zu erfüllen.

Lunyu 13.25

Konfuzius sprach: »Für einen edlen Menschen zu arbeiten ist einfach – und doch ist er schwer zu erfreuen: Versuchst Du ihn auf unmoralischem Wege zu erfreuen, wird ihn das nicht freuen. Doch wenn er Dir Arbeit gibt, wird er auf Deine Kapazität Rücksicht nehmen.

Für einen gemeinen Menschen zu arbeiten ist schwer – und doch ist er leicht zu erfreuen: Versuchst Du ihn auf unmoralischem Wege zu erfreuen, wird ihn das erfreuen. Doch wenn er Dir Arbeit gibt, wird er Dir ohne Rücksicht alles aufhalsen.«

Das Führungsdesaster beginnt in den meisten Fällen bei der Motivation der Führungskräfte selbst. Die erste Forderung wäre: Der Topmanager, derjenige, der an der Spitze des Unternehmens steht, muss ein Leader sein, und er muss seinen Job und seine Mitarbeiter »lieben«. Er muss gerne ins Büro kommen, und er muss Freude an der Führung haben. Und er sollte nicht nur an seinen Vorteil denken.

Lunyu 4.12
Konfuzius sprach: »Wer in seinem Tun nur an den eigenen Vorteil denkt, der wird sich viele Feinde machen.«

Man hat manchmal schon den Eindruck, dass die Manager mehr an ihr Gehalt denken, dass sie zunächst einmal überlegen, wie sie das Unternehmen schädigen können, und sich erst dann dem Unternehmen widmen.

Lehrsatz 36: Der verantwortliche Leader muss seine Tätigkeit in bescheidener Überzeugung ausüben. Er muss Vertrauen zu seinen Mitarbeitern haben und sie in den Mittelpunkt seines Handelns stellen.

Die zweite Forderung ist, dass sich der Manager um sein Handwerkszeug und um seine Ressourcen kümmert. Der Topmanager sollte sich selbst keine »Arbeitsaufgabe« aufbürden. Er sollte sich ausschließlich auf das Führen konzentrieren. Den größten Fehler machen die Manager, wenn sie zu oft selbst Hand anlegen und damit keine Zeit zum Führen haben. Es geht um die Prioritäten.

Lunyu 15.10

Zi Gong fragte, wie Menschlichkeit zu praktizieren sei. Konfuzius sprach: »Wenn ein Handwerker seine Sache gut machen will, muss er sich zuerst um die Qualität seines Werkzeugs kümmern. Genauso muss, wer in diesem Land lebt, sich zuerst auf Menschen in wichtigen Positionen konzentrieren und diejenigen zu seinen Freunden machen, die selbst Menschlichkeit hochhalten.«

Lunyu 4.7

Der Meister sprach: »Die Fehler der Menschen fallen alle in bestimmte Kategorien. Betrachtet man die Fehler eines Menschen, so kann man in ihnen schon die guten Seiten dieses Menschen erkennen.«

Lehrsatz 37: Die erste Priorität des Führers ist es, sich um sein Handwerkszeug und um seine Mitarbeiter zu kümmern. Das sind seine Ressourcen – sie müssen einsatzbereit sein.

Die richtige Aufgabe für den richtigen Mitarbeiter

Lunyu 11.16

Zi Gong fragte: »Wer von beiden ist besser, Shi oder Shang?« Konfuzius sprach: »Shi geht zu weit, Shang tut zu wenig.« Zi Gong fragte weiter: »Also ist Shi der bessere?« Konfuzius sprach: »Zu viel tun ist nicht unbedingt besser als zu wenig tun.«

Eine Motivationsstudie von Towers Perrin von 2004 für das *manager magazin* hat bei einer Untersuchung in mehreren europäischen Ländern festgestellt, dass weniger als 25 Prozent der Mitarbeiter sehr engagiert oder motiviert sind, 15 Prozent dagegen nur wenig engagiert. Auch wenn es andere Studien mit leicht abweichenden Werten gibt, ist die Feststellung wichtig, dass der überwiegende Teil der Mitarbeiter nicht voll motiviert sind, dass sogar ein hoher Anteil überhaupt nicht motiviert ist. Das Brisanteste an dieser Aussage ist aber, dass die nicht motivierten Leute gar nicht daran denken, das Unternehmen zu verlassen. Damit wird der Kreis der Nichtmotivierten immer größer. Ein Bazillus greift um sich. In der Studie wird auch noch herausgearbeitet, dass ein Drittel das Vertrauen in ihr Topmanagement verloren haben, nur 12 Prozent geben einen Vertrauenszuwachs an. Vertrauen in was? Vertrauen auf Führung, Vertrauen die richtige Arbeitsaufgabe übernehmen zu können. Ein hohes Gehalt allein motiviert nicht, so geben die Befragten an. Natürlich ist das Gehalt ein »Hygienefaktor«. Das heißt, ohne das Gefühl, fair bezahlt zu werden, gibt es auch keine Motivation, aber für das Engagement sind die immateriellen Variablen wie herausfordernde Tätigkeiten oder das unmittelbare Arbeitsumfeld von größerer Bedeutung. Manager und Mitarbeiter bewerten dabei in erster Linie den Entscheidungsspielraum, den sie haben. Motivation entsteht nicht allein dadurch, dass der Mitarbeiter eine Prämie bekommt oder der Abteilungsleiter sich von ihm mit Handschlag verabschiedet. Nachhaltige Motivation findet der Mitarbeiter in seiner Arbeitsaufgabe. Es ist faszinierend, zu beobachten, wenn ein Mitarbeiter die richtige Arbeitsaufgabe gefunden hat, und diese dann voller Tatkraft auszufüllen versucht. Der Vorgesetzte trägt hierfür die Verantwortung. Er muss auf die Ausgestaltung einer Arbeitsaufgabe achten. Es ist seine ureigenste Aufgabe, den richtigen Mitarbeiter für die vorhandene Arbeitsaufgabe zu finden. Oder: Es ist seine Aufgabe für die vorhandenen Mitarbeiter die richtigen Arbeitsaufgaben zu finden. Dies trifft insbesondere auf die Führungskräfte selbst zu.

Die Hauptquelle der Motivation für eine Führungskraft liegt in der Arbeitsaufgabe:

- Die Arbeitsaufgabe ist konkret beschrieben. Es gibt ein Ziel.
- Die Arbeitsaufgabe ist anspruchsvoll.
- Der Mitarbeiter traut sich die Arbeitsaufgabe zu.
- Er ist davon überzeugt, dass er das Ziel erreichen kann.

- Er hat die notwendigen Ressourcen (Mitarbeiter, Budget), um das Ziel erreichen zu können.
- Der vereinbarte Zeithorizont ist realistisch.

Natürlich sollte auch noch das Gehalt stimmen. Aber ich behaupte: Exzellente Leader kann man nicht ausschließlich aufgrund der Gehaltshöhe einkaufen. Und wenn man es dennoch kann, war es nicht der richtige Kandidat. Besser ist: Die Arbeitsaufgabe bietet dem Manager Herausforderungen und Erfolgserlebnisse, Freude und Spaß. Nur Manager, die Spaß an ihrem Job haben, können die mitreißende Aufbruchsstimmung vermitteln, die notwendig ist. Achtung: Die Mitarbeiter merken schnell, wenn er schummelt. Nur wenn seine Begeisterung echt ist, wird er Erfolg haben.

Lehrsatz 38: Der Leader ist verantwortlich für die optimale Kombination von Aufgabe und Mitarbeiter. Je mehr Harmonie daraus resultiert, desto erfolgreicher wird er sein.

Lunyu 3.26

Konfuzius sprach: »Wer auf einem hohen Posten sitzt, aber nie Milde walten lässt; wer sich zwar höflich benimmt, aber es nie ehrlich meint; wer an einer Trauerfeier teilnimmt, ohne echte Trauer zu empfinden – warum sollte ich mir solche Leute noch näher ansehen!«

Der Manager muss authentisch sein. Dann kann er auch erfolgreich führen. Während ich an den Recherchen zu diesem Buch sitze, verabschieden sich so manche Manager nicht ganz freiwillig aus ihrer Position, bei DaimlerChrysler, bei Infineon, bei VW und bei vielen anderen Unternehmen, die weniger in der Öffentlichkeit stehen. Haben unsere Führungskräfte versagt? Ja. Ganz klar, viele Topmanager haben versagt.

Aber es gibt noch mehr Manager, ungenannte Manager, die sich jeden Tag auf ihre Arbeit freuen. Sie haben eine Aufgabe, die sie erfüllt. In der Ruhe, in ihrer Persönlichkeit liegt der Erfolg. Sie gehen auf die Mitarbeiter zu. Sie schaffen Vertrauen. Sie definieren realistische Aufgabenstellungen und erreichbare Ziele. Sie unterstützen die Mitarbeiter. So fördern sie und so motivieren sie. Dann können sie auch fordern, denn auch das gehört zum Führen: Fordern mit Augenmaß.

Lehrsatz 39: Der Leader muss authentisch sein und sich mit seiner Aufgabe identifizieren.

Mit Führungsgrundsätzen arbeiten

Natürlich kann man Checklisten mit Führungsprinzipien aufstellen. Diese gibt es in Managementbüchern in Hülle und Fülle. Welche Regeln kann man Führungskräften an die Hand geben, insbesondere wenn sie vielleicht ihre Tätigkeit neu beginnen? Hierzu hat der amerikanische Management-Guru Jack Welch eine Aufstellung vorgenommen:

- Führungskräfte erhöhen ständig das Potenzial ihres Teams. Sie nutzen jede Begegnung, jedes Gespräch für eine Bewertung, zum Coaching und zum Aufbau von Selbstvertrauen.
- Führungskräfte stellen sicher, dass ihre Mitarbeiter die Unternehmensziele nicht nur kennen, sondern verinnerlicht haben und tagtäglich leben.
- Führungskräfte überzeugen im Innern und setzen positive Energie und Optimismus frei.
- Führungskräfte schaffen Vertrauen und Offenheit, Transparenz und Fairness.
- Führungskräfte haben den Mut für unpopuläre Maßnahmen und Bauchentscheidungen.

- Führungskräfte hinterfragen und insistieren mit einer Penetranz, die an Misstrauen grenzt – denn es kommt ihnen darauf an, dass ihren Fragen Taten folgen.
- Führungskräfte fördern die Risiko- und Lernbereitschaft, indem sie mit gutem Beispiel vorangehen.
- Führungskräfte verstehen Erfolge gebührend im Team zu feiern.

Gibt es auch Regeln nach Konfuzius?

Lunyu 15.24

Zi Gong fragte den Meister: »Gibt es überhaupt einen einzigen Spruch, nach dem man sich sein ganzes Leben richten kann?« Konfuzius sprach: »Ist das nicht das Prinzip der gegenseitigen Achtung? Was ich nicht wünsche, das mir geschieht, das tue ich auch keinem anderen an.«

Jeder Manager, der im Unternehmen Regeln einführen will, steht zunächst vor zwei Aufgaben: Welche Regeln soll er auswählen, und wie formuliert er sie. Aber noch viel wichtiger ist: Wie werden sie zu allgemein akzeptierten und verinnerlichten Leitsätzen im Unternehmen?

Lunyu 14.3

Konfuzius sprach: »Wenn in einem Land Ordnung herrscht, kann man offen reden und entschlossen handeln. Wenn in einem Land das Chaos regiert, muss man entschlossen handeln, aber zurückhaltend reden.«

Das Umsetzungsproblem wird häufig unterschätzt. Ich habe vielfach erlebt, dass Leitsätze, die in irgendwelchen Führungsgremien verabschiedet wurden und die sehr sinnvoll waren, nie bei den Mitarbeitern angekommen sind. Die Mitarbeiter haben nur gestaunt, welche hehren Ideen ihre Führungskräfte hatten. Woran liegt dies? Hierfür gibt es im Wesentlichen drei Gründe:

1. Die Manager sind so überlastet, dass sie die Botschaften gar nicht weitergeben können. Notgedrungen setzen sie häufig

andere Prioritäten. Für sie geht das Tagesgeschäft vor. Es gibt zu viele aktuelle Brände, die gelöscht werden müssen. Große und kleine Probleme des täglichen Lebens haben Vorrang vor strategischen Führungsaufgaben. Je mehr ein Manager sich im Tagesgeschäft verschleißt, desto weniger Interesse wird er auch für solche Themen aufbringen.

Wenn ein Manager für verschiedene Standorte, für unterschiedlichste Aufgabenfelder zuständig ist, muss er sich von der meisten Arbeit so weit freischaufeln, dass er Mitarbeiter direkt und persönlich erreichen kann. In der Praxis geschieht es häufig, dass der Manager zu viele Themen als wichtig erachtet und dann eben selbst bearbeitet.

2. Die Führungsspannen sind mitunter so groß, dass sich der Manager nicht ausreichend um seine Mitarbeiter kümmern kann. Dies führt zum Phänomen der »stillen Post«. Eine Information durchläuft viele Stationen und kommt bei den Mitarbeitern vollkommen entstellt und verstümmelt an. Führungsspannen sind dann zu groß, wenn die Informationskaskade nicht mehr funktioniert.
3. Geben wir nicht nur den Vorgesetzten die Schuld. Es liegt auch an den Mitarbeitern. Es gibt viele Mitarbeiter, die eine bestimmte Tätigkeit erfüllen, sogar gut, aber darüber hinaus kein Interesse am Unternehmen haben. Sie arbeiten in ihrer Arbeitszeit zuverlässig. Darüber hinaus sind sie aber nicht bereit zu investieren, weder zeitlich noch inhaltlich. Manche Botschaften gehen an ihnen einfach vorbei. Darauf muss sich das Unternehmen einstellen. Entweder man kann solche Mitarbeiter fachspezifisch differenziert führen, also exakte Vorgaben machen und die Erfüllung der Arbeitsinhalte genau überprüfen, oder man muss sich von solchen Mitarbeitern trennen. Es kann zum Beispiel durchaus technische Zeichner geben, die genau die Handstriche ausführen, die verlangt sind und weiterhin nicht über ihre Arbeit nachdenken, die also »Quadratmeterarbeiten« zuverlässig erledigen. Diese Mitarbeiter müssen sich aber im

Klaren sein, dass sie in direkter Konkurrenz zu maschineller, automatisierter Arbeit stehen und auch in Konkurrenz mit Quadratmeterarbeitern auf der ganzen Welt. Manche Aufgabe kann ein gut ausgebildeter Mitarbeiter in Indien ebenfalls erledigen, der darüber hinaus billiger ist.

Ein Mitarbeiter wird für ein Unternehmen erst dann wertvoll, wenn er sich einbringt, Vorschläge formuliert, bei seiner Arbeit regelmäßig über eine Optimierung nachdenkt, wenn er den Gedanken der Produktivität auch für die eigene Arbeit verinnerlicht hat.

Lunyu 8.9

Konfuzius sprach: »Man kann das einfache Volk zwar dazu bringen, Grundsätzen zu folgen, es aber auch dazu zu bringen, diese zu verstehen – das wird nicht gelingen.«

Lunyu 13.30

Konfuzius sprach: »Wer ein Volk in den Krieg führt, ohne es vorher ausgiebig unterrichtet zu haben, der führt es willentlich in eine Katastrophe.«

Erfolgreiche Unternehmen wissen, wie sie Führungsgrundsätze umsetzen können. Eine Studie der Hay Group unter mehr als 10 000 Topmanagern, Analysten und Experten ergab, dass dafür sieben Faktoren entscheidend sind:

- Klare Kommunikation zwischen Management und Mitarbeitern (Dies erfolgt in 92 Prozent der erfolgreichen Unternehmen.)
- Rollenklarheit im Topmanagement (87 Prozent der Führungskräfte in Spitzenunternehmen wissen genau, welche Aufgaben sie wahrnehmen müssen, um die Strategie zu implementieren.)
- Persönliche Verantwortung des Topmanagements (84 Prozent der Erfolgreichen nehmen ihre Topmanager in die Pflicht.)
- Korrektur bei Fehlschlägen (83 Prozent reagieren sofort mit Maßnahmen auf Fehlentwicklungen und auf Fehler.)

- Performance-Measurement (Bei mehr als 80 Prozent der erfolgreichen Unternehmen wird die Führungsleistung gemessen.)
- Klare Kommunikation im gesamten Unternehmen (Bei 66 Prozent der Spitzenunternehmen endet die Kommunikation nicht beim Management, sondern richtet sich an alle Mitarbeiter.)
- Eine akzeptierte Unternehmenskultur (Was nun doch verwunderlich ist: Nur 50 Prozent der erfolgreichen Unternehmen verfügen über eine allgemeine, von allen Mitarbeitern akzeptierte Unternehmenskultur.)

Lehrsatz 40: Klarheit ist wichtig. Die Rollen der Beteiligten müssen klar formuliert sein, die Kommunikation zwischen allen muss nach klaren Spielregeln ablaufen.

Lunyu 1.5

Konfuzius sprach: »Wer ein Land mit tausend Kriegswagen regieren will, muss in seinem Tun vorsichtig und gewissenhaft sein. Er muss sparsam mit den Ressourcen umgehen, sein Volk lieben und darf es nur zur rechten Zeit einsetzen.«

Lehrsatz 41: Die Topmanager müssen persönlich beteiligt sein. Die persönliche Verantwortung ist verpflichtend festgelegt. Ergebnisse werden gemessen und Fehler rechtzeitig korrigiert.

Führung ist letztlich leicht messbar, nämlich an der Attraktivität eines Unternehmens für Hochschulabgänger. Hierzu gibt es jährliche Umfragen und Rankings. Erfolgreiche Unternehmen sind attraktiv für ihre Mitarbeiter (nicht weil sie ihnen viele Zugeständnisse machen, sondern weil sie ihnen Erfolg bieten) und für Absolventen.

Die Motivationsstudie von Towers Perrin 2004 hat für die Unternehmensattraktivität Kriterien aufgestellt. Die 10 wichtigsten Kriterien sind:

1. Abwechslungsreiche Arbeit
2. Anerkennung der geleisteten Arbeit
3. Aufstiegsmöglichkeiten
4. Ein Arbeitsklima, das die Zusammenarbeit fördert
5. Fort- und Weiterbildungsmöglichkeiten
6. Anspruchsvolles Aufgabenspektrum
7. Work-Life-Balance
8. Gestaltungsmöglichkeiten bei der Arbeit
9. Wettbewerbsfähige Nebenleistungen
10. Modernste Technologien

Es liegt nicht an unzureichender Vergütung, nicht an schlechter technischer Ausstattung und nicht an fehlendem Know-how, wenn Manager die innere Handbremse gezogen haben. Leistung wird vor allem dann blockiert, wenn zu wenig kommuniziert wird, Arbeitsanweisungen unklar bleiben oder schwelende Konflikte weder angesprochen noch ausgetragen werden. Die Ergebnisse illustrieren die Bedeutung des Beziehungsmanagements für die gesamte Unternehmensperformance: Nur wer weiß, dass seine persönlichen Ziele und die Ziele des Unternehmens in Einklang stehen, bringt sich voll ein. Wirkliche und nachhaltige Leistungssteigerung lässt sich nur durch Wandel der Unternehmenskultur erreichen – durch das Erarbeiten störungsfreier Kommunikationskanäle, klarer Aufgabendefinitionen und Wege zur Konfliktklärung und Teamfindung. Primäre Leistungstreiber sind mit Abstand die »weichen Faktoren«: Spaß an der Arbeit und eigenständiges Arbeiten.

Eine authentische Führungskraft, ein offenes Unternehmensklima, klare Prozessabläufe und -strukturen, Arbeitsteams, die sich selbst Aufgaben, Ziele und Bewertungskriterien definieren – das alles sind Voraussetzungen, damit die Mitarbeiter sich hundertprozentig ein- und »volle Leistung« erbringen.

Lunyu 1.12
You Zi sprach: »Der größte Nutzen von Riten und Zeremonien liegt im Herbeiführen von Harmonie. Das ist, was an der Regierung der frühen Könige als schön empfunden wird: In großen wie in kleinen Dingen strebten sie sie an. Doch wussten jene auch, wo sie nicht erreichbar war. Harmonie tritt nicht von selbst ein, sie muss immer durch Riten und Zeremonien reguliert werden.«

Lehrsatz 42: Nur eine authentische Führungskraft ist in der Lage, der Organisation die notwendige Ruhe und Harmonie zu vermitteln, um die größtmögliche Attraktivität zu erlangen.

Mein Freund sagt, er habe im Laufe der Zeit für sich drei Prinzipien entdeckt, denen er nunmehr konsequent folgt. Dies sind: Offenheit, Beteiligung und Individualisierung. Zunächst hat er sich bemüht, diese Prinzipien selbst umzusetzen. Als er bemerkt hat, dass dies in der Tat sinnvoll ist, als er durch die Einhaltung dieser Prinzipien viele Zusammenhänge besser verstanden hat, gab er sie als Leitsätze für das ganze Unternehmen aus. Er veranstaltete mit seinen Führungskräften Workshops, um die Inhalte dieser Begriffe näher zu definieren. Er war begeistert über die Ergebnisse. Manche dieser Ergebnisse sind in den folgenden Ausführungen wiedergegeben. Mein Freund ist heute davon überzeugt, dass die konsequente Anwendung dieser Prinzipien der Schlüssel zu seinem Erfolg sei.

Heute gibt es vordergründig fast zu viel Offenheit. Vorstandsentscheidungen werden sehr schnell, unmittelbar per E-Mail oder Internet an alle Mitarbeiter verteilt. So ist jeder Mitarbeiter informiert. Dennoch ist diese Offenheit vielfach eine Pseudooffenheit. Aus der Veröffentlichung ergibt sich noch lange nicht, was der Vorstand wirklich denkt. In der täglichen Arbeit stellt man fest, dass viele Menschen nicht offen sagen, was sie denken. Warum? Weil Offenheit nur in einem geschützten Raum entstehen kann.

Offenheit benötigt auch Mut, denn sie kann gegen einen selbst und gegen andere Betroffene verwendet werden. Geschieht dies, kann man davon ausgehen, dass der betreffende Mitarbeiter daraus lernt, nicht mehr offen zu sein. Offenheit erfordert Fingerspitzengefühl. Sie muss so eingesetzt werden, dass sie nicht zerstörerisch, sondern aufbauend wirkt.

Offenheit und das Lernen aus der Offenheit hat drei Wirkungen. Zum einen werden damit Mitarbeiter beteiligt. Die Offenheit fördert darüber hinaus den Diskurs. Wenn sich viele Mitarbeiter an dem notwendigen Austausch beteiligen, werden sie mit ihren Beiträgen auch Teil des Entscheidungsprozesses. Und das ist schon die zweite Wirkung. Offenheit lässt außerdem Risiken und Chancen leichter erkennen. So kann man Entscheidungen besser treffen, so erhält man ein umfassenderes Bild, das man für Entscheidungen nutzen kann.

Und drittens führt Offenheit zur Kostensenkung. In einem Klima der Offenheit werden vielfach Missstände angesprochen, zum Beispiel Fehlentwicklungen oder unsinnige Arbeitsaufgaben. Durch Offenheit lernt man viel über die Aufgaben und Arbeiten in einem Unternehmen, und man kann entscheiden, ob manche Aufgaben sinnvoll sind oder ob gewisse Tätigkeiten entfallen können.

Ein Klima der Offenheit setzt allerdings immer voraus, dass niemand unter dieser Offenheit leidet. Wenn man dies nicht garantieren kann, wird man bald feststellen, dass die Offenheit merklich nachlässt.

Lunyu 16.9

Konfuzius sprach: »Am höchsten steht, wer alles intuitiv versteht. Danach kommt, wer durch Lernen zur Erkenntnis gelangt. Es folgt der, der erst lernt, wenn er in Schwierigkeiten ist. Wer nicht einmal lernt, wenn er in Not ist – den hält das Volk für das Letzte.«

Lunyu 8.17

Der Meister sprach: »Lernen [ist wie ein Rennen]: Es ist, als ob man das

Ziel nie erreicht und zugleich fürchtet, das schon Erreichte wieder zu verlieren.«

Lehrsatz 43: Ein Klima der Offenheit ermöglicht Lernprozesse. Offenheit aber gedeiht nur in einem angstfreien Raum. Offenheit entsteht nicht auf Befehl. Offenheit erfordert einen Lernprozess.

Lunyu 7.8
Konfuzius sprach: »Wer nicht begeisterungsfähig ist, den unterrichte ich nicht. Wer nicht selbst nach Worten sucht, den leite ich nicht an. Wer mir nicht die restlichen drei Ecken zeigt, wenn ich eine Ecke aufgezeigt habe, den unterweise ich nicht weiter.«

Es ist heute so, dass sich viele Menschen nicht mehr beteiligen. Diese Situation kann sich für ein Unternehmen verheerend auswirken. Eine Untersuchung des Gallup-Instituts hat ergeben, dass in Deutschland 69 Prozent aller Arbeitnehmer Dienst nach Vorschrift machen, 16 Prozent haben sich innerlich verabschiedet und lediglich 15 Prozent sind mit ihrer Arbeit zufrieden und engagieren sich. Dabei ist gerade die Beteiligung der Mitarbeiter von größter Bedeutung. Beteiligung bedeutet, dass ein Mitarbeiter gerne in das Unternehmen geht, gerne den Arbeitstag beginnt und seinen Aufgaben voller Überzeugung nachkommt, selbstständig agiert, innovativ arbeitet und sich über die Ergebnisse natürlich auch freut. Beteiligung bedeutet, dass der Mitarbeiter an seinem Unternehmen Interesse hat.

Lunyu 14.28
Konfuzius sprach: »Der Weg des Edlen besteht aus drei Dingen, die ich selbst noch nicht beherrsche: Seine Mitmenschlichkeit kennt keine Sorgen, seine Weisheit keine Verwirrung und seine Tapferkeit keine Furcht.«

Ein Unternehmen, dessen Mitarbeiter sich in dieser Art beteiligen, ist stark und wird am Markt ohne Schwierigkeiten Bestand haben.

Eine Messlatte für den Manager oder Leader ist es, inwieweit er seine Mitarbeiter motivieren kann, sich für das Unternehmen zu engagieren.

Lehrsatz 44: Ein Unternehmen lebt durch die Beteiligung aller Mitarbeiter. Deshalb ist es von größter Bedeutung, dass der Manager einen Raum der Offenheit etabliert, in dem die Beteiligung Fuß fassen kann.

Andererseits hat der Mitarbeiter eine Verpflichtung zur Beteiligung. Und der Manager hat die Macht, diese Beteiligung einzufordern. Vielleicht könnte ein Ansatz auch so überschrieben werden: »Holt die Mitarbeiter aus der Komfortzone!« Das Unternehmen ist kein Raum, wo man sich gut erholen, entspannen, ausruhen kann. Hier ist Leistung zu erbringen. Die meisten Mitarbeiter würden sich dem Angebot zu mehr Beteiligung mit Freuden stellen, würde es denn gemacht werden.

Der Manager, die Führungskraft muss allerdings auch akzeptieren, dass seine Mitarbeiter unterschiedlich sind und dass er auf jeden differenziert eingehen muss. In vielen Unternehmen wurde diese Binsenweisheit vergessen. Es wird über Mitarbeiter generell und summarisch geurteilt. Wird ein Mitarbeiterabbau ins Auge gefasst, zählen nur Kopfzahlen (sehr zum Nachteil des Unternehmens).

Wir haben schon darauf hingewiesen, dass es wichtig ist und dass es eine immer währende Herausforderung wäre, für jeden Mitarbeiter die richtige Arbeitsaufgabe zu finden – zu beiderseitigem Vorteil. Nur wenn man individuelle Lösungen findet, wird man einen Mitarbeiter (eben das Individuum) auch zu höchsten Leistungen begeistern können.

Mein Freund berichtete, dass er in seiner Einkaufsabteilung einen

Juristen hatte. Er kaufte Bleche ein. Niemand wusste, warum dieser Mitarbeiter mit einer juristischen Ausbildung gerade diese Tätigkeit ausübte. Der Mitarbeiter war bisher nie besonders aufgefallen. Nun entschied der Einkaufsleiter, im Einkauf ein Claim-Management aufzubauen. Zuerst überlegte er, ob er einen Mitarbeiter neu einstellen oder einen Einkäufer zum Claim-Manager befördern sollte. Zusammen mit meinem Freund ging er alle seine Mitarbeiter durch. Dabei wurden sie auf den Juristen aufmerksam. Mein Freund wies darauf hin, dass Claim-Management doch stark juristisch geprägt sei. Warum nicht die Tätigkeit diesem Mitarbeiter anbieten? So sprach sein Vorgesetzter mit ihm. Und dieser nahm den Vorschlag begeistert an. Ein motivierter Mitarbeiter war gewonnen.

Lunyu 15.28
Der Meister sprach: »Wenn ein Mann von allen gehasst wird, muss man das überprüfen. Wenn ein Mann von allen geliebt wird, muss man das auch überprüfen.«

Lunyu 13.24
Zi Gong fragte: »Was ist von einem Mann zu halten, den alle im Dorf lieben?« Der Meister sprach: »Das reicht nicht.« – »Was ist von einem Mann zu halten, den alle im Dorf hassen?« Der Meister sprach: »Das reicht auch nicht. Am besten ist es, wenn die Guten im Dorf ihn lieben, die Schlechten ihn aber hassen.«

Lehrsatz 45: Der Manager muss differenzieren können. Kann er dies nicht, ist er als Manager und Leader nicht geeignet.

Wie kann man erkennen, ob man exzellent führt? Führung muss so wirken, dass das Unternehmen, die Gruppe, die Abteilung eine hohe Attraktivität besitzt. Gerne melden sich Mitarbeiter und wollen in dieser Gruppe arbeiten. In einem solchen Fall war die Führung erfolgreich. Exzellente Führung zeichnet sich besonders dadurch aus, wie man mit den Mitarbeitern umgeht.

Lehrsatz 46: Der Manager muss die »aufrechten« Mitarbeiter befördern. Dann werden auch alle anderen Mitarbeiter folgen. Befördert er aber »unehrliche« Mitarbeiter, so werden sich die anderen gegen den Manager wenden.

Ein schönes Beispiel für eine unverzichtbare Führungseigenschaft gibt der ehemalige Nokia-Chef Jorma Ollila. Anfang der neunziger Jahre des letzten Jahrhunderts befand sich die finnische Wirtschaft in einer schweren Krise. Durch den Zusammenbruch der Sowjetunion hatten die finnischen Unternehmen ihren wichtigsten Kunden verloren. Auch Nokia, zu diesem Zeitpunkt noch ein Gemischtwarenladen mit einer Vielzahl von Produkten, ging es schlecht. Da verkündete CEO Ollila 1994 die folgenschwere Entscheidung, das Unternehmen zukünftig konsequent auf eine Sparte auszurichten und alle anderen Geschäftsfelder abzustoßen. Diese Entscheidung katapultierte Nokia in den folgenden Jahren unter die Top Ten der wertvollsten Marken der Welt. Was den Finnen in dieser Zeit geholfen hat? Ein typisch finnischer Charakterzug namens Sisu. Dieses Wort bezeichnet eine Mischung aus Durchhaltevermögen und harter Arbeit, Engagement und dem Willen, sich durchzusetzen.[1] Im Deutschen gibt es für Sisu keine Entsprechung. Die deutsche Wirtschaft jedenfalls könnte von diesen Eigenschaften in der Tat mehr gebrauchen.

Lunyu 5.20

Ji Wenzi überlegte immer dreimal, bevor er etwas unternahm. Als der Meister davon hörte, sprach er: »Zweimal überlegen – das reicht schon aus.«

Lehrsatz 47: Der Manager und Leader hat eine Vorbildfunktion wahrzunehmen. Er ist weise, tapfer und menschlich. Er denkt nach, aber er entscheidet auch.

Persönliche Integrität und Glaubwürdigkeit des Managers

Wichtig ist für einen Manager die Vorbildfunktion. Das ist allgemein bekannt. Jeder Manager kennt diesen Spruch. Möchte der Mitarbeiter so sein wie sein Chef? Oder möchte er nie so werden? In der Presse lesen wir häufig Berichte über Manager, die gerade keine Vorbilder sind. Sie sind geldgierig, korrupt und verprassen das Geld des Unternehmens. Wie sollen, können Mitarbeiter von solchen Chefs agieren?

Führungskräfte legen angeblich sehr viel Wert auf gutes Benehmen. In der Praxis mangelt es in den Chefetagen allerdings häufig genau daran. Manager, die sich nicht zu benehmen wissen, beeinträchtigen das Betriebsklima und damit die Produktivität der Belegschaft, gefährden das Firmenimage und verprellen Geschäftspartner und Kunden. Schon aufgrund der wirtschaftlichen Effizienz muss man daher den Umgangsformen von Führungskräften mehr Beachtung schenken.

Beziehungen sind im Geschäftsleben wichtig. Um Verbindungen knüpfen und aufrechterhalten zu können, sind gute Umgangsformen ebenso wie Respekt, Loyalität, und Glaubwürdigkeit nötig. Tugenden, die nach Aussage von Fachleuten in den vergangenen zehn Jahren immer mehr in den Hintergrund getreten sind. Selbst die meisten Chefs halten nach einer Studie Ehrlichkeit, Höflichkeit und Respekt für Eigenschaften, die bei Führungskräften verbesserungswürdig sind. In der Tat: Viele Führungskräfte verwechseln Arroganz mit Stärke und stellen Respektlosigkeit ungeniert zur Schau.[2]

Lunyu 19.13

Zi Xia sprach: »Wer lange im Amt ist, sollte wieder anfangen zu lernen. Wer schon lange gelernt hat, sollte daran denken, ein Amt anzunehmen.«

Gutes Benehmen sollte zu den Kernkompetenzen einer Führungskraft zählen. Nur derjenige, der von seinen Mitarbeitern respektiert und ernst genommen wird, ist auch in der Lage, ein Team erfolgreich zu führen. Formale Manieren wie Auftreten und insbesondere verbale Ausdrucksweise der Führungskräfte sind unzureichend, belegte die oben zitierte Studie.[3]

Noch größere Defizite bestehen allerdings in Bereichen, bei denen es nicht auf einen festen Verhaltenskodex ankommt, sondern auf Gespür für zwischenmenschliche Beziehungen – nämlich Kommunikations- und Kritikfähigkeit. Diese Fähigkeiten werden bereits in der Kindheit geprägt. Wenn sie nicht in der Erziehung vermittelt wurden, sind die Aussichten gering, sich die hierfür nötige Sensibilität im fortgeschrittenen Alter anzueignen.

Umgangsformen sind demnach keine Angelegenheit des Wissens oder des guten Willens, sondern eine Fähigkeit. Führungskräfte, die sich innerhalb der Firma nicht zu benehmen wissen, sind ebenso wenig dazu in der Lage, ein Unternehmen positiv nach außen zu vertreten. Vorgesetzten, die in der Firma durch schlechte Manieren auf sich aufmerksam machen, fehlt es keineswegs an Einsicht. Vielmehr können sie es nicht besser. Unternehmen sollten daher bei der Besetzung von Positionen im Management vermutlich stärker darauf achten, dass der Bewerber gute Umgangsformen mitbringt.

Lunyu 2.3

Konfuzius sprach: »Wenn man ein Volk mit Regierungsverordnungen lenkt und mit harten Strafen zur Ordnung ruft, so wird es zwar keine Straftaten mehr geben, aber umso mehr Schamlosigkeit.

Wenn man seinem Volk mit gutem Beispiel vorangeht und mit Tugend führt, es mit den Regeln der Sittlichkeit zur Ordnung ruft, so wird es keine Schamlosigkeit mehr geben und man wird sich aus Überzeugung fügen.«

Lehrsatz 48: Der Manager muss Vorbild sein und Achtung vor den anderen zeigen. Vorschriften dürfen nicht willkürlich sein, sondern müssen sich an den Regeln der Sittlichkeit und an den Erfordernissen des Unternehmens ausrichten.

Wie Manager absahnen

Lunyu 4.5
Der Meister sprach: »Reichtum und Rang – das wünschen sich alle. Kann man beides aber nicht auf dem rechten Weg erlangen, so lässt man es. Armut und niedrige Stellung – das verwünschen alle. Kann man sich aber nicht auf dem rechten Weg davon befreien, so lässt man es. Denn wenn der Edle sich von der Humanität entfernt, was bleibt ihm dann noch? Nicht für die Dauer einer Mahlzeit wendet er sich von ihr ab. In allen Prüfungen und Nöten hält er an ihr fest.«

Lunyu 4.11
Konfuzius sprach: »Während der Edle nur an seine Tugend denkt, denkt der Gemeine nur an seinen Grund und Boden. Während der Edle nach Gerechtigkeit strebt, strebt der Gemeine nur nach seinem privaten Vorteil.«

Lunyu 4.12
Konfuzius sprach: »Wer in seinem Tun nur an den eigenen Vorteil denkt, der wird sich viele Feinde machen.«

Lunyu 15.2
Als im Staate Chen die Vorräte zur Neige gegangen waren, wurde die Gefolgschaft so schwach, dass sie nicht mehr weiterziehen konnten. Wuterfüllt trat Zig Lu vor Konfuzius und sprach: »Kann es denn sein, dass Edle auch Not leiden müssen?« Konfuzius sprach: »Ein Edler wird in widrigen Umständen noch fester – nur der gemeine Mann wird über die Stränge schlagen.«

Einer Leserzuschrift in einer Schweizer Zeitung entnehme ich den folgenden Satz: »Nicht die Tatsache, dass vier Manager in blamabler Selbstüberschätzung 66,3 Millionen Franken aus der schweizerischen Wirtschaftsleistung abschöpfen, ist skandalös, sondern dass wir in unserem angeblich demokratischen Rechtsstaat ein Wirtschaftssystem errichtet haben, das einen solchen Missbrauch ohne adäquate Gegenleistung zulässt.« Der Schreiber bezieht sich dabei auf eine Presseinformation in der Schweiz, dass die Topmanager von Novartis, UBS, Roche und Nestlé 66,3 Millionen Franken verdienen.[4]

Das Beispiel ist jedoch kein Einzelfall, die Managergehälter sind in den letzten Jahren kräftig gestiegen, und das auch noch unabhängig vom wirtschaftlichen Erfolg des Unternehmens.

Es begann in den achtziger Jahren in den USA. Damals stiegen die Chefgehälter beträchtlich. Als Legitimation für die Gehaltserhöhungen diente zum einen eine günstige Börsenentwicklung, zum anderen Spitzensportler, deren Verdienste erstmals Millionenhöhen errreichten. Zu dieser Zeit betrug das Lohnverhältnis zwischen einem einfachen Angestellten und seinem Chef etwa 1 zu 42. Dies mutet noch geradezu bescheiden an: Nur zehn Jahre später hatte sich das Lohnverhältnis vervielfacht und betrug nun 1 zu 145.[5]

Damit war zu Beginn der neunziger Jahre ein Wendepunkt erreicht. In seinem 1991 veröffentlichten Buch *In Search of Excess* kritisierte Graef Crystal die Maßlosigkeit der Managergehälter.[6] Der Autor war vor dieser Veröffentlichung einer der prominentesten und erfolgreichsten Vergütungsberater – er wusste also, worüber er schrieb. Die Funktion eines solchen Beraters besteht darin, die Gehälter von Konzernchefs in die Höhe zu treiben. So hatte Graef Crystal 1984 für den neu engagierten Disney-Chef Michael Eisner einen Vertrag ausgehandelt, der in seiner Exzessivität noch heute legendär ist. In diesem Vertrag wurde das bis dato übliche Grundgehalt plus Bonus um eine entscheidende Komponente ergänzt: Eisner erhielt darüber hinaus Optionen auf Disney-Aktien von beträchtlicher Höhe – nach Aktiensplits auf heute umgerechnet 24 Millionen Optionen. Als Eisner Disney 2005 verließ, wurde sein Vermögen auf weit über eine Milliarde Dollar geschätzt.[7]

Mit den Aktienoptionen als dritter Lohnkomponente sollten nun die Topmanager motiviert werden. Betrugen 1985 Optionen bei den hundert größten US-Firmen gerade etwa 2 Prozent der Lohnsumme so stieg dieser Anteil in den folgenden 25 Jahren erheblich an, nämlich auf 26 Prozent im Jahr 1994, und ganze 58 Prozent im Jahr 2000.

Michael Eisner war wohl in vielfacher Hinsicht ein begnadeter Manager. Er erfand auch den »goldenen Fallschirm«. 1995 stellte er den befreundeten Michael Ovitz als seinen Stellvertreter ein. Doch das Arbeitsverhältnis währte nur kurz: Nach nicht einmal vierzehn Monaten verließ Ovitz die Firma wieder – ausgestattet mit einem Trostpflaster von Eisner in Höhe von 140 Millionen Dollar.[8]

Eine andere Variante der ungebremsten Bereicherung übte ein gewisser Gary Wendt aus, der Ende der neunziger Jahre von General Electric zu Conseco wechselte und dort als Antrittsgeschenk 45 Millionen Dollar entgegennahm.

In Europa hatte man in den neunziger Jahren noch Verhältnisse wie in den USA vor 15 bis 20 Jahren. Das Gehalt der Geschäftsführung setzte sich aus Festbetrag und Bonus zusammen, der Abstand zum einfachen Angestellten betrug das 40-fache. »Vordenker« in dieser Sache war in Europa Percy Barnevik, Chef des schwedisch-schweizerischen Industriekonzerns ABB. Als er das Unternehmen im November 2001 verließ, wurde bekannt, dass er sich vor seinem Abgang noch ein Pensionsabkommen in Höhe von 148 Millionen Franken gesichert hatte. Sein Nachfolger Göran Lindahl benahm sich unbescheidener. Im Gegensatz zu Barnevik, dem man durchaus eine beachtliche Managementleistung bescheinigen kann, hielt sich sein Nachfolger gerade mal drei Jahre an der Unternehmensspitze. Spektakuläre unternehmerische Leistungen werden ihm nicht nachgesagt. Dafür erhielt er eine Abschiedszahlung von 85 Millionen Franken. Der Grund mag wohl darin zu sehen sein, dass er die Zusagen an Barnevik kannte. So könnte man seine Abfindung auch als eine Art Schweigegeld ansehen.[9]

Im Hause Springer gab es einen Vorstandschef, der im Jahr 2000 als erfolgsabhängige Sondervergütung 9 Millionen Euro kassierte. Für Ron Sommer errechnete man in seinem besten Jahr aus einem Aktienoptionsplan 75 Millionen Euro.

Das waren keine Ausnahmen. In den Jahren 1999 bis 2002 stiegen die Gehälter aller Dax-Vorstände jährlich im Schnitt um 30 Prozent.

Die Frage ist: Wie können Manager, die in dieser Art und Weise absahnen, führen? Sie können nicht. Sie sind vielleicht Manager, sie sind aber keine Leader. Sie sind Raubritter auf hohem Niveau.

Lehrsatz 49: Der Führer muss zuerst an sein Unternehmen und an seine Mitarbeiter denken. Er darf weder sein Unternehmen ausbeuten noch seinen Untergebenen seine Maßlosigkeit demonstrieren.

Lunyu 15.38

Konfuzius sprach: »Wer einem Fürsten dient, der soll zuerst an die gewissenhafte Durchführung seiner Aufgaben denken und erst danach an den Lohn.«

Lunyu 4.13

Konfuzius sprach: »Ob man mit Anstand und Nachsicht regieren kann? Was denn sonst! Denn ginge das nicht, wozu bräuchte man dann überhaupt noch Anstand und Nachsicht?«

Lunyu 15.18

Konfuzius sprach: »Der Edle macht Rechtschaffenheit zu seiner Basis, Korrektheit zur Maßgabe seines Handelns und Bescheidenheit zu seiner

Gesprächshaltung. Vertrauenswürdigkeit ist sein Mittel zum Erfolg – und das macht den Edlen aus!«

Lehrsatz 50: Der Manager hat mit Anstand und mit Nachsicht zu führen. Die Basis seines Handelns sind Rechtschaffenheit, Bescheidenheit und Vertrauenswürdigkeit.

Lehrsatz 51: Der Manager denkt nicht an sich und an seine Leistung, er denkt an sein Unternehmen, und er hat das Bestreben, die Arbeitsleistung seiner Mitarbeiter entsprechend in den Vordergrund zu rücken.

Die Mitarbeiter reagieren auf das unethische Verhalten von Managern auf ihre Weise. Die schon zitierte Gallup-Umfrage sagt aus, dass der überwiegende Anteil der befragten Mitarbeiter keine besondere Verpflichtung dem Arbeitgeber gegenüber fühlt. Fast 70 Prozent machen nur Dienst nach Vorschrift. 16 Prozent haben innerlich gekündigt und verhalten sich entsprechend.

So pessimistisch diese Zahlen erscheinen, sie dürften der Wahrheit in vielen Unternehmen recht nahe kommen. Der Wettbewerb auf den sich europäisierenden Märkten nimmt stetig zu, der Veränderungsdruck wächst, die Organisationen mutieren zu immer unüberschaubareren Konstrukten. Und die Menschen fühlen sich in ihnen nicht mehr zu Hause. Die Verantwortlichen haben keine Zeit, sie unternehmerisch mitzunehmen. Die Stimmung ist auf dem Nullpunkt.

Die Statistik verbirgt, dass es auch in Deutschland anders geht. In fast allen Organisationen finden wir Abteilungen und Teams, in denen die Arbeit mit Freude getan wird. Hier ist die Stimmung gut. Hier hat man Spaß an der Leistung. Hier werden auch härtere Arbeitsbedingungen als Herausforderung gesehen und angenommen. Hier herrscht eine konstruktive Einstellung.

Nun liegt die Vermutung nahe, dass da, wo gerne gearbeitet wird, die angenehmere Arbeit verrichtet wird, mehr Geld verdient wird, die besseren wirtschaftlichen Perspektiven herrschen oder einfach die sympathischeren Kolleginnen und Kollegen sitzen. Was aber sind tatsächlich die Erfolgsfaktoren?

In vielen Fällen spielen diese Rahmenbedingungen eine wichtige Rolle. Trotzdem erklären sie nicht, warum in vergleichbaren Abteilungen oder Teams völlig unterschiedliche Situationen vorzufinden sind. Dort, wo im gleichen Unternehmen das eine Team Topleistungen bringt, herrscht im nächsten Frust, schlechte Laune und eine hohe Fluktuation. Ist das Zufall?

Konfuzius gibt einen ganz einfachen Ratschlag. Dieser Rat galt vor 2500 Jahren, er findet sich selbst in der Bibel, er gilt auch heute und wird wohl auch in 2000 Jahren noch gelten. Wir Menschen vergessen ihn nur leider allzu oft.

Lunyu 14.41
Konfuzius sprach: »Wenn die Oberen sich an die Regeln halten, dann wird auch das Volk einfach zu lenken sein.«

Lunyu 13.6
Der Meister sprach: »Wer in seinem Wandel aufrecht ist, dem folgt man ohne Befehl. Wer aber nicht aufrecht ist, dem folgt man auch trotz eines Befehls nicht.«

> *Lehrsatz 52:* Die Manager haben sich so zu verhalten, wie sie wollen, dass sich die Mitarbeiter verhalten. Der Manager muss hohe Maßstäbe an sich legen, dann folgt man ihm auch in den schwierigsten Zeiten.

Soziale Fähigkeiten von Führungskräften

In zahlreichen Studien wurde nachgewiesen, dass die Gründe für eine schlechte Arbeitsmoral häufig in einer mangelhaften Kommunikation liegen. Man geht heute in der Wissenschaft davon aus, dass unzureichende soziale Fähigkeiten der Manager die Hauptursache für die schlechte Arbeitsstimmung sind.

Als Nation des Pflichtbewusstseins und der Zuverlässigkeit verhalten sich die Deutschen im Vergleich zu den Nachbarn wenig emotional kompetent. In vielen Unternehmen haben Disziplin und Ordnung einen höheren Stellenwert als Identität und Vertrauen. Die Kriterien für Beförderungen berücksichtigen nicht die sozial kompetenten, integrativen Mitarbeiter, sondern es werden die fachlich kompetentesten Mitarbeiter bevorzugt und die durch Konkurrenzdenken gestählten Machertypen. Und es ist schon fast ein Zugeständnis, wenn diese in einem Schnellkursus mit so genannten Führungstechniken vertraut gemacht werden. Dann kann man sie anscheinend mit gutem Gewissen auf die Mitarbeiter loslassen.

Lunyu 17.15

Der Meister sprach: »Kann man denn mit einem gemeinen Streber in den Staatsdienst treten? Wenn jener den Posten noch nicht hat, fürchtet er doch nur, ihn nicht zu bekommen. Und wenn er den Posten hat, so fürchtet er nur, er könnte ihn wieder verlieren. Fürchtet er aber um seinen Posten, so ist er zu allem fähig.«

Die wenigsten Manager sind sich ihrer persönlichen Defizite im Umgang mit ihren Mitarbeitern bewusst. Dann arbeiten sie natürlich auch nicht an einer Verbesserung solcher Kompetenzen. Manager, die in ihrer Führungsverantwortung schlicht überfordert sind, geben den Druck, der auf ihnen lastet, einfach weiter oder glänzen mit indifferentem Verhalten. Oft fehlt es ihnen an Ehrlichkeit, Klarheit oder Menschlichkeit. Sie scheuen die Auseinandersetzung und drücken sich um klare und offene Gespräche. Sie sind kaum in der Lage, Anerkennung zu geben und treten eher mit der Arroganz des Unsicheren auf. Entsprechend schlecht werden sie von ihren Mitarbeitern beurteilt.

Dabei wollen die meisten Arbeitnehmer nur als Menschen verstanden und mit Respekt behandelt werden.

Eine positive Grundstimmung kann entstehen, wenn die Führungskraft aus innerer Sicherheit heraus in der Lage ist, Leidenschaft und Begeisterung auf die Mitarbeiter zu übertragen. Das heißt, sie muss sich zunächst einmal um sich selbst kümmern und zu einer eigenen Sicherheit kommen. Aus der Stärke dieser Sicherheit heraus kann sie sowohl abhängig von der aktuellen Situation als auch sensibel für den individuellen Charakter des Mitarbeiters flexibel reagieren.

Es erfordert eine Vielzahl emotionaler und sozialer Kompetenzen, um diese Anforderungen zu erfüllen:

- vorbildliches, überzeugendes Auftreten, wenn es gilt, das Team für neue Ziele zu begeistern;
- beratende Kompetenz, um Mitarbeiter zu fördern und mit den Unternehmenszielen in Einklang zu bringen;
- die Fähigkeit zur mitarbeiterorientierten Kommunikation, um zu integrieren und zu motivieren;
- die Bereitschaft zu demokratischem Konsens, um Zustimmung und Identifikation der Mitarbeiter zu stärken;
- eine fordernde Einstellung, um die Teamleistung zu steigern und höhere Ziele zu erreichen;
- selbstbewusste Entscheidungskompetenz, um in Notsituationen für Klarheit und Sicherheit zu sorgen.

Und was sagt Konfuzius dazu?

Lunyu 5.17
Konfuzius sprach: »Yan Ying ist ein Meister im Umgang mit Menschen: Je länger man ihn kennt, desto mehr Achtung bringt man ihm entgegen.«

Lunyu 7.30
Konfuzius sprach: »Ist Menschlichkeit etwas, das von uns weit entfernt ist? Nein, denn wer wirklich nach Menschlichkeit strebt, dem wird diese Menschlichkeit auch zu eigen!«

Lunyu 14.7
Konfuzius sprach: »Kann man wirklich von Liebe sprechen, wenn man jemanden immer vor allen Mühen bewahren will? Kann man wirklich von Loyalität sprechen, wenn man jemanden nie auch einmal ermahnt?«

Lehrsatz 53: Der Manager muss seine Menschlichkeit im Umgang mit Mitarbeitern auch zeigen. Das schließt Forderungen und Kritik nicht aus.

Die Manager, die differenziert mit ihren Mitarbeitern umgehen können, erhalten von den meisten auch gute Beurteilungen. Keiner kann auf allen Gebieten perfekt sein, denn dazu bedarf es eines nahezu erleuchteten Charakters. Aber es ist schon ein wichtiger Schritt, wenn sich Führungskräfte bemühen, den jeweiligen Situationen gerecht zu werden und ihre Führungsaufgaben mit Gespür anzugehen. Wenn sie dann auch noch sich und den anderen ihre Schwächen eingestehen und versuchen, daran zu arbeiten, dann werden sie von den Mitarbeitern anerkannt und gewürdigt.

Vorbilder dafür gibt es in vielen Organisationen. Wir können von ihnen lernen. Wir müssen nur endlich akzeptieren, dass falsch verstandene Härte und fachliche Kompetenz allein keine ausreichenden Führungskompetenzen sind. Eine Führungskraft erhält ihre Anerkennung auch aufgrund ihrer vielseitigen sozialen Fähigkeiten. Eine Führung, die nur auf Angst und Gehorsam setzt, kann Mitarbeiter nicht gewinnen und reduziert deren Leistung auf ein Minimum.

Was wir benötigen, sind Manager, die sich selbstkritisch engagieren und ihre eigene emotionale Entwicklung über ihre wirtschaftliche Karriere stellen. Ein guter Manager ist ein Manager, der anderen als Vorbild dienen kann. Er versteht es, mit seinen eigenen Emotionen umzugehen und weiß auf die Emotionen anderer konstruktiv einzugehen.

Lunyu 15.8

Der Meister sprach: »Wenn Du mit einem Menschen [vernünftig] reden könntest, es aber nicht tust, so hast Du diesen Menschen verloren.

Wenn Du mit einem Menschen nicht [vernünftig] reden kannst, es aber trotzdem tust, so sind deine Worte verloren.

Der Verständige gibt aber weder einen Menschen verloren, noch verschwendet er seine Worte.«

> *Lehrsatz 54:* Der Manager muss sich mit seiner eigenen Persönlichkeit und seinen eigenen Emotionen auseinandersetzen. Er bemüht sich um die eigene Vervollkommnung, um besser führen zu können.

Braucht man überhaupt Führung?

Lunyu 2.21

Jemand fragte Konfuzius: »Meister, warum bemüht Ihr Euch nicht, auf dem Wege eines Amtes Ordnung im Staat herzustellen?«

Konfuzius sprach: »Im Buch der Urkunden heißt es: ›Allein wer seine Eltern achtet und Freundschaft zu allen Brüdern pflegt, der trägt zur Ordnung im Staate bei.‹

Dies ist das eigentliche Bemühen um Ordnung im Staat – warum sollte man dafür ein politisches Amt annehmen!«

Mir gefällt diese Aussage von Konfuzius sehr gut. Sie bedeutet für mich, dass jeder an seinem Platz wirken kann. Nicht jeder muss formal Führungskraft werden, und trotzdem kann er einen großen Einfluss ausüben. Wir brauchen in einem Unternehmen nicht nur die Führer, wir brauchen auch viele kreative, aufgeschlossene Menschen, die ihren Beitrag leisten. Es ist nichts Schlechtes daran, wenn man sich führen lässt.

Erfolgreiches Management ist immer ein Gemeinschaftswerk. Damit am Ende die gewünschten Resultate erzielt werden, müssen unzählige Mitwirkende jeweils an ihrem Platz Probleme lösen, Ideen entwickeln, Entscheidungen treffen und umsetzen. Trotzdem kann man natürlich mit Recht Führung als das Herzstück bezeichnen. Denn in aller Regel hängt es an einer oder ganz wenigen Personen, ob überhaupt ein Prozess gestartet wird, ob er in die richtige Richtung geht und ob er über alle Hindernisse und Klippen hinweg zu einem guten Ergebnis kommt.

»Wer baute das siebentorige Theben?«, lässt Bertolt Brecht seinen »lesenden Arbeiter« fragen. »In den Büchern stehen die Namen von Königen. Haben die Könige die Felsbrocken herbeigeschleppt? [...] Der junge Alexander eroberte Indien. Er allein? Cäsar schlug die Gallier. Hatte er nicht wenigstens einen Koch bei sich?«

So wichtig und richtig es ist, die Leistungen derer zu würdigen, die die ganze Realisierungs- und Umsetzungsarbeit machen, so wenig erfolgreich wird man sein, wenn man auf Führung verzichtet. Der Veränderungsprozess muss gestaltet werden. Er benötigt einen Führer. Brechts Arbeiter hätten sich kaum von sich aus mit Eimern und Schaufeln versammelt, um Theben zu bauen, wenn nicht irgendwer sie zusammengerufen hätte. Ebenso wenig hätten sie die Stadt je zu Ende gebaut, wenn nicht irgendjemand dafür Sorge getragen hätte, sie zu verpflegen, ihnen die erforderlichen Materialien bereitzustellen, Entscheidungen zu treffen, Konflikte zu lösen, in Krisen Orientierung zu vermitteln.

Führung und Ausführung ergänzen sich und bedingen sich. Ohne Mitarbeiter, die ausführen und umsetzen, geht Führung ins Leere; umgekehrt sind ohne Führung auch grundlegende und zielorientierte Veränderungen nicht möglich.

Allerdings ist Führungsfähigkeit im Vergleich dünner gesät: Viele sind dazu in der Lage, erfolgreich an Veränderungsprozessen mitzuwirken und bei der Umsetzung ausgezeichnete Arbeit zu leisten, sofern der Prozess gut geführt wird – doch nur verhältnismäßig wenige sind dazu in der Lage, solche Prozesse erfolgreich zu führen.

Meines Wissens gibt es kein Unternehmen, in dem Führung als demokratischer Prozess wahrgenommen wird. Unternehmen gehören Eigentümern, die mit dem Unternehmen Geld verdienen wollen. Die Eigentümer setzen eine Geschäftsleitung ein, die ihr Unternehmen in eine bestimmte Richtung führen soll. Das muss nun, wie auch die Praxis zeigt, nicht immer die richtige Richtung sein, aber sie ist zumindest die vorgegebene Richtung. Damit die Mitarbeiter sich orientieren können, benötigen sie eine klare Vorgabe von der Geschäftsleitung. Je klarer und einfacher diese ist, desto leichter wird sie auch befolgt werden.

Das heißt aber nicht, dass nur ein eingesetzter Führer, der Vertraute der Eigentümer, das Sagen hat und alle anderen sich dem unterzuordnen haben. Eine erfolgreiche Unternehmensführung baut auf die intelligente Unterstützung, auf den guten Willen und das Engagement zahlreicher Mitstreiter. Sie ist sogar darauf angewiesen. Darunter ist zu verstehen, dass die betreffenden Personen die Ziele und die beschlossenen Maßnahmen verstehen und sich darauf einlassen und dass sie bei deren Umsetzung ihr ganzes Wissen und Können, ihre Erfahrung und Kompetenz einbringen. Dann werden sie auch das gewünschte Ergebnis erreichen. Das ist eine erhebliche Intelligenzleistung und erfordert zudem viel Engagement – beides kann man nicht befehlen. Dies relativiert die Bedeutung der Führung nicht, sondern es unterstreicht sie. Denn wenn das stimmt, dann ist es nicht damit getan, Befehle zu geben – dann besteht der Job der Führung darin, einen Prozess zu gestalten, der die Mitarbeiter aller Ebenen dazu veranlasst, sich auf das Vorhaben einzulassen. Er lässt den Mitarbeitern den Freiraum, die Lösungssuche und deren Umsetzung aktiv mitzugestalten. Er unterstützt sie, den eingeschlagenen Weg trotz aller Schwierigkeiten und Widrigkeiten bis zum Ziel durchzustehen.

Lehrsatz 55: Der Führer muss den Prozess gestalten, der alle Mitarbeiter integriert, um für ein Unternehmen eine Wertsteigerung zu erreichen.

Erfolgreiche Führung ist langfristig angelegt. Dies ist heute kaum noch gegeben. Wenn viele Manager nur noch kurzfristigen Interessen folgen, handeln sie automatisch egoistischer. Sie nehmen weniger Rücksicht – auf andere Menschen, aber auch auf das Unternehmen als Ganzes. Sie sanieren heute hier und in drei Jahren woanders. Und dann bricht alles zusammen, aber sie selbst sind ja schon längst wieder weg. Die langfristigen Folgen ihres Handelns sind ihnen egal. Sie versuchen, für sich selbst möglichst schnell möglichst viel Geld herauszuholen.

Auf der Strecke bleibt die Motivation.

Das Koordinatensystem: Leitbilder und Werte

Lunyu 13.28

Der Jünger Zi Lu fragte: »Wie muss man beschaffen sein, um als Gelehrter gelten zu können?« Konfuzius sprach: »Ein echter Gelehrter ist, wer andere durch seine Kritik voranbringt und zugleich auf Harmonie und freundschaftlichen Umgang bedacht ist. Seine Freunde bringt er durch Kritik weiter und im Umgang mit seinen Brüdern pflegt er Harmonie.«

Lehrsatz 56: Der Manager spornt seine Mitarbeiter mit Kritik und Harmonie gleichermaßen zu Höchstleistungen an.

Als Kardinaltugenden bezeichnet man die seit Platon zusammengestellten hauptsächlichen Tugenden Weisheit (lateinisch *sapientia* oder *prudentia*), Mäßigung (*temperantia*), Tapferkeit (*fortitudo*) und Gerechtigkeit (*iustitia*). Auf sie wurden seit der Stoa die übrigen Tugenden zurückgeführt. Thomas von Aquin (1225–1274) fügte dieser Lehre die drei theologischen oder göttlichen Tugenden Glaube (*fides*), Liebe (*caritas*) und Hoffnung (*spes*) hinzu. In der abendländischen Kultur werden diesen sieben Kardinaltugenden die sieben Hauptlaster Hochmut, Habgier, Neid, Zorn, Wollust, Maßlosigkeit und Trägheit gegenübergestellt.[10]

Der Konfuzianismus beschrieb bereits fünf Kardinaltugenden. Das sind nach Konfuzius Menschlichkeit, Gerechtigkeit oder rechtes Handeln, Sitte, Wissen und Wahrhaftigkeit. Bei Mengzi finden diese ihre Entsprechung in der Innigkeit zwischen Vater und Sohn, dem rechten Handeln zwischen Fürst und Untertan, der Trennung zwischen Gatte und Gemahlin, der Reihenfolge zwischen Alt und Jung und der Wahrhaftigkeit zwischen Freunden.

Für Konfuzius war die Summe aller Tugenden die wirkliche Mitmenschlichkeit. Sie zeigt allein, wer innerhalb der Ordnung loyal, gerecht und ehrlich handelt. Und das kann nur, wer ausgiebig die Sitten (*li*) studiert und praktiziert.

Wer *li* entsprechend lebt, also nach der Etikette, den Riten und der Sitte lebt und den Ahnen dient, verändert sich allein dadurch zum Guten. Das löst dann einen Dominoeffekt aus, der auf die Mitmenschen und schließlich auf den gesamten Kosmos wirkt und die eigentliche Urordnung wieder herstellen kann.

Das heißt: Wenn Familien in Harmonie leben, ist es auch das Dorf. Sind Dörfer in Harmonie, ist es auch die Provinz. Sind Provinzen in Harmonie, dann ist es im Endeffekt auch das Reich.

Lunyu 5.19

Konfuzius sprach: »Ein Mensch mit starkem Charakter und moralischen Grundsätzen wird nie versuchen, seine eigene Haut auf Kosten seiner Grundsätze zu retten. Eher würde er sein Leben opfern, als seine Überzeugungen.«

Das Studium ist Voraussetzung für das Verständnis der Ordnung des Himmels und der Menschen. Das Lernen aus Erfahrungen und das Denken sollen sich dabei ergänzen.

Lunyu 2.15
Konfuzius sprach: »Immer nur lernen, ohne dabei nachzudenken, das führt zu Verwirrung. Immer nur nachdenken, ohne dabei zu lernen, das führt zu Erschöpfung.«

Lunyu 15.31
Der Meister sprach: »Ich habe einmal einen Tag lang nicht gegessen und eine Nacht lang nicht geschlafen, um nachzudenken. Das hat nicht geholfen – besser ist es, stattdessen zu lernen.«

Lunyu 5.28
Konfuzius sprach: »Selbst in einem Dorf von nur zehn Häusern wird es Menschen geben, die mir in Loyalität und Vertrauenswürdigkeit gleichkommen. Doch wird es niemanden geben, der das Lernen so liebt wie ich.«

> *Lehrsatz 57:* Nur durch ständiges Lernen wird man verstehen, die Kardinaltugenden sinnvoll anzuwenden.

Auch für ein Unternehmen sind die Kardinaltugenden das Koordinatensystem, mit dem es sich – zumal wenn es international agiert – in unterschiedlichen sozialen Räumen ausrichten kann. Man nennt es das Leitbild.

Leider stehen Leitbilder häufig nur in den Hochglanzbroschüren. Kaum ein Unternehmen hält sich, insbesondere in Krisenzeiten, an die selbst verordneten Leitbilder. Und trotzdem sollte man sie nicht einfach über Bord werfen, trotzdem sollte man sich mit ihnen auseinandersetzen.

Lunyu 14.4
Konfuzius sprach: »Der Tugendhafte hat bestimmt etwas zu sagen – doch nicht jeder, der etwas zu sagen hat, ist auch tugendhaft. Der Barm-

herzige braucht Mut – doch nicht jeder, der mutig ist, ist auch barmherzig.«

Lunyu 2.4
Konfuzius sprach: »Als ich fünfzehn war, war mein ganzer Wille auf das Lernen gerichtet. Mit dreißig stand ich fest im Leben. Mit vierzig war ich nicht mehr verwirrt. Mit fünfzig hatte ich den Willen des Himmels erkannt. Mit sechzig klang meinem Ohr alles angenehm. Mit siebzig folgte ich den Wünschen meines Herzens, ohne dabei die Regeln zu brechen.«

Konfuzius spricht die Edlen an. Das sind – auf unsere Verhältnisse übertragen – die Leistungsträger, die die Unternehmenswerte verinnerlicht haben und sie tragen.

Brauchen Unternehmen Leitbilder?

Das Leitbild der Unternehmen ist Teil der Corporate Identity und damit auch Teil der Unternehmensphilosophie. Damit will sich das Unternehmen abgrenzen von anderen Unternehmen, insbesondere den Wettbewerbern, aber auch gegenüber der Gesellschaft und dem aktuellen Menschenbild. Die Werte in den Leitbildern sollen allgemeingültig, wesentlich, langfristig, vollständig, wahr, realistisch und konsistent formuliert sein. Sie sollen keine Allgemeinplätze und Tautologien sein, sie sollen keine Selbstverständlichkeiten sein und sich auch von den Leitbildern anderer Unternehmen abheben. Das ist gar nicht so einfach. Viele Leitbilder strotzen von Allgemeinplätzen. Jedes Unternehmen will seine Kunden bedienen. Das ist schließlich der Unternehmenszweck. Es ist daher zu hinterfragen, ob dies im Leitbild erwähnt werden muss oder auch warum dieses erwähnt werden muss. Ähnlich staunen kann man, wenn Unternehmen beschreiben, dass sie sich »gesetzestreu verhalten wollen«. Das ist doch wohl eine Selbstverständlichkeit. Besonders aufmerksam sollte man die Passagen studieren, die den Mitarbeitern gewidmet sind: »Unsere Führungskräfte vermögen die Mitarbeiter zu begeistern und zu motivieren.« Stimmt das? Vermutlich sehen dies viele Mitarbeiter anders. Vielleicht sollte man nicht zu dick auftragen, denn es schadet der Glaubwürdigkeit. Aber ist Begeisterung oder Motivation überhaupt ein Wert? Führen nicht die (richtigen) Werte erst zu Motivation?

Der moderne Manager ist eigentlich ein Zahlenmensch: Wichtig ist das Ergebnis, das als monetärer Wert unter dem Strich steht. Solange diese Zahl schwarz und mit einem dicken Plus versehen ist, ist alles in bester Ordnung. Dies war lange Zeit Standard nicht nur in deutschen Unternehmen.

Die Nachdenklichkeit setzte nach den zahlreichen Skandalen der jüngeren Vergangenheit ein. Wirtschaftskriminalität, ethisches Fehlverhalten, die Vernichtung von materiellen Werten ließen die Unternehmer, Manager und Unternehmen ins Zwielicht geraten. In der Gesellschaft wurde damit auch immer häufiger die Frage gestellt, an welchen immateriellen Werten sich Unternehmen bei ihrer Tätigkeit orientieren. Das zum Teil krasse Fehlverhalten machte deutlich: Unternehmen sind kein wertfreier Raum, und die Unternehmen haben nicht die letzte Weisheit, um die Richtung zu erkennen oder zu bestimmen.

So begann die Suche nach den passenden Werten. Längst bieten sich auch Unternehmensberatungen an, für Unternehmen Leitbilder zu entwerfen und zu implementieren. In solchen Fällen werden Leitbilder verordnet, gedruckt, verteilt, gelesen, gelocht und dann? Eigentlich müsste jeder seit Marx wissen, dass es so nicht funktioniert: Das Sein bestimmt das Bewusstsein und nicht umgekehrt. Ein Leitbild ist wie ein Autoprospekt. Diese Broschüren werden zu 90 Prozent von Menschen gelesen, so hat man jedenfalls festgestellt, die sich längst für ein bestimmtes Auto entschieden haben und in den Prospekten nur noch einmal ihre Meinung bestätigt haben möchten. So muss es auch mit den Leitbildern sein. Man schlägt den Prospekt auf, liest und stimmt zu. Wenn man nun darüber nachdenkt, ob sich das Leitbild auch im realen Verhalten widerspiegelt, dann passt das Leitbild oft nicht.

Das Leitbild eines Unternehmens muss sich aus der Kraftquelle des Unternehmens entwickeln. Eine wichtige Kraftquelle war einst die Moral der Gründer. Das waren die Unternehmer mit Ausstrahlungskraft und Tatkraft. Dies passt heute nicht mehr so richtig in unsere Unternehmenswelt. Die Kraftquelle sind heute die Mitarbeiter, die Manager und die Nichtmanager, eigentlich alle. Sie müssen das Leitbild erarbeiten. Und all diese Menschen, die an einem Leitbild arbeiten, müssen sich über eine moralische Orientierung einigen. Dies beginnt zunächst mit dem Umgang untereinander und setzt sich fort mit dem Umgang mit Kunden, Lieferanten, Partnern, Gesellschaft. Dieser Prozess ist schwierig, deshalb kommen viele Leitbilder auch nur zu Verallgemeinerungen. Ich bin trotzdem der Meinung, dass dies hilfreich sein kann.

Ein Leitbildprozess verläuft ähnlich wie ein Verfassungsgebungsprozess. Gremienarbeit, Feedback-Schleifen, Ratifizierungen. Wer diesen Prozess nicht auf sich nimmt, wird kein Leitbild erhalten, das die Richtung anzeigt.

Die Arbeit mit einem Leitbild ist Führung per se. In einem Spannungsfeld zwischen Systemgehorsam, Autonomie und persönlichem Interesse spielt sich Führung ab, zu der das Leitbild seinen Beitrag leisten muss.

Lunyu 20.3

Konfuzius sprach: »Wer seine Bestimmung nicht erkannt hat, kann kein edler Mensch werden. Wer die Regeln nicht kennt, kann sich nicht in der Gesellschaft etablieren. Wer die Macht der Worte nicht erkannt hat, der wird die Menschen nicht richtig verstehen.«

Lehrsatz 58: Der Manager muss seinen ureigenen Beitrag zum Leitbild eines Unternehmens leisten. Dabei muss der Manager seine Aufgabe kennen und sich von positiven Werten leiten lassen.

Führen ist gängig definiert als »zielorientiert bewegen«. Die Moral regelt, »wie« Führung und die Wege zur Zielerreichung gestaltet werden dürfen. Moral definiert das *Deutsche Universalwörterbuch* als »Gesamtheit von ethisch-sittlichen Normen, Grundsätzen, Werten, die das zwischenmenschliche Verhalten einer Gesellschaft regulieren, die von ihr als verbindlich akzeptiert werden« sowie als »sittliches Empfinden, Verhalten eines Einzelnen, einer Gruppe; Sittlichkeit«.[11]

Der Mensch ist das einzige Lebewesen, das in der Lage ist, moralische Fragen zu stellen, sich also Rechenschaft darüber zu geben, ob seine Handlungen moralisch zulässig sind oder nicht. Damit kann der Mensch die Moral »seines« Systems bestimmen. Jedoch stößt man bald auf die Tatsache, dass jedes System seine eigene Moral hat. Deshalb ist es niemals möglich, eine wie auch immer definierte Moral objektiv zu bewerten, denn die Bewertung geht von der jeweiligen moralischen Vorstellung des Bewertenden aus. Widerstände gegen eine bestimmte Moral sind selbst moralischer Natur. Die Gefahr besteht darin, dass jemand die Moral für sich reklamiert, die Moral anderen aber nicht zugesteht.

Jede Handlung kann als moralisch und als unmoralisch gelten. Ein moralisches System, das die Bewertung der Handlungen aller ermöglicht, gibt es nicht. Man findet schnell einen Konsens, dass Gemeinschaften überleben wollen, dass Unternehmen Ertrag erwirtschaften müssen. Wie aber ist Ertrag definiert, welche Höhe des Ertrags ist moralisch zu rechtfertigen und insbesondere mit welchen Methoden und Verhaltensweisen wird der Ertrag erwirtschaftet? Die Wissenschaft behilft sich häufig mit einem empirischen Ansatz. Daraus ergibt sich, dass moralisch ist, was die Mehrheit für angemessen hält.

Unternehmen oder andere Organisationen brauchen deshalb, wenn sie richtige oder falsche Verhaltensweisen für sich bewerten wollen, eine eigene Definition für Handlungsweisen innerhalb der Unternehmensgrenzen. So definiert man die für die Organisation gültige Moral, Bezugssysteme und Werte und leitet daraus Grund- oder Leitsätze ab.

Natürlich gibt es eine Hierarchie von moralischen Vorstellungen, in die sich auch die Moral in einem Unternehmen einreihen sollte, um den Konflikt mit der Außenwelt zu minimieren. Es beginnt mit religiösen Wertvorstellungen, setzt sich fort über die staatstragenden Werte der Verfassung und die in den Philosophien und Grundsätzen der Organisationen (Unternehmen, Parteien, Vereine) ausgedrückten Werte bis zu den Werten des Einzelnen.

Die innerhalb einer Organisation gelebten und tolerierten Verhaltensweisen können dort, generell oder während einer bestimmten Zeit, als moralisch akzeptiert sein. Die sich daraus ableitenden Tätigkeiten und Maßnahmen werden so lange auch unwidersprochen bleiben. Erst wenn sich jemand auch noch anderen Moralvorstellungen zugehörig fühlt (religiös oder politisch motivierten Vorstellungen), können sich bestimmte Gepflogenheiten als nicht akzeptabel erweisen. Sie müssen daraufhin neu bestimmt werden.

Natürlich darf man sich in einem System auch nicht den Meinungen Einzelner unterwerfen. Es ist also zu überprüfen, ob der Einwurf eines Einzelnen von einer höheren Moralinstanz geprägt ist oder nicht. Verstoßen die akzeptierten Handlungen in einem Unternehmen zum Beispiel gegen Gesetze oder religiöse Normen? Weiterhin muss man natürlich auch versuchen zu eruieren, ob der Verändernde vom Gemeinwohl motiviert ist oder ob er nur Eigeninteressen vertritt.

In Unternehmen können sich zum Beispiel moralisch positiv motivierte Einsprüche unmoralisch auswirken. Zum Beispiel beim Kündigungsschutz. Es mag sein, dass sich der so Geschützte möglicherweise weniger engagiert und somit den Kollegen an anderen Arbeitsplätzen schadet, weil sein Einsatz zu gering ist, weil andere den Mindereinsatz ausgleichen müssen. Ein Arbeitnehmer ist vom Kündigungsschutz abgesichert, ohne seine Leistung zu hinterfragen. Es ist nicht möglich, ihn zu entlassen und einen anderen, besser geeigneten einzustellen. Geht der »Geschützte« in den Ruhestand – vorher wird er kaum gehen –, stellt der Unternehmer möglicherweise niemanden mehr ein, weil er sonst wieder in seinen Handlungsmöglichkeiten beschränkt ist. Der Schutz des Einzelnen, moralisch gut gemeint, kann sich so – aus einem anderen Blickwinkel betrachtet – unmoralisch auswirken. Natürlich können sich in der umgekehrten Situation ähnliche Abhängigkeiten ergeben, wenn kein Kündigungsschutz besteht und der Arbeitgeber diese Situation unmoralisch ausnutzt.

Wichtig ist zwar das Ergebnis, was aber nicht aussagt, dass der Zweck die Mittel heiligt. Die Erfüllung der Führungsrolle muss auf der einen Seite den moralischen Ansprüchen genügen, auf der anderen Seite aber auch Ergebnis zeigen.

Wollen Unternehmen ihren Führungskräften und Mitarbeitern bei der Gestaltung der Rollen helfen, ihre Ziele konfliktarm erreichen und die zwischen Führungskräften und Mitarbeitern entstehenden moralischen Konflikte lösen helfen, bietet es sich an, Leitsätze zu erarbeiten. Diese sind zwar keine Garantie für richtige Entscheidungen, aber sie geben zumindest eine wichtige Orientierungshilfe. Natürlich gibt es Situationen, die die Regeln sprengen, aber sie werden die Ausnahmen bleiben.

Die Regeln müssen sich an der Gestaltung der Zukunft orientieren. Dabei sind die eigenen Wünsche an die Zukunft wie auch die Erwartungen des Umfeldes, insbesondere der Kunden zu berücksichtigen. Das Image von Unternehmen in der Gesellschaft wird das Urteil von zukünftigen Mitarbeitern, Käufern und Lieferanten prägen und somit natürlich auch über Erfolg oder Misserfolg der Unternehmen entscheiden.

Führungskräfte und Mitarbeiter sollten darauf achten, Werte und Regeln zu erarbeiten, die ihr Handeln in den jeweiligen Rollen legitimieren. Sie werden daraus ihre Handlungen ableiten können. Das Unternehmen wiederum kann sicher sein, dass die Summe dieser Handlungen die gewollte Entwicklung in die Zukunft unterstützt.

Wer solche Rollen und Handlungsparameter definiert, wird Wert darauf legen, dass die daraus abgeleiteten Regeln auch eingehalten werden. Dies ist wichtig, damit alle Handlungen innerhalb des Geltungsbereiches auch weitgehend berechenbar werden und bleiben. Die Einhaltung der Regeln sollte durch Einsicht der Beteiligten gewährleistet sein, kann aber auch durch Sanktionen erreicht werden. Einsicht haben nur Menschen mit gleichen oder ähnlichen Moralvorstellungen. In komplizierten Strukturen wie zum Beispiel dem Staat bleibt die Machtausübung. Der Staat nimmt für sich das Recht in Anspruch, die Einhaltung von Regeln und Gesetzen zu kontrollieren und Verstöße zu sanktionieren. So kann es auch in einem Unternehmen sein, wobei die Machtausübung eher subtiler erscheint.

Unternehmen sind gut beraten, wenn sie sich auf die Einsicht konzentrieren. Deshalb ist es wichtig, dass die Leitlinien zwar offen sind für Mitarbeiter unterschiedlicher Kulturen, aber die Regeln der Zusammenarbeit widerspruchsfrei formuliert sind.

Management by Vision ist kein neues unter den zahllosen »How-to-do«-Managementrezepten. Es liegt in der Natur des Menschen, Visionen zu haben, sich für etwas zu begeistern. Andere mit dieser Begeisterung anzustecken, ist ein grundlegendes Führungsprinzip. Schon ein altes indianisches Sprichwort sagt:

»Alle Dinge beginnen mit einer Vision, alle Dinge haben ihren Ursprung in der Vision, doch alle Dinge müssen dann auch noch ins Werk gesetzt werden. Alles, was ist oder entsteht oder erzeugt oder geschaffen wird, alles ist das Ergebnis eines Tuns oder Ausführens. Selbst die Vision ist nicht ohne Voraussetzung, wir müssen sie suchen, wir müssen Visionen und Träume suchen und unsere Träume dann leben.«[12] Oder, wie Antoine de Saint-Exupéry es ausdrückte: »Wenn du ein Schiff bauen willst, dann trommle nicht Männer zusammen, um Holz zu beschaffen, Aufgaben zu vergeben und die Arbeit einzuteilen, sondern lehre sie die Sehnsucht nach dem weiten endlosen Meer.«

Wenn die Mitarbeiter eines Unternehmens von ihrer Vision

begeistert sind, wird ihnen die Begeisterung auch im täglichen Leben nicht verloren gehen. In den Arbeitsresultaten wird sich dies spiegeln.

Mein Freund erzählte, dass er in seiner chinesischen Filiale der Fahrradfabrik AG auch eine Vision suchte. Er saß mit einer erweiterten Führungsmannschaft beisammen, und einer prägte den Spruch »Wir wollen immer eine Fahrradlänge besser sein«. Was vielleicht im europäischen Denken nicht so überzeugend ankommen mag, hatte einen großen Erfolg. Es war eine Art Erfolgsbotschaft mit Bescheidenheit. Der Spruch ging in Windeseile durch das ganze Unternehmen, und alle Abteilungen überlegten sich, was dieser Spruch für ihre jeweilige Arbeit bedeuten könnte. Daraus entstand eine Sammlung von Sprüchen und Regeln. Diese wurden in bestes Chinesisch im konfuzianisch-philosophischen Sinn übersetzt und galten von nun an als die Leitsätze des Unternehmens.

Die Persönlichkeit des Managers

Persönliche Reife und Professionalität

Wodurch soll sich die Persönlichkeit eines Managers auszeichnen? In der Managementliteratur wird häufig darauf hingewiesen, dass er professionell sein soll. Kehren wir zurück zu den Reifestufen des Menschen, wie sie dem Konfuzianismus zugrunde liegen. Lassen sich dort Anforderungen wiederfinden, die für Manager gelten?

1. Stufe: der Gemeine. »Gemeine« ist hier in dem alten Wortsinn verstanden und bedeutet »gewöhnlich«, so wie es beim Militär zur Bezeichnung des untersten Ranges benutzt wurde. Ein Gemeiner ist ein Mensch, der nur für die Befriedigung seiner Bedürfnisse lebt. Er lebt nicht wie der Edle nach Maßstäben von Würde und Ehre, sondern er wird durch Belohnung und Bestrafung gelenkt.

Nehmen wir einmal an, dass es diese Stufe (wie die anderen auch) in ihrer Reinform heute ohnehin nicht gibt. Wir wissen zumindest mit Sicherheit, dass der gemeine Mensch jedenfalls niemals ein Manager sein kann. Allerdings wünschen wir uns auch keine Mitarbeiter, die auf diesem Entwicklungsstadium verharren.

2. Stufe: der Würdige. Ein Mensch dieser Entwicklungsstufe hat sein materielles Leben gesichert. Er versucht, seine Gier zu meistern, und beginnt, sich durch Lernen und Bildung zu entwickeln. Er ist also noch sehr egoistisch geprägt, aber er ist gerade dabei, den Egoismus zu überwinden. Er kann als Lehrling der Menschlichkeit betrachtet werden.

Die Würdigen kann man durchaus als Mitarbeiter akzeptieren. Und als Manager? Für einen Manager und Leader ist dieses Eignungsprofil nicht ausreichend.

3. Stufe: der Edle. Er weiß, dass der Mensch ein geistiges Schicksal hat und dass der Sinn des menschlichen Lebens darin besteht, dies Schicksal zu verstehen und sich mit ihm auseinanderzusetzen; also im Einklang mit seinen Entwicklungsmöglichkeiten zu leben. Der Edle versucht, irdische Erfüllung und himmlische Bestimmung zu vereinen; er lebt immer zwischen Realität und Vision. Er wird von Würde und Ehre gelenkt. Er ist der Beamte, der Mandarin – an ihn richten sich die meisten Ratschläge des *I Ging* und auch des *Lunyu*.

Das könnte durchaus auf ein Managerprofil mit menschlichem Maß zutreffen. Der Manager dieser Kategorie hat hehre Pläne und Vorstellungen. Manche davon scheitern zwar in den Niederungen der Praxis. Immerhin, der Edle strebt danach, seine Entwicklungsmöglichkeiten zu nutzen und sowohl eigenes wie auch das Gemeinwohl zu berücksichtigen.

4. Stufe: der Berufene. Sein Ziel ist Leistung und Hingabe. Er muss nicht nur sein persönliches Schicksal erfüllen, sondern auch das Wissen um den Sinn und Zweck menschlicher Existenz anderen darlegen und erläutern. Der Berufene erkennt und verkündet den »wahren« Weg. Er strebt danach, durch sein Wirken zum Ahnen zu werden.

5. Stufe: der Heilige Weise. Die höchste menschliche Reife hat der Mensch, der nur noch »ist« und ausstrahlt, bei dem irdische Erfüllung und himmlische Bestimmung eins geworden sind und sich die Weisheit in äußerer Schönheit und Anmut verkörpert hat.

Die höchste Entwicklungsstufe ist die letzte Stufe der Reife. Dieses verklärte Wesen bildet sozusagen eine Brücke zwischen

Himmel und Erde. Er konzentriert sich auf die Erfüllung und Ausschöpfung seines natürlichen und auch geistigen Potenzials.

Lunyu 7.26

Konfuzius sprach: »Einen Heiligen habe ich bisher noch nicht gesehen. Einen edlen Menschen zu sehen, das würde mir schon reichen.«

Er sprach weiter: »Einen von Grund auf guten Menschen habe ich bisher noch nicht gesehen. Einen Menschen mit Konstanz zu sehen, das würde mir schon reichen.

Wer aber sein Nicht-Haben als Haben darstellt, seine Leere als Fülle ausgibt und trotz Beschränktheit seiner Mittel Wohlstand vorspiegelt, für den wird Konstanz schwer zu erreichen sein.«

Was heißt dies nun für alle, die in den Niederungen des Berufslebens stehen? Wie können wir die Stufen der sittlichen Reife des Konfuzianismus auf unseren täglichen Berufsalltag übertragen?

Wer andere führen will ...

- muss sich zuallererst selbst kennen und selbst führen, also festen sittlichen Maßstäben folgen.
- muss sich neben der Befriedigung eigener materieller Bedürfnisse stets um die eigenen Vervollkommnung bemühen.
- muss führen wollen. Er stellt seine Ziele in den größeren Zusammenhang des Gemeinwohls.
- hat eine große Ausstrahlung auf andere.
- muss Hochachtung vor sich und anderen haben.

Wenn von jemandem gesagt wird, dass er eine schwierige Aufgabe »sehr professionell« bewältigt habe, ist das im Geschäftsleben ein großes Lob. Umgekehrt kommt es einer vernichtenden Kritik gleich, wenn es heißt, dass sich jemand »ausgesprochen unprofessionell« verhalten habe. Fragt man aber nach, was damit genau gemeint ist, werden die Aussagen meist sehr vage – und zugleich sehr emotional und moralbetont. Mit weiteren Nachfragen setzt man sich schnell dem Verdacht aus, mit den elementarsten Selbstverständlichkeiten des Geschäftslebens nicht vertraut zu sein. Dennoch ist es nicht sehr befriedigend, den Begriff Professionalität im Munde zu führen, ohne angeben zu können, was er eigentlich bedeutet.

Offensichtlich hat Professionalität etwas mit Berufsethos zu tun, also mit bestimmten Standards, Werten und Spielregeln, die von »wahren Profis« einzuhalten sind und eingehalten werden. Dabei scheint es weniger um fachliches Wissen und Können zu gehen als vielmehr um die Art, wie jemand mit kritischen Situationen umgeht. Wenn gesagt wird, dass jemand sich in einer heiklen Situation »sehr professionell« verhalten hat, ist damit in aller Regel nicht gemeint, dass er seiner Aufgabe handwerklich gewachsen war. Professionalität setzt die Beherrschung des Handwerks voraus, geht aber darüber hinaus.

Aber was heißt das konkret?

Versuchen wir einen Vergleich mit dem Sport. Ein Sportler erweist sich als Profi nach allgemeinem Verständnis nicht daran, dass er seine Disziplin beherrscht – das ist die Voraussetzung –, sondern eher daran, wie er zum Beispiel mit einer drohenden oder auch mit einer sicheren Niederlage umgeht. Ob er aufgibt, sich hängen lässt oder ob er trotz der aussichtslos erscheinenden Lage den vollen Einsatz zeigt, ist in der Tat kein technisches Problem, sondern ein mentales. Warum sollte man sich noch engagieren, wenn das Spiel schon aussichtslos und nicht mehr zu gewinnen ist. Ein Fußballprofi soll darauf einmal die Antwort gegeben haben: »Die Zuschauer haben den vollen Eintrittspreis bezahlt. Also haben sie auch ein Recht darauf, dass wir bis zur letzten Minute volle Leistung bringen!«

Oder ein Vergleich mit der Politik. Wenn ein Politiker bei einer Wahlniederlage auch noch beherrscht und sachlich reagiert, agiert er als Profi, der die Spielregeln der Demokratie akzeptiert. Wenn er seinen Ärger ungezügelt öffentlich darstellt, wie zum Beispiel Gerhard Schröder in der Elefantenrunde nach der verlorenen Wahl 2005, agiert er unprofessionell.

Und auch ein Manager erweist sich als professionell, wenn er schwierige und ungewohnte Situationen meistert, wenn er kompliziert Zusammenhänge den Mitarbeitern erklären kann, wenn er Menschen für sich einnehmen kann.

So verstanden wird sichtbar, dass es bei Professionalität tatsächlich um mehr geht als um Leistung und Können, nämlich um berufliche Werte. In diesem Sinne bedeutet Professionalität, anspruchsvollen Maßstäben zu genügen: nicht nur bei der Arbeit, die man abliefert, sondern in seinem gesamten Geschäftsgebaren und in seinem Umgang mit Menschen – unabhängig von Dienstrang und Namen, und gleich ob einem jemand noch nützlich sein kann oder nicht. Genau hier liegt die Grenze zur Professionalität. Sich anzustrengen, sich einzusetzen, wenn es um einen Auftrag, um zählbare Ergebnisse oder um eine Beförderung geht, hat eigentlich nichts mit Professionalität zu tun, dies ist zielgerichtetes Handeln. Professionalität zeigt sich vor allem dort, wo zunächst keine Gegenleistungen zu erwarten sind. Die Professionalität eines Managers ist daran zu erkennen, dass er auch gegenüber einem Mitarbeiter oder Kollegen Aufmerksamkeit aufbringt, auch wenn er im Augenblick aus dieser Situation keinen Mehrwert ableiten kann. Wir könnten dafür auch andere Begriffe einsetzen, die allerdings aus der Mode gekommen sind: Anstand und Pflichtgefühl, vielleicht sogar Ehrgefühl.

Professionalität in diesem Sinne heißt etwa, dass man eingegangene Verpflichtungen auch dann erfüllt, wenn die Umstände sich vielleicht als schwieriger herausgestellt haben, als man ursprünglich angenommen hat. Wenn man zum Beispiel seinen Job auch unter schwierigen Rahmenbedingungen gut macht. Dazu gehört insbesondere, dass man die Regeln der Fairness auch dann beachtet, wenn sie nicht zum eigenen Nutzen sind, dass man begonnene Aufgaben zu Ende führt und niemanden im Stich lässt, der auf einen angewiesen ist – selbst wenn einem das selbst keine Vorteile oder sogar Nachteile bringt.

Unprofessionell wäre es demgemäß, wenn jemand seine eigenen Interessen und Bedürfnisse über die »Sache« stellt, das heißt, über das gemeinsame Interesse des Teams oder Unternehmens. Wenn er beispielsweise in einer heiklen Projektphase mehr darum besorgt ist, seine eigene Haut zu retten, als zu einem positiven Verlauf der Entwicklung beizutragen.

Welche Werte prägen diese Form von Professionalität? Einige haben wir definiert:

- Bescheidenheit und Ehrlichkeit
- Mut und Konsequenz
- Kommunikationsfähigkeit und Einfühlungsvermögen
- Menschlichkeit und Traditionsbewusstsein

Mein Freund erzählt, dass er darauf achtet, ob sich Bewerber in karitativen Organisationen engagiert haben. Diese haben bei ihm immer einen Pluspunkt. Denn dies zeigt, dass sie bereit sind, sich auch für andere einzusetzen. Sie werden dies auch für ihre Mitarbeiter oder für das Unternehmen tun. Mein Freund erzählt, dass sein bester Manager vorher einen Hilfstrupp im Katastrophendienst leitete. Er hatte zwar von Fahrrädern keine Ahnung, aber er konnte Menschen führen. Seine Mitarbeiter standen für ihn immer im Vordergrund. Diese waren daher auch stets topmotiviert und arbeiteten äußerst effizient. Musste am Wochenende gearbeitet werden, so war es für diese Mitarbeiter eine Ehrensache, zur Stelle zu sein. Dieser Manager war bescheiden und ehrlich. Er zeigte Mut und trug die notwendigen Konsequenzen. Er formte in kürzester Zeit aus seinen Mitarbeitern ein Team, das auch über alle wesentlichen Vorgänge im Werk informiert war und somit Anteil am Werk nahm. Er hatte keine Erfahrung in der Fahrradproduktion. Aber das brachten ihm im Laufe der Zeit seine Mitarbeiter bei.

Lehrsatz 59: Führungsfähigkeit setzt menschliche Reife voraus. Professionalität in diesem Sinne bedeutet, sich zurückzunehmen im Interesse der Ergebnisse.

Bescheidenheit und Ehrlichkeit

Lunyu 7.36

Der Meister sprach: »Verschwendung macht die Menschen unbescheiden, Sparsamkeit macht sie unflexibel. Doch es ist besser unflexibel zu sein als unbescheiden.«

Lunyu 15.18

Konfuzius sprach: »Der Edle macht Rechtschaffenheit zu seiner Basis, Korrektheit zur Maßgabe seines Handelns und Bescheidenheit zu seiner Gesprächshaltung. Vertrauenswürdigkeit ist sein Mittel zum Erfolg – und das macht den Edlen aus!«

Zunächst einmal: Was ist Bescheidenheit? Und ist Bescheidenheit noch zeitgemäß?

Bescheidenheit ist eine Verhaltensweise von Menschen, wenig von etwas für sich zu beanspruchen, obwohl die Möglichkeit der Vorteilsnahme besteht, oder zugunsten von jemand anderem auf etwas zu verzichten. Bescheidenheit als Lebensprinzip entsteht häufig aus der Einsicht, dass alles Übermaß im Leben schädlich ist.

Ein Inserat lautet folgendermaßen: »Wir suchen einen Topkandidaten. Sie bringen mit: einen überdurchschnittlichen Hochschulabschluss, zwei bis drei Jahre Berufserfahrung entweder im Vertrieb oder bei einer Top-Ten-Unternehmensberatung. Sie beherrschen neben Englisch zwei weitere Sprachen, sind uneingeschränkt mobil und haben Auslandserfahrung.«

So sucht ein Unternehmen nach Managernachwuchs. Werden junge Absolventen, die sich darauf bewerben, irgendwann bescheiden sein? Diese so genannten High Potentials sind besonders begabte Nachwuchskräfte für die Führungsebene. Können diese bescheiden sein?

Wer gehört eigentlich zu dieser Crème de la Crème? Die Qualitäten solcher Nachwuchskräfte seien neben Fachwissen vor allem soziale Kompetenz, interdisziplinäres Denken, hohe Problemlösungsfähigkeiten und ein erkennbares Führungspotenzial, sagen die Personalverantwortlichen. Und dazu gehört auch, fast wundert man sich, Bescheidenheit. Ein »HP« ist kein Egoist, der nur seinen finanziellen Vorteil in den Vordergrund stellt. In der Tat wünschen sich auch heute Unternehmen Führungskräfte mit Bescheidenheit. Wenn die Kandidaten in erster Linie daran denken, den Erfolg des Unternehmens zu steigern, dann dürfen sie die Bescheidenheit ruhig hintenanstellen. Bescheidenheit heißt in diesem Zusammenhang, sich für das Unternehmen, für die Wertschöpfung einzusetzen.

Lunyu 14.26
Konfuzius sprach: »Befasse Dich nur mit den Aufgaben, die auch Deinem Posten entsprechen.« Meister Zeng erwiderte: »Ein Edler ist, wer versucht, nur die Dinge zu planen, die innerhalb seines Einflusses liegen.«

Lunyu 8.14
Der Meister sprach: »Diskutiere nicht die Angelegenheiten eines Amtes, das nicht dein eigenes ist.«

Lunyu 2.13
Zi Gong fragte, was einen Edlen ausmache. Der Meister sprach: »Er predigt nur das, was er zuvor schon selbst in die Tat umgesetzt hat.«

Bescheidenheit hat viele Facetten. Da gibt es die Bescheidenheit, die sich aus der Einsicht über das eigene Wissen und Können ergibt. Ist man wirklich derjenige, der alles weiß, der alles kann und dieses auch in die Welt posaunt? Ist man wirklich derjenige, der für alle Probleme eine Lösung weiß? Es gibt Menschen, viele Manager, die sich für unfehlbar halten. Sollten sie Fehler machen, haben dies andere zu vertreten. In Wirklichkeit sind die allermeisten Probleme von Unternehmen auf die Fehler und die Selbstüberschätzung seiner Manager zurückzuführen. Und die Mitarbeiter haben darunter zu leiden. Daher könnte man meinen, dass Bescheidenheit schon angebracht wäre.

Lehrsatz 60: Bescheidenheit beginnt damit, dass man sich auf die eigenen Verantwortlichkeiten konzentriert, sein Wissen und seine Kompetenz optimiert und einsetzt. Es ist keine Bescheidenheit, wenn man sich mit Halbwissen überall einmischt.

Manager haben Macht. Dies ist für die Ausübung ihres Arbeitsauftrags auch wichtig. Kann jemand, der Macht hat und Macht ausübt, überhaupt bescheiden sein? Ist Bescheidenheit gewollt?

Begegeben wir uns einmal in die Niederungen der Politik. Hier sind Unbescheidenheit oder Bescheidenheit am Beispiel des Irak-Krieges bestens darstellbar.

Im Nachhinein erweist sich der Krieg als ein Musterbeispiel der unbescheidenen (großkotzigen) Überlegenheitsrhetorik von George W. Bush. Er hatte im propagandistischen Vorlauf der ganzen Welt mitgeteilt, die Vereinigten Staaten würden es bei Strafe eines Präventivkriegs nicht zulassen, dass andere Nationen sie bedrohten. Amerika könne alle Kriege der Welt siegreich führen. Stimmt, nur eines kann Amerika eben nicht: nach dem Krieg den Frieden gewinnen. Seit Bushs triumphalistischer Siegeserklärung in Top-Gun-Uniform sind im Irak mehr amerikanische Besatzungssoldaten umgekommen als während der Gefechte. Die Kriegskosten explodierten, sodass die amerikanische Regierung in aller Unbescheidenheit die »Alt-Europäer«, bis dahin als sicherheitspolitische Bedenkenträger behandelt, bedrängte, sich an der Finanzierung des Wiederaufbaus zu beteiligen. Statt die internationale Antiterrorkoalition nach dem 11. September 2001 diplomatisch zusammenzuhalten, bewiesen Bush, sein Vize Cheney und sein Verteidigungsminister Rumsfeld Unbescheidenheit. Den Krieg gegen Osama bin Ladens vermeintlichen Terrorstützpunkt Afghanistan gewannen sie fast im Alleingang. Erst bei den Aufräumarbeiten holte man die Bescheidenheit aus der Schublade. Die Aufräumarbeiten überließ Bush wie auf dem Balkan den alteuropäischen Freunden, zumal den Deutschen.

Die Unbescheidenheit der Amerikaner ist erkenntlich in den Alleingängen. Man versteht sich als die letzte verbliebene Supermacht, die grundsätzlich auf niemanden angewiesen ist. Man muss auch auf niemanden hören und keine Verpflichtungen einhalten. In dieses Schema passen auch die machtbewussten Auflösungen internationaler Abmachungen – vom Kyoto-Protokoll (das Clinton signiert hatte) über die Absage an einen Internationalen Strafgerichtshof bis zu Abrüstungsabkommen aller Art. Die neue Sicherheitsdoktrin des Weißen Hauses rüttelte am 350-jährigen Fundament des Völkerrechts, der Souveränität aller Staaten. Als hätten die wirtschaftlichen Folgen der Globalisierung nicht die gegenseitigen Abhängigkeiten der Völkergemeinschaft intensiviert wie nie zuvor, als hätte Washington seine eigene Rolle beim Aufbau des internationalen Vertragsgewebes nach dem Zweiten Weltkrieg vergessen, verkündete George W. Bush den Anspruch der USA auf einsame Weltführung. Die moralische Rechtfertigung schöpfte er aus der Katastrophe des 11. September: »Jede Nation der Welt muss jetzt eine Entscheidung treffen. Entweder sie ist für uns, oder sie ist für die Terroristen.«

Mit ihrer unverhohlenen Verachtung der Vereinten Nationen verspielte Amerikas Regierung die Möglichkeit, eine weltweite Koalition zu bilden, die Saddam Husain mit oder ohne Gewalt aus Bagdad verdrängt hätte. Die Drohkulisse an den Grenzen des Iraks war glaubwürdig genug. Die seltsamen TV-Auftritte eines überheblichen, machtbesessenen Donald Rumsfeld im Pentagon ergänzten das unangenehme Bild des militärischen Imperators. Die Unbescheidenheit der Amerikaner hat sie zwar zunächst vordergründig siegen lassen, aber langfristig doch eine verheerende Niederschlage verschafft: menschlich, finanziell und beim Image allemal.

Ganz anders im asiatischen Denken, an dem sich die Politik freilich auch nicht orientierte. Im Weisheitsbuch *I Ging* wird Bescheidenheit durch ein eigenes Zeichen ausgedrückt. Richard Wilhelm deutet in seiner Übersetzung des *I Ging* das Zeichen folgendermaßen:

»Das Zeichen setzt sich zusammen aus *Gen,* das Stillehalten, der Berg, und *Kun*, das Empfangende, die Erde. Der Berg ist der jüngste Sohn des Schöpferischen und gilt als der Repräsentant des Himmels auf Erden. Er spendet die Segnungen des Himmels, Wolken und Regen, die sich um seinen Gipfel sammeln, nach unten und leuchtet daraufhin verklärt in himmlischem Licht. Das zeigt die Bescheidenheit und ihre Wirkung bei hohen und starken Menschen. Oben steht *Kun*, die Erde. Die Eigenschaft der Erde ist die Niedrigkeit, aber eben darum wird sie in diesem Zeichen als erhöht dargestellt, indem sie oben über dem Berg ist. Das zeigt die Wirkung der Bescheidenheit bei einfachen Menschen: sie werden dadurch erhöht. [...] Das Gesetz des Himmels macht das Volle leer und füllt das Bescheidene. Wenn die Sonne am höchsten steht, muss sie nach himmlischem Gesetz dem Untergang zu, und wenn sie am tiefsten unter der Erde ist, geht sie einem neuen Aufstieg entgegen. Wenn der Mond voll ist, nimmt er nach demselben Gesetz ab, und wenn er leer ist, nimmt er wieder zu. Dieses himmlische Gesetz wirkt sich auch in den Schicksalen der Menschen aus. Das Gesetz der Erde ist, das Volle zu verändern und dem Bescheidenen zuzufließen: Die hohen Berge werden von den Wassern abgetragen und die Täler aufgefüllt. Das Gesetz der Schicksalsmächte ist, dem Vollen zu schaden und dem Bescheidenen Glück zu spenden. Und auch die Menschen hassen das Volle und lieben das Bescheidene.

Die Schicksale folgen festen Gesetzen, die sich mit Notwendigkeit auswirken. Aber der Mensch hat es in der Hand, sein Schicksal zu gestalten, je nachdem ob er sich durch sein Benehmen dem Einfluss der segnenden oder zerstörenden Kräfte aussetzt. Wenn der Mensch hoch steht und sich bescheiden zeigt, so leuchtet er im Licht der Weisheit. Wenn er niedrig ist und sich bescheiden zeigt, so kann er nicht übergangen werden. So gelingt es dem Edlen, sein Werk zu Ende zu führen, ohne sich des Fertigen zu rühmen. [...]

Der Erde, in der ein Berg verborgen ist, sieht man ihren Reichtum nicht an, denn das Hohe des Berges dient zum Ausgleich der

Vertiefungen. So ergänzt sich Hohes und Tiefes, und das Resultat ist die Ebene. Hier ist das Bild der Bescheidenheit, dass das, was langer Wirkung bedurfte, als selbstverständlich und leicht erscheint. So macht es der Edle, wenn er Ordnung auf Erden herstellt. Er gleicht die sozialen Gegensätze, die die Quelle des Unfriedens sind, aus und schafft dadurch gerechte und ebene Verhältnisse.«[1]

Nun ist Bescheidenheit keine asiatische Erfindung. Richard Wilhelm merkt Parallelen zur christlichen Lehre an:

»Wer sich selbst erhöht, der soll erniedrigt werden. Wer sich selbst erniedrigt, soll erhöht werden.«

»Alle Täler sollen erhöht werden, und alle Berge und Hügel sollen erniedrigt werden, und was ungleich ist, soll eben, und was erhöht ist, soll schlicht werden.« (Jes. 40, 4)

»Gott widerstrebt den Hoffärtigen, aber den Demütigen gibt er Gnade.«[2]

Aber wie bei den Christen ist auch bei den Chinesen die Philosophie nur die eine Seite. Benennt man Bush als Gegenbeispiel, kann man natürlich auch Mao nennen. Auch er war ein machthungriger Politiker, der keine Bescheidenheit kannte. Nur er bestimmte und alle anderen mussten sich fügen. Er alleine hatte die Erkenntnisse der Weisheit. Diese Weisheit forderte wohl die meisten Menschenopfer, die je ein Diktator zu verantworten hatte.

Mein Freund erzählte, es sei für ihn selbstverständlich, mit der U-Bahn ins Büro zu fahren, insbesondere da die Verbindungen sehr günstig sind. Neulich bemerkte ihn einer seiner Mitarbeiter in der U-Bahn. Dieser war so überrascht, dass er sogar vergaß, seinen Gruß zu erwidern. Er isst auch ganz selbstverständlich in dem kleinen Restaurant um die Ecke, in dem auch seine Mitarbeiter essen. Er will für sich keine Privilegien. Natürlich verdient er mehr als seine Mitarbeiter, aber sein Gehalt ist nicht astronomisch hoch. Natürlich hat er die Macht, einzustellen und zu entlassen. Aber dennoch hat er auch die notwendige Bescheidenheit. Dies wird von den Mitarbeitern anerkannt. Als Ausdruck von

Bescheidenheit können dagegen manche Managergehälter und Abfindungen sicherlich nicht gelten, denen oft bei weitem nicht so viel Leistung entspricht, wie die Manager selbst mitunter annehmen.

Lunyu 1.16

Der Meister sprach: »Mach' Dir keine Sorgen darüber, dass die Menschen Dich nicht kennen, sondern darüber, dass Du sie nicht kennst.«

> *Lehrsatz 61:* Bescheidenheit heißt, seine Möglichkeiten realistisch einzuschätzen. Bescheidenheit heißt, sich nicht selbst in den Mittelpunkt zu stellen, sondern anderen die Aufmerksamkeit zukommen zu lassen.

Und was ist Ehrlichkeit?

Laut Definition ist Ehrlichkeit: »[die] Zuverlässigkeit in der Achtung fremden Eigentums und der Unterlassung von Betrug und Täuschung; [sie ist eine] charakterliche Haltung, die als den sittlichen Forderungen der Gesellschaft entsprechend geehrt wird [...]«[3] Damit bedeutet Ehrlichkeit gleichzeitig das Gegenteil von Verlogenheit, Verschlagenheit oder Hinterhältigkeit. Im zwischenmenschlichen Umgang schließt die Ehrlichkeit bewusste Täuschung, Irreführung oder Betrug aus. In der alltäglichen Sprache wird der Begriff Ehrlichkeit allerdings oft ohne die ihm eigene tiefere Bedeutung eingesetzt. Was sagt zum Beispiel die folgende Redewendung aus? »Das Essen ist gut, ehrlich!« Dies könnte ganz einfach bedeuten: Ehrlich gesagt, das Essen ist gut. Es könnte aber auch bedeuten: Was ist jetzt sage ist ehrlich, alles andere war unehrlich.

Tatsächlich ist die Zusatzbemerkung (dass es ehrlich gemeint ist) überflüssig, insofern alle sonstigen Aussagen ebenfalls ehrlich gemeint wären. Dieses Beispiel veranschaulicht, dass wir tagtäglich beim Sprechen über den Wahrheitsgehalt von Äußerungen nachdenken müssten.

Es gibt Statistiken, die belegen, dass in Alltagsgesprächen sehr viel gelogen wird. Neuere Forschungen gehen übrigens davon aus, dass Frauen genauso oft lügen wie Männer, nur etwas geschickter.

Gegenüber Vorgesetzten, Kunden oder Lebenspartnern werden laufend Komplimente gemacht, die eindeutig übertrieben, also nicht ehrlich sind. Es wird mitunter sogar handfest gelogen. Arthur Schopenhauer formulierte: »So eng auch Freundschaft, Liebe und Ehe Menschen verbinden: Ganz ehrlich meint jeder es am Ende doch nur mit sich selbst und höchstens noch mit seinem Kinde.«

Ehrlichkeit kann allerdings auch negativ sein. Oder anders ausgedrückt, die Unwahrheit oder das Verschweigen von Meinungen kann durchaus angebracht sein. Ehrlichkeit ist daher keinesfalls gleichbedeutend mit naiver, gleichgültiger, verletzender Taktlosigkeit beziehungsweise vermeintlicher Aufrichtigkeit. Wer alles so sagt, wie er es empfindet, hat bald Kommunikationsprobleme. Unter dem Deckmantel der Ehrlichkeit könnten wir Mitmenschen verletzen.

Gemäß einer Untersuchung des britischen Wissenschaftlers Albert Vrij lügt ein Mensch durchschnittlich zweimal pro Tag, wobei ein Großteil dieser Lügen, nämlich 80 Prozent, von der »unschuldigen« Sorte sind. Im Berufsleben sind hierbei die häufigsten Lügen laut Vrij folgende:

- »Ich bin im Stau.
- Ich arbeite morgen zu Hause.
- Er ist in einer Sitzung.
- Ich habe Ihnen eine Mail geschickt.
- Interessant, dass Sie anrufen, ich beschäftige mich gerade mit dieser Sache.
- Wir haben ein Computerproblem.

- Ich habe die Papiere gestern auf die Post gebracht.«[4]

Wie ehrlich soll der Manager sein?

Nun verlangen wir vom Manager Ehrlichkeit. Welche Ehrlichkeit meinen wir? Wir können an unserem eigenen Verhalten feststellen, dass absolute Ehrlichkeit nicht machbar, ja nicht einmal empfehlenswert ist.

Wichtig ist aber eine grundsätzliche Ehrlichkeit.

Diese Ehrlichkeit hat auch etwas mit Fehlern zu tun. Haben Manager einen Fehler ausgemacht, sollte es für sie selbstverständlich sein, damit offensiv ehrlich umzugehen. So ist es aber nicht. In vielen Unternehmen wird verheimlicht bis gar nichts mehr geht. Dies ist fehlende Ehrlichkeit. Fehler werden häufig unter den Tisch gekehrt, vor allen Dingen aus Angst um die eigene Karriere. Dabei sollte es sich auch unter Managern oder ihren Vorgesetzten herumgesprochen haben, dass Irren menschlich ist, dass jedermann Fehler machen kann. Je früher Fehler kommuniziert werden, desto leichter und besser kann man die Fehler wieder beheben oder korrigieren. Nicht die Fehler selbst sollten unter Strafe stehen, sehr wohl aber die Verheimlichung von Fehlern. Andererseits ist solch ein Verfahren aus Sicht der Betroffenen verständlich. Die Universität Mannheim hat 2004 in einer Studie festgestellt, dass sich das Personalkarussell für Manager in Deutschland mittlerweile genauso schnell dreht wie in den USA. Also besser, man ist nicht schuld.

Eine Form von Ehrlichkeit besteht auch darin, Entscheidungen selbst zu verantworten. In vielen Unternehmen ist es ein unguter Brauch, Berater einzusetzen und diese als Feigenblatt für unpopuläre Entscheidungen zu nutzen.

In der heutigen Welt ist ein gewisses Maß an Unehrlichkeit also durchaus üblich und verständlich. Konfuzius lässt dies aber nicht gelten. Ehrlichkeit hat bei ihm einen hohen Stellenwert.

Lehrsatz 62: Ehrlichkeit schafft Glaubwürdigkeit. Glaubwürdigkeit führt zu Anerkennung. Anerkennung ist der halbe Erfolg.

Mangelnde Ehrlichkeit ist manchmal auch eine Art von Selbstschutz, der allerdings meistens nicht funktioniert. Viele Jahre wurde bei DaimlerChrysler gepredigt, der Smart werde doch noch ein Erfolg. Es hat Jahre gedauert, bis sich das Management eingestanden hat, den falschen Entschluss gefasst zu haben. Immer wieder ist versucht worden, das Eingestehen des Fehlers mit Marketingmaßnahmen weiter hinauszuzögern. Man wollte die eigenen Fehler nicht zur Kenntnis nehmen. Auch dies ist eine Art von Unehrlichkeit. Sie ist gefährlich, denn sie kann ein Unternehmen in die Knie zwingen.

Vielen Managern geht es nach Fehlentscheidungen wie Kindern. Sie wollen mit aller Macht beweisen, doch Recht gehabt zu haben. Sie können und wollen Fehler nicht zugeben. Damit werden Argumente einseitig (also unehrlich) gelenkt. Hochrangige Manager leiden zudem oft an einem zusätzlichen Problem: Ihre Sicht auf die Realität ist getrübt. Umgeben von einer auf sie ausgerichteten Welt und abgeschottet von Alltagssorgen kann es durchaus geschehen, dass einigen Topmanagern das Gefühl für die Wirklichkeit abhanden kommt. Auch dieses hat eine Rückwirkung auf den Umgang mit Problemen. Wer auf einer solchen Grundlage Fehlentscheidungen trifft, stößt bei Mitarbeitern schnell auf Unverständnis.

Umgekehrt bedeutet Ehrlichkeit, dass sich die Mitarbeiter auf die Aussagen der Manager verlassen können. Ist sich der Manager dieser Problematik bewusst, wird er nichts Unmögliches versprechen. Er wird vor jeder Zusage nachdenken und die Einhaltbarkeit seiner Aussagen überprüfen. Dann wird er folgerichtig Position beziehen gegenüber seinen Mitarbeiter, wenn es notwendig ist. Und er wird zu dieser Position auch stehen. Er wird sich an seinen Worten messen lassen. Das ist Ehrlichkeit – sie ist mehr als nur eine Zier.

Lunyu 1.8
Konfuzius sprach: »Ein Edler genießt nur dann Achtung, wenn er sich auch würdevoll verhält. Er darf nicht stur auf seiner Bildung beharren, Loyalität und Vertrauen sind ihm das Wichtigste. Er hat nur Freunde, die seiner auch würdig sind. Und hat er etwas falsch gemacht, so schreckt er nicht davor zurück, seine Fehler zu korrigieren.«

Lunyu 19.8
Der Jünger Zi Xia sprach: »Gemeine Menschen werden immer danach trachten, ihre Fehler zu vertuschen.«

Mein Freund erzählt, dass er große Probleme mit seiner Zentrale in Deutschland hat. Sie verlangen von ihm Budgetzahlen, die nicht den Gegebenheiten des Marktes entsprechen. Er hat versucht sich dagegen zu wehren, und er hat ehrlich die für ihn erreichbaren Ziele genannt. Schließlich konnte er nach vielen Diskussionen die Zentrale überzeugen. Er weiß, dass sich eine solche Ehrlichkeit nicht immer bezahlt macht. Die Zentrale will sich durchsetzen. Die Ehrlichkeit bleibt dann manchmal auf der Strecke. Er hält aber an seiner Ehrlichkeit fest, so lange es eben möglich ist.

Lehrsatz 63: Ehrlichkeit ist die Basis für das Denken und Handeln des Managers. Dann wird er auch glaubwürdig sein – in Worten und Taten.

Mut und Konsequenz in Wort und Tat

Von der Ehrlichkeit ist es kein weiter Weg zu Mut und Konsequenz, denn Ehrlichkeit erfordert häufig Mut und schließlich auch Konsequenz.

Mut wird mitunter auch als eine Eigenschaft bezeichnet, die hilft harte Zeiten zu überstehen, er grenzt also an Ausdauer. Man spricht in diesem Sinne häufig von Lebensmut. Ohne Mut würde Geschichte nicht stattfinden, ohne Mut würde niemand heiraten, ein Buch schreiben oder einen Preis gewinnen. Mut kann auch Selbstzweifel heilen, er kann Hass auf sich selber heilen, er ist das Gegengewicht zur Angst. Mut ist das Vertrauen in die eigene Kraft, und nicht das Fehlen von Angst. So drückt es auch Martin Wagner aus: »Haben also drei starke Schüler Mut, die einen Schwachen immer wieder fertig machen und dabei keine Angst haben? Hat nicht der schwache Schüler mehr Mut, wenn er seine Angst aushält und trotzdem in die Schule geht? [...] Mut ist das Gegenteil von Feigheit. Wenn wir feige sind, laufen wir vor unseren Ängsten weg, wenn wir mutig sind, stellen wir uns ihnen.«[5]

Beispiele für Mut sind:

- *Mut zum Widerstand.* Es ist bekannt, dass Sophie Scholl mutig war. Als ihr Vater ins Gefängnis kam, weil er gegen Hitler war, stellte sich Sophie mit der Flöte vor sein Zellenfenster und spielte: »Die Gedanken sind frei.« Das war ihr gemeinsames Freiheitslied. Mit 19 Jahren riskierte sie im Widerstand gegen Hitler ihr Leben und wurde zum Tode verurteilt. In einem Flugblatt der »Weißen Rose« schrieb sie: »Zerreißt den Mantel der Gleichgültigkeit [...] seid mutig. Man muss nicht nur dagegen sein, man muss auch etwas tun.«
- *Nach dem eigenen Biorhythmus leben – Mut zur Muße.* Lothar Seiwert: »Zeitmanagement steht generell für eine ausgewogene Balance zwischen Muss und Muße. Gasgeben oder Innehalten, Schaffensglück und Freiraum. Sie sollte sich auf alle Lebensbereiche zugleich beziehen: Arbeit + Leistung; Körper + Gesundheit; Sinn + Kultur sowie Familie + Kontakte.« Dazu gehört in unserer beschleunigten Welt Mut zur Muße, meint Seiwert.
- *Mut zum Aufbruch.* Abraham hatte den Mut aufzubrechen und in ein fremdes Land zu ziehen, nachdem Gott ihm dies befohlen hatte.

- *Mut zum Kampf.* David, der kleine zierliche Hirtenjunge, hatte die Courage, es mit dem großen Philisterriesen Goliath aufzunehmen und besiegte ihn im Zweikampf.
- *Mut zur Einnahme (des gelobten Landes).* Kaleb und ein paar Männer haben das gelobte Land erkundet und sind gewillt, es einzunehmen, obwohl dort offenbar riesige Leute wohnen. Sie haben den Mut dazu, weil Gott es ihnen aufgetragen hat.
- *Mut zu sterben.* Jesus ging für die Menschen in den Tod, um sie zu befreien.[6]

Lunyu 14.4
Konfuzius sprach: »Der Tugendhafte hat bestimmt etwas zu sagen – doch nicht jeder, der etwas zu sagen hat, ist auch tugendhaft. Der Barmherzige braucht Mut – doch nicht jeder, der mutig ist, ist auch barmherzig.«

Lunyu 12.4
Sima Niu erkundigte sich nach dem Wesen des Edlen. Konfuzius sprach: »Ein Edler ist, wer keine Angst und keine Furcht kennt.«

Sima Niu erwiderte: »Keine Angst und keine Furcht kennen – reicht das etwa schon aus, um ein Edler genannt zu werden?«

Konfuzius sprach weiter: »Wer sich selbst geprüft hat und sein Gewissen für rein empfindet – was könnten dem Angst und Furcht noch anhaben!«

Lehrsatz 64: Es ist keine Schande, Angst und Furcht zu haben. Es ist Mut, Angst und Schande zu überwinden.

Welchen Mut benötigt der Manager?

Der Manager benötigt vor allem Zivilcourage. In vielen Fällen bedeutet Mut, hinzusehen und dann einzugreifen statt einfach wegzusehen. Am wichtigsten ist auch für einen Manager, zu seiner Person zu stehen. Er benötigt den Mut, in den Spiegel zu sehen.

Viele Manager richten sich nach den kurzfristigen Wünschen ihrer Vorgesetzten. Sie ähneln manchmal Soldaten, die ihren Befehlen folgen. »Herr Huber, Sie müssen 50 Mitarbeiter abbauen. Das bedeutet Entlassung!« Derjenige, der anweist, macht es sich einfach. Der andere muss dies umsetzen. Er benötigt Mut, auch gegen Anweisungen Stellung zu beziehen. Aber er benötigt auch noch den Mut, seinen Einsichten die Konsequenzen folgen zu lassen, denn Mut muss sichtbar werden.

Mein Freund erzählte, dass er in seinem ersten Jahr als CEO in China fast einen Kunden verloren habe. Es war sein Fehler, er hatte sich ungeschickt benommen. Dieser Kunde bedeutete für sein Unternehmen aber ein hohes Bestellvolumen. Er wollte den Fehler zuerst nicht zur Kenntnis nehmen. Darüber schweigen, ihn ignorieren. Und es kostete ihn eine Menge Mut, in einem Leitungskreis über seinen Fehler zu berichten und seine Kollegen sogar um Rat zu fragen. Gut, dass er es getan hatte. Sein Vertriebschef meldete sich und berichtete, dass er äußerst gute, private Beziehungen zu diesem Kunden habe und er alles wieder geradebiegen könne. Heute ist der Kunde immer noch der wichtigste Umsatzbringer der Fahrradfabrik AG in China. Mein Freund ist noch heute froh, dass er den Mut aufgebracht hatte, sich zu seinem Fehler zu bekennen.

Konsequent sein bedeutet, sich folgerichtig zu verhalten. Es ist für Kinder von großer Bedeutung zu merken, dass sich Dinge nach Gesetzmäßigkeiten verändern und dass Menschen im Großen und Ganzen einsichtigen Regeln folgen. Nur auf diese Art und Weise werden sie in die Lage versetzt, sich in einer komplizierten Welt zu orientieren. Dies trifft auf den Manager und seine Mitarbeiter natürlich genauso zu. Nur geht es hier um die Erziehung der Mitarbeiter, sondern um die Selbstdisziplin der Manager. Sie müssen den Mitarbeitern zu erkennen geben, dass sie den vereinbarten Regeln folgen. Und wenn sie keine Regeln vereinbart haben, müssen sie dennoch zu erkennen geben, nach welchen Regeln alle, die Manager und die Mitarbeiter, vorgehen wollen und werden.

Für die Erziehung formuliert Beate Weymann-Reichardt:

- Eltern sollten sich gegenüber ihren Kindern so eindeutig wie möglich benehmen. Damit ist gemeint, dass man sich nicht mal so und mal so (also anders) in der gleichen Situation verhalten darf. Was gestern erlaubt war, darf nicht heute verboten werden und umgekehrt.
- Konsequenz ist enorm wichtig, wenn wir uns ein bestimmtes Verhalten von unserem Kind wünschen bzw. abstellen wollen.
- Folgerichtiges Verhalten beinhaltet auch eine Logik. [...] Logische Folgen haben den unschätzbaren Vorteil, dass sie im Gegensatz zu Strafen das Familienklima nicht verderben.
- Außerdem stößt man mit der Konsequenz in der Erziehung natürlich irgendwann an ihre Grenzen. Man sollte nur so konsequent sein, wie es nötig ist. [7]

Vielleicht muss auch der Leader etwas Erziehungsarbeit leisten. Wie in der Kindererziehung muss er darauf achten, dass auch er die eigenen Regeln einhält und vor allen Dingen sich selbst gegenüber konsequent ist.

Lunyu 4.22

Konfuzius sprach: »In alter Zeit sprach man nicht einfach drauflos. Man schämte sich, wenn man seine Worte nicht einlösen konnte.«

Lehrsatz 65: Man muss zuerst denken, dann entscheiden, dann Mut für die Umsetzung haben. Schließlich muss man auch die Konsequenzen für die eigenen Handlungen übernehmen, die positiven wie auch die negativen.

Mein Freund sagte, er habe erfahren, dass sein Mut, auch Fehler zu bekennen, nicht immer folgenlos bleibt. Er hat die Konsequenzen zu tragen. Manchmal stellt er fest, dass sich die Mitarbeiter wundern, dass ihm Fehler unterlaufen können. Sie wollen es eigentlich gar nicht wahrhaben. Für sie ist er der Garant für den Weg in die Zukunft. Nachdem sie aber gelernt haben, dass auch ihr Chef Fehler machen kann und diese auch zugibt, stieg auch ihre Bereitschaft, Fehler zuzugeben. Viele dieser Fehler konnten im Vorfeld behoben werden und wurden damit gar nicht als Fehler wirksam. Aus diesem Grund hat mein Freund als Devise herausgegeben: Fehler dürfen gemacht werden, wenn man rechtzeitig zu ihnen steht. Der einzige Fehler, der nicht gemacht werden darf, ist Fehler zu vertuschen. Er hat damit in seinem Unternehmen eine ganz neue Kultur eingeführt.

Einfühlungsvermögen und Überzeugungskraft

Lunyu 14.7

Konfuzius sprach: »Kann man wirklich von Liebe sprechen, wenn man jemanden immer vor allen Mühen bewahren will? Kann man wirklich von Loyalität sprechen, wenn man jemanden nie auch einmal ermahnt?«

Einfühlungsvermögen ist die Bereitschaft und Fähigkeit zum Verstehen von Menschen, zum Begreifen ihres Verhaltens, ihrer Handlungen, Absichten, Bedürfnisse, Gefühle und Gedanken und der Zusammenhänge zwischen diesen. Es geht also um das zutreffende Erfassen von psychischen Sachverhalten.

Einfühlungsvermögen bezeichnet sowohl das »intuitive«, »automatische« Verstehen als auch das absichtsvolle, mehrschrittige Bemühen um Verstehen. Einfühlungsvermögen in diesem umfassenden Sinn ist eng verbunden mit der umgangssprachlichen Bezeichnung »Menschenkenntnis«.

Die Person, die sich in andere »hineinversetzt«, vollbringt einen gedanklichen Perspektivenwechsel, indem sie die Gedanken und Empfindungen des anderen zu erfassen sucht. Allerdings wird, wie überall, die vorhandene Fähigkeit nur dann wirksam, wenn sie von einer entsprechenden Neigung oder einem entsprechenden Interesse begleitet ist.

Lunyu 4.2
Konfuzius sprach: »Wer keine echte Menschlichkeit besitzt, wird Widrigkeiten nicht lange ertragen und genauso wenig immer glücklich sein. Wer jedoch Menschlichkeit besitzt, findet in ihr seine Ruhe – der Weise vermag sie zu nutzen.«

Lehrsatz 66: Der Manager braucht für seine Arbeit Einfühlungsvermögen. Er muss seine Mitarbeiter verstehen, um sie zielorientiert führen zu können.

Wohlgemerkt, es ist nicht zu erwarten, dass der Vorgesetzte Helfer, Psychologe und Berater für die privaten Probleme des Mitarbeiters ist. Sein Verständnis ist notwendig für das Agieren der Mitarbeiter im Unternehmensumfeld. Natürlich sind private Themen nicht ausgeschlossen. Doch sie sind nicht der Fokus.

Voraussetzung für Einfühlungsvermögen ist die so genannte »emotionale Intelligenz«. Dieser Begriff ist seit dem gleichnamigem Bestseller des amerikanischen Psychologen Daniel Goleman 1995 in die Managementlehre eingeführt. Aber bereits bei Konfuzius kann man viele dieser Gedanken entdecken.

Daniel Goleman hat fünf Bereiche emotionaler Intelligenz beschrieben:

- *Selbstbewusstheit:* Fähigkeit, die eigenen Emotionen wahrzunehmen.
- *Selbststeuerung:* Fähigkeit, die eigenen Emotionen zu handhaben.

- *Motivation:* Fähigkeit, die Emotionen in die Tat umsetzen.
- Empathie: Fähigkeit, die Emotionen anderer wahrzunehmen und zu berücksichtigen.
- *Soziale Kompetenz:* Fähigkeit zur Gestaltung sozialer Beziehungen.

Selbstwahrnehmung ist die Voraussetzung für den Umgang mit dem eigenen Gefühl. Nur wer seine emotionalen Reaktionen auch wahrnimmt, kann lernen, damit umzugehen, auf die eigenen Emotionen angemessen zu reagieren.

Das führt zur Selbststeuerung, bei der Emotionen bewusst nicht immer unterdrückt, sondern angemessen geäußert werden. Erwiesenermaßen ist es nicht richtig, Emotionen immer zu verbergen. Die Mitarbeiter wissen über die Emotionen »woran sie bei ihrem Chef sind«. Es ist natürlich auch nicht gerade förderlich, wenn der Chef seine Emotionen mit Wutausbrüchen auslebt. Die richtige Selbststeuerung bedeutet, angemessen emotional zu reagieren.

Dies hängt eng mit Motivation zusammen. Ein hoch motivierter Mensch wird seine Emotionen natürlicherweise für eine hohe Leistungsbereitschaft einsetzen. Freude und Wut können, richtig gelenkt, die Motivation vervielfältigen.

Empathie bedeutet Einfühlungsvermögen und beeinflusst alle Bereiche der verbalen und nonverbalen Kommunikation. Menschen mit Empathie verstehen Gesten, Mimik und Verhalten anderer gut zu deuten. Sie stimmen ihr Verhalten darauf ab. Sie können daher gut und angemessen auf Mitarbeiter eingehen. Empathie ist sozusagen die Voraussetzung für jede Art von sozialer Interaktion.

Soziale Kompetenz schließlich bedeutet die Fähigkeit, funktionierende soziale Beziehungen zu gestalten. Was versteht man darunter? Zum Beispiel sich für andere zu engagieren, sie zu motivieren, sie zu überzeugen, sie zu gemeinsamen Zielen führen.

Die Abfolge klingt einfach und eigentlich natürlich. Aber in der

Wirklichkeit steht bei vielen Managern eine Art Selbstkontrolle im Vordergrund. Sie versuchen über die eigene Selbstkontrolle zu führen. Gerade dieses gelingt häufig nicht, weil es ein authentisches Miteinander im Umgang mit Beziehungen verhindert. Dies führt zu Stress, Überlastung und letztendlich Burnout.

Lunyu 16.4
Konfuzius sprach: »Es gibt drei Sorten von Freunden, von denen man profitieren kann, und drei Sorten von Freunden, die einem nur schaden. Von einem aufrechten Freund, von einem vertrauenswürdigen Freund und von einem Freund, der viel erlebt hat, kann man profitieren. Nur schaden können einem dagegen ein Freund, der sich anbiedert und der ständig intrigiert, ein Freund, der einem immer nur schmeichelt und ein Freund, der nur große Reden schwingt.«

Wie gehe ich mit meinen Gefühlen um?

Gefühle wie Angst, Freude, Trauer, Wut, Scham und Stolz begleiten uns täglich und beeinflussen unser Handeln. Wenn wir mit Muße in uns hineinhören, erkennen wir auch die wichtigsten Gefühle. Häufig wollen wir die Gefühle aber auch gar nicht erkennen, sie nicht wahrhaben. Wir fliehen, schieben Zeitprobleme vor, kümmern uns so lange nicht um unsere Gefühle, bis sie sich selbst übermächtig äußern. Dies können plötzliche Bauschmerzen sein, Herzklopfen, schweißnasse Hände, oder wir haben auch nur schlechte Laune. Viele Manager erlauben sich solche Reaktionen nicht. Ein Topmanager hat eben keine schweißnassen Hände, und Aufregung kennt er sowieso nicht. Und doch lassen sie sich vielfach nicht verleugnen. Wer die Ursachen seiner Gefühle nicht kennt, wird häufig auch deren Opfer. Gegen die Gefühle zu kämpfen, sie zu unterdrücken ist eher kontraproduktiv, denn man vergibt sich somit eine wichtige Entscheidungshilfe, eine wichtige Energiequelle. Wer die Warnung des Bauches unterdrückt, wer seine Angst nicht spüren will, neigt eher zu Fehlentscheidungen. Es ist wichtig, die eigenen Gefühle zu erkennen und unterscheiden zu lernen, die Ursachen von Emotionen zu verstehen, sie anzunehmen und sie auch in den Entscheidungsprozess einzubinden.

Im alltäglichen Bürogeschehen gibt es ganz triviale Tätigkeitsabläufe. Man erhält zum Beispiel einen Brief, man liest den Brief, versucht den Inhalt des Briefes zu verstehen. Damit sind mehr oder weniger ausgeprägte Gefühle verbunden. Darüber sollte man nachdenken, sich über die Ursachen der Gefühle Gedanken machen. Warum ist man enttäuscht, warum freut man sich? Die Ursache der Gefühle liegt in dem jeweiligen Menschen selbst, und zwar in seinen unterschiedlichen Interpretationen und Bewertungen. Diese wiederum sind abhängig von den bisherigen Erfahrungen und dem sozialen Umfeld. Die Wurzeln unserer Gefühle liegen in unseren Wertvorstellungen. Wichtig ist, Klarheit in die Gefühle zu bringen. Die Leistung besteht nun darin, die Gefühle zu relativieren, einen Zusammenhang zwischen Ereignis, emotionaler Reaktion und vorhandener Wertvorstellung herzustellen. Nur wer die wahren Ursachen seiner Gefühle erkennt, ist auch in der Lage, davon unabhängig zu entscheiden und überlegen zu handeln. Das bedeutet nicht, die Gefühle zu unterdrücken oder zu verdrängen, sondern sie sich bewusst zu machen und sie aufgrund der vorhandenen Wertvorstellungen zu verstehen. Erst dann wird der Brief und sein Inhalt verstanden, und es können entsprechende Entscheidungen getroffen werden.

Wie kann man die Gefühle nutzen? Alle erfolgreichen Menschen haben eines gemeinsam: Sie geben nicht auf, sondern sie verfolgen ihre Ziele mit Vehemenz und Ausdauer und mit hohem Engagement. Sie kämpfen und stecken Rückschläge weg. Sie akzeptieren Krisen sogar als Herausforderungen. Es gibt Menschen, die große Optimisten sind, die umso motivierter sind, je größer die Probleme sind, die vor ihnen liegen. Auch erfolgreiche Menschen haben mit Niederlagen zu kämpfen, auch sie sind frustriert. Sie gehen nur besser mit ihren Frustrationen um, können sie wahrscheinlich auch besser aushalten. Hoch motivierte Menschen können negative Gefühle ablegen und aus jeder noch so schweren Aufgabe Befriedigung ziehen. Diese Befriedigung wiederum ist der Anreiz zu neuer Aktivität. Je besser man die Befriedigung der Bedürfnisse erfährt oder auch selbst umsetzt, desto motivierter, effektiver und auch erfolgreicher kann man agieren. Hoch motivierte Menschen können sich leichter auf Herausforderungen einlassen. Ihre positive Kraft hilft ihnen, mit diesen Herausforderungen fertig zu werden. Diese Reaktionsweise und die damit gemachten Erfahrungen stärken den Menschen erneut.

Hoch motivierte Menschen sind meist gute Strategen. Sie strukturieren ihre Aufgaben in Maßnahmepaketen, sind damit auch in der Lage, auf Änderungen flexibel zu reagieren.

Wir haben nun erfahren, wie man die Gefühle wahrnimmt und erkennt, wie man mit ihnen umgeht und wie man sie ausnutzen kann. Nun muss man auch noch lernen, die Gefühle anderer wahrzunehmen. Für einen Manager ist es eine der wichtigsten Aufgaben, sich in die Mitmenschen, Kunden, Lieferanten, Mitarbeiter und Vorgesetzten einfühlen zu können. Negativ ausgedrückt: Wer sein Handeln nicht mit den Gefühlen der anderen abstimmen kann, wird überall Konflikte heraufbeschwören. Er wird jedenfalls keine erfolgreiche Arbeit machen können. Er wird wenig Aufträge abschließen. Er wird mit seinem Anliegen erfolglos bleiben. Ein Mensch mit einer hohen Empathie kann dagegen die Signale wahrnehmen, die von anderen Menschen ausgehen, und sie verstehen. Ihm wird klar, was der andere eigentlich bewusst oder unbewusst sagen möchte. Je besser man die Gefühle und Bedürfnisse der anderen einschätzen kann, desto besser kann man das eigene Handeln danach ausrichten und damit erfolgreich sein. Einfühlungsvermögen ist die wichtigste Voraussetzung für jede Art von sozialem Miteinander. Ohne Empathie ist jede Verhandlung, jede Beziehung, jede Gesellschaft zum Scheitern verurteilt. Der Manager hat also auch die Aufgabe, die Gefühle seiner Mitmenschen wahrzunehmen und einfühlsam zu reagieren.

Eine der wichtigsten Fähigkeiten des Menschen im Gegensatz zu anderen Lebewesen ist die Fähigkeit zu kommunizieren. Sprache und Schrift sind wichtige Mittel dieser Kommunikation. Allerdings haben Wissenschaftler herausgefunden, dass in einem persönlichen Gespräch nur maximal 10 Prozent der Informationen über das gesprochene Wort vermittelt werden. Mehr als 90 Prozent erfahren wir durch bewusste oder unbewusste Wahrnehmung von Stimme, Tonlage, Mimik, Augenkontakt, Körperbewegungen, Geruch und anderem. Aus diesen Detailinformationen machen wir uns ein Bild, erfahren wir, ob der Gesprächspartner uns verstanden hat, Interesse zeigt, unserer Meinung zustimmt oder auch nicht. Erhalten wir in einem Gespräch keine solchen Informationen, werden wir unsicher und aggressiv. Hier ist noch einmal zu betonen, dass es nicht allein damit getan ist, die Gefühle der anderen zu verstehen, sondern es geht auch darum, dem Gegenüber Gefühle zu zeigen und damit die eigene Botschaft zu unterstützen. Es geht nicht nur darum, was man sagt, sondern auch wie man etwas sagt. Besitzt man diese kommunikative Fähigkeit, kann man bis zu einem gewissen Grad einen Gesprächspartner auch von etwas überzeugen, das er anfangs gar nicht mittragen wollte. Es ist eine wichtige Kunst von Managern und Führern.

Menschen zu führen ist eine der anspruchsvollsten und komplexesten Aufgaben, die es gibt, denn Führen erfordert sehr viel mehr als fachliche Kompetenz, die Bereitschaft Befehle zu erteilen oder einen bestimmten Status zu wahren. Wenn man eine Führungsposition innehat, steht man ständig auf dem Prüfstand. Man wird kritischer betrachtet als andere. Man steht ständig im Fokus von Kunden, Lieferanten, Vorgesetzten und Mitarbeitern und man wird auch ständig an Worten und Taten gemessen. Daher ist es umso notwendiger, mit seinen Emotionen intelligent umzugehen.

Lehrsatz 67: Selbsterkenntnis, Selbststeuerung, Motivation, Einfühlungsvermögen und soziale Fähigkeiten sind die Voraussetzungen, um als Führungskraft glaubwürdig und erfolgreich zu sein.

Mein Freund sagte, er hatte in Deutschland manchmal Schwierigkeiten, die Deutschen zu verstehen, ihr Inneres zu verstehen. Trotz aller Kenntnis der europäischen Kultur konnte er ihre Freude und Trauer nie so richtig erfassen. Hier in China ist er zu Hause. Das ist seine Kultur. Er kann in die Seele seiner chinesischen Mitarbeiter so tief hineinblicken, wie es kein Deutscher je könnte. Daher meint er, ist es wichtig, an den Schaltstellen chinesische Mitarbeiter zu haben. Sie verstehen die Befindlichkeiten ihrer Mitarbeiter und können sich darauf einstellen. Emotionen werden in jedem Kulturkreis anders ausgedrückt. Der Außenstehende mag sie vielleicht verstehen, aber es fällt ihm schwer, adäquat darauf zu reagieren.

Der Manager muss reden können

Lunyu 14.32

Ein gewisser Weisheng Mu fragte Konfuzius einmal:

»Warum predigst Du eigentlich immer ohne Pause?

Willst Du vielleicht nur mit Deiner Redegewandtheit prahlen?«

Konfuzius entgegnete: »Auf meine Redegewandtheit bilde ich mir nichts ein. Ich mache das nur, um die Sturheit der Menschen zu bekämpfen.«

Er muss wissen, wovon er spricht – und so sprechen, dass seine Botschaft verstanden wird. Daher rät Porsche-Chef Wendelin Wiedeking: »Rede nur, wenn du deinem Publikum tatsächlich etwas zu sagen hast.«

Die Rede ist wichtig. Doch nicht allein um die vorgetragene Rede geht es. Es geht um alle Nuancen der Rede. Der Vorgesetzte muss den richtigen Ton treffen in der kleinen Runde und in der großen Runde. Er muss in einem Interview Rede und Antwort stehen können, aber er muss auch vor einer großen Versammlung präsentieren können.

Reden heißt gleichzeitig auch überzeugen können. Eine Rede wird überzeugend, wenn Selbstwahrnehmung, Selbststeuerung, Motivation, Empathie und soziale Kompetenz zu der Rede führen. Dann wird sie authentisch und überzeugend.

Rhetorik-Berater Friedhelm Franken formulierte die zehn Gebote für den Redner wie folgt:

1. Gebot: Rede weniger, sage mehr!
   »In Deutschland gehen mehr Arbeitsstunden durch Grußworte verloren als durch Streiks.« (Ingo von Münch)
2. Gebot: Bedenke das Publikum!
3. Gebot: Bedenke Anlass und Ziel!
4. Gebot: Bedenke die Zeit! Reden Sie kurz!
5. Gebot: Sichere die Qualität!
6. Gebot: Sprich kompetent!
7. Gebot: Engagiere dich!
8. Gebot: Sprich dialogisch!
9. Gebot: Sprich anschaulich!
10. Gebot: Präsentiere das Besondere![8]

Selbstverständlich kann man es lernen, wirkungsvoll zu reden. Doch vor jeder Rede steht die Vorbereitung. Je mehr von einer Rede abhängt, desto intensiver sollte man sich auf sie vorbereiten. Viele Manager lassen sich ihre Reden schreiben. Besonders in diesem Fall ist natürlich darauf zu achten, dass die Authentizität nicht verloren geht.

Lehrsatz 68: In der Rede kann der Manager seine Zuhörer überzeugen. Voraussetzungen sind: rhetorische Fähigkeiten, Authentizität und eine sorgfältige Vorbereitung.

Mein Freund erzählte mir, wie er einmal vor der Stadtplanungsbehörde von Shanghai reden musste. Er war eingeladen, einen Vortrag über die Infrastruktur der Stadt zu halten. Natürlich konnte die Rede für sein Unternehmen weitreichende Folgen haben. Es war daher wichtig, sich über die eigene Botschaft klar zu werden. Was wollte er den Zuhörern sagen? Welche Botschaft hatte er? Als er dies formuliert hatte, erkundigte er sich nach den Meinungen der Zuhörer. Er wühlte sich durch einen Stoß von Protokollen hindurch, und versuchte die Meinung der einzelnen Mitglieder der Stadtplanung zu erkennen. In seinen Vortrag baute er Statements der einzelnen Zuhörer ein. Er bereitete sich eine gute Woche lang auf diese Rede vor. Und sie wurde ein großer Erfolg.

Sein Unternehmen profitierte nicht sofort von der Rede. Als er aber ein halbes Jahr später ein neues Fabrikgebäude bauen wollte, erinnerten sich viele Mitglieder der Stadtplanungsbehörde an ihn, und es gelang ihm, umgehend die Genehmigung für den neuen Fabrikbau zu erlangen.

Der Manager ist der oberste Teamplayer

Lunyu 9.30

Konfuzius sprach: »Menschen, mit denen Du Wissen austauschst, sind nicht unbedingt auch die, mit deren Prinzipien Du übereinstimmst. Menschen, mit deren Prinzipien Du übereinstimmst, sind nicht unbedingt auch die, mit denen Du gemeinsame Ziele aufstellst. Menschen, mit denen Du gemeinsame Ziele aufstellst, sind nicht unbedingt auch die, denen Du all Deine Gedanken mitteilst.«

Teamfähigkeit bezeichnet zunächst lediglich die Fähigkeit eines Menschen, sich einer Gruppe anderer Menschen anzuschließen. Dies bedeutet, soziale Kontakte zu den einzelnen Mitgliedern der Gruppe aufzubauen und eine von den anderen akzeptierte Position innerhalb des Beziehungsgeflechts der Gruppe einzunehmen. Kooperationsbereitschaft geht noch einen Schritt darüber hinaus. Hier wird signalisiert, dass man an einer konstruktiven Zusammenarbeit mit den anderen im Team interessiert ist.

In Stellenanzeigen bedeutet die Erwähnung von Teamfähigkeit meist nur, dass der Bewerber keine Konflikte mit seinen Kollegen verursacht und den Betriebsfrieden nicht stört. Bei Führungskräften wird dann meist von Teamorientierung oder Teamgeist gesprochen, womit die Fähigkeit zur leistungsorientierten Zusammenstellung und Führung von Arbeitsgruppen gemeint ist.

Der Begriff der Teamfähigkeit wird in unterschiedlichen Definitionen in etwa beschrieben als das Vermögen, sich und sein Können im Sinne einer Gruppenaufgabe optimal einzubringen. In der realen Arbeitssituation hat jedes Teammitglied einen grundlegenden Widerspruch zu lösen. Einerseits kann die Aufgabe nur gemeinsam gelöst werden, andererseits ist eine persönliche Karriere ausschließlich durch die individuelle Profilierung möglich. Es ist vollkommen ausgeschlossen, dass ein Team auf eine Führungsposition berufen wird, diese kann immer nur ein Einzelner einnehmen.

Einer der Lösungsansätze für diesen Konflikt zwischen persönlicher Karriere und Gruppenerfolg wird mit dem Modewort »Networking« bezeichnet. Damit soll zum Ausdruck gebracht werden, dass sich die Teammitglieder nicht nur bei der Aufgabenerledigung, sondern auch bei der beruflichen Karriere gegenseitig helfen. So kann beispielsweise abgesprochen werden, dass derjenige, der zuerst befördert wird, die anderen ehemaligen Teammitglieder nachholt, ihnen bei ihrem Weiterkommen hilft. Bei genauer Betrachtung ist dies sogar das pragmatischere Verfahren als eine Auswahl durch Assessment.

Unter diesem Gesichtspunkt ist der temporäre Charakter von Teams ein Gewinn sowohl für die Leistungsfähigkeit der Gruppe als auch für die Karrierechancen des Einzelnen. Teamfähigkeit bedeutet in diesem Zusammenhang vor allem die Fähigkeit, schnell mit anderen Menschen arbeitsfähige Beziehungen aufbauen zu können.

Die Zusammenstellung eines effizient arbeitenden Teams ist eine der schwierigsten Aufgaben im Projektmanagement. Als Faustregel gilt, dass nicht die Methode, sondern die Erfahrung und Intuition des Managers über den Erfolg einer Teamzusammensetzung entscheidet. Dabei wird sogar die Teamfähigkeit als Kriterium infrage gestellt, da bei der richtigen Zusammensetzung selbst scheinbar teamunfähige Einzelgänger eingebunden werden können.

Muss ein Manager teamfähig sein?

Die Antwort auf diese Frage ist nach wie vor umstritten. Der Manager wird einerseits eher als der Macher gesehen, der den Teams den Weg zeigt, aber nicht selbst Mitglied des Teams ist. Andere meinen, der Manager kann Teil des Teams sein und dennoch aufgrund seiner Persönlichkeit führen. Viele Manager wären gut beraten, mehr auf ihr Team zu hören. Die Qualität von Entscheidungen wird durch Teamzuarbeit eindeutig besser.

Lunyu 1.15

Einer seiner Schüler fragte den Meister Konfuzius: »Wie ist es zu beurteilen, wenn sich Menschen trotz ihrer Armut nicht bei anderen einschmeicheln und Menschen sich trotz ihres Reichtums ohne Stolz verhalten?«

Konfuzius entgegnete: »Das ist zwar gut, doch noch besser ist es, wenn man der Armut zum Trotz fröhlich ist und sich trotz seines Reichtums weiterhin nach den guten Sitten verhält.«

Lunyu 19.7

Zi Xia sprach: »Die hundert Handwerker brauchen zum Vollenden ihrer Arbeit ihre Werkstätten – genauso braucht der Edle zum Vollenden seines Weges das unentwegte Lernen.«

Lehrsatz 69: Der Manager muss sich auf seine Mitarbeiter einstellen können. Er muss in der Lage sein, ihre Potenziale zur Entfaltung zu bringen. Teamfähigkeit gehört zum Handwerkszeug des Managers.

Gruppenarbeit gewinnt in Unternehmen an Bedeutung und wird aus verschiedenen Gründen mittlerweile als einer der wichtigsten Erfolgsfaktoren für die Konkurrenzfähigkeit angesehen: Einsparungs- und Rationalisierungseffekte, deutliche Qualitätsverbesserungen, Motivation der Mitarbeiter und humanere Arbeitsplatzgestaltung sind nur einige der Vorteile des Arbeitens im Team. Beflügelt wird der Boom durch Managementkonzepte wie Lean Production, Lean Management, Kaizen und Quality-Management.

Der Manager wird immer stärker auch als ein Teil des Teams angesehen. Er ist entweder in das Team integriert oder er gibt dem Team den entsprechenden Rahmen, in dem es arbeiten kann.

Wichtig für das Funktionieren von Teamarbeit ist insbesondere die Abstimmung und Definition der Wertmaßstäbe der einzelnen Gruppenmitglieder: Eine gemeinsame Bewertung von Vorgängen ist lediglich möglich, wenn Werteskalen von anderen Teammitgliedern anerkannt werden, wenn also ihre innerste Motivation verstanden wird. Nicht selten hilft dieser Austausch auch bei der Aufdeckung von Denkfehlern, die Quantensprünge in Prozessen lange Zeit verhindert haben. Eine Qualitätssteigerung beispielsweise ist nicht automatisch mit mehr Zeiteinsatz und höheren Kosten verbunden.

Ein Team – als Gruppe verstanden – entwickelt grundsätzlich einen gewissen Gruppendruck, der die Zugehörigkeit zur Gruppe unterstützt und die Identität sichert. Werden dabei jedoch bestimmte Grenzen überschritten, wirkt sich der Gruppendruck negativ auf das Funktionieren des Teams und das Wohlbefinden von dessen Mitgliedern aus. Die Illusion der Einigkeit lässt keinen Raum für Zweifler oder Einzelmeinungen. Feedbacks werden nicht zugelassen, und das Vermeiden des Abweichens vom Konsens der Gruppe lässt deren Mitglieder blind werden. Die Umwelt wird nicht mehr als relevant erlebt, die Eigendynamik der Gruppe führt zu Fehlverhalten und damit letztlich zum Scheitern.

Um wirklich teamfähig zu sein, bedarf es einiger gemeinsamer Grundvoraussetzungen, wie zum Beispiel unmittelbarer Zusammenarbeit, gemeinsamer Ziele und Spielregeln, gemeinsamer Werte und eines angemessenen Wir-Gefühls. Weiterhin wichtig sind auch die Art des Umgangs mit Mitarbeitern, Integrations- und Konfliktfähigkeit sowie selbstverständlich auch Durchsetzungsvermögen.

Mein Freund hatte unvorhergesehen einige Krisenprojekte aufgedeckt. Die Organisation konnte diese Projekte nicht richtig handhaben, weil sich dafür niemand verantwortlich fühlte. Immer, wenn er Teilnehmer aus der Linie bat, sich um das Problem zu kümmern, bekam er zwar eine Zusage, aber die aktuellen Probleme hinderten diese Mitarbeiter daran, sich für die Krisenprojekte zu engagieren. So gründete er ein Team aus unterschiedlichen Fachleuten, die er aus ihren bisherigen Aufgaben herauslöste. Nun sollte sich das kleine Team um die Krisenprojekte kümmern. Der Erfolg stellte sich bald ein. Die Mitarbeiter identifizierten sich mit der Aufgabe und brachten als Team auch die notwendige Kompetenz zur Lösung ein.

Erfahrungsträger in Fach- und Führungsfragen

Lunyu 1.14

Der Meister sprach: »Der Edle strebt beim Essen nicht nach Sättigung, beim Wohnen nicht nach Bequemlichkeit. In der Erledigung seiner Aufgaben ist er sorgfältig, in seinen Worten vorsichtig. Er begibt sich zu denen, die den rechten Weg pflegen, um sich zu bessern. Deswegen kann man sagen, dass er das Lernen liebt.«

Lunyu 2.4
Konfuzius sprach: »Als ich fünfzehn war, war mein ganzer Wille auf das Lernen gerichtet. Mit dreißig stand ich fest im Leben. Mit vierzig war ich nicht mehr verwirrt. Mit fünfzig hatte ich den Willen des Himmels erkannt. Mit sechzig klang meinem Ohr alles angenehm. Mit siebzig folgte ich den Wünschen meines Herzens, ohne dabei die Regeln zu brechen.«

Eine Erfahrung ist eine Erkenntnis, die in der Praxis erworben wurde, und die daraus resultierende Fähigkeit zur Orientierung in ähnlichen Zusammenhängen. Manchmal ändert sich das spätere Verhalten durch Erfahrung.

Das Sammeln von Erfahrungen ist abhängig von den angeborenen Fähigkeiten eines Individuums sowie den äußeren Anregungen und Umweltbedingungen. Erfahrungen müssen bewertet und verarbeitet werden, dann bleiben sie länger wirksam.

Im Alltag spricht man allgemein auch von Lebenserfahrung. Damit wird das erprobte und bewährte Wissen bezeichnet, das im Laufe eines Lebens gewonnen wurde. Das Wort Erfahrung verwendet man im Sinne von Berufserfahrung dann, wenn jemand schon länger eine bestimmte Tätigkeit verrichtet hat und dadurch schon mit vielen verschiedenen Situationen konfrontiert war, die er meistern musste.

Lunyu 1.1
Konfuzius sprach:

»Wenn man das einmal Gelernte im richtigen Moment anwenden kann – macht das etwa keine Freude?

Wenn Freunde aus fernen Gegenden vorbeikommen – bereitet das etwa keine Freude?

Wenn die Menschen Deinen Wert nicht erkennen, Du aber nicht darüber erzürnst – bist Du dann nicht ein Edler?«

Lehrsatz 70: Erfahrung lehrt uns, das Gelernte richtig anzuwenden. Auch der Umgang mit Erfahrungen muss gelernt werden.

Lunyu 2.18

Als der Jünger Zi Zhang sich darauf vorbereitete, einen Posten anzunehmen, sprach Konfuzius zu ihm:

»Du musst viel zuhören, aber das Zweifelhafte aussparen. Wenn du dann von allem anderen vorsichtig spricht, wirst Du kaum je einen Fehler begehen.

Du musst viel zusehen, aber das Gefährliche aussparen. Wenn Du Dich in allen anderen Fällen vorsichtig benimmst, wirst Du später wenig Anlass zur Reue finden.

Wenn Du in Deinen Reden wenig Fehler machst und in Deinem Handeln wenig zu bereuen hast, ist Deine Karriere gemacht.«

Lehrsatz 71: Erfahrung entsteht durch eigene Praxis, aber auch durch Zuhören und Zusehen. Erfahrung ist aber nur wertvoll, wenn sie auch angewendet wird.

Lunyu 9.4

Vier Dingen schwor der Meister ab:
Dem Anstellen haltloser Vermutungen,
dem Erteilen seiner uneingeschränkten Zustimmung zu etwas,
dem starrköpfigen Festhalten an der eigenen Meinung
und der Überheblichkeit.

Erfahrung wird immer mehr gesucht: So stellt man fest, dass viele Unternehmen, die nicht selbst über die notwendige Managementerfahrung verfügen, nach Interimsmanagern Ausschau halten, die sie bei der Bewältigung von Krisen, Sanierungen und Umstrukturierungen unterstützen. Solche Interimsmanager sind immer häufiger pensionierte Manager.

Dabei sucht man in erster Linie Erfahrungsträger, die sofort einsteigen können. Unternehmen, die Interimsmanager anheuern, erwarten keine Notlösung, sondern Experten, die eine Vielzahl von Qualitäten und Erfahrungen mitbringen. Hoch sind die Ansprüche auch, weil die Manager oft in schwierigen Unternehmensphasen unter Vertrag genommen werden. Interimsmanager müssen schnell und zielgenau arbeiten, die für den Projekterfolg relevanten Kräfte bündeln und sich gleichwohl durchsetzen können.

Mein Freund sagte, dass er dazu übergegangen sei, bei der Besetzung von neuen Stellen eher ältere Mitarbeiter zu bevorzugen, die die entsprechende Erfahrung mitbringen. Er hat festgestellt, dass es viele Menschen gibt, die aus bestimmten Gründen, zum Beispiel Krankheit, aus der geradlinigen Karriereentwicklung herausgefallen sind und dann nur noch im Schattenbereich ihr Dasein fristen. Er versucht gerade solche Mitarbeiter zu entdecken und diese an besonderen Stellen, zum Beispiel beim Management von Krisenprojekten, einzustellen. Er hat bemerkt, dass diese Mitarbeiter topmotiviert sind, viel Erfahrung und Wissen besitzen und dieses sehr zielstrebig einbringen. Er glaubt sogar, dass diese Strategie langfristig dazu führt, dass er neben aller Motivation auch Ruhe und Stabilität in das Unternehmen bringt.

Die Aufgaben des Managers

Der Manager ist verantwortlich für Visionen und Ziele

Lunyu 9.8

Konfuzius sprach: »Besitze ich etwa Wissen? Nein, ich bin ohne Wissen. Und selbst wenn ein einfacher Mann mich etwas fragt, erscheine ich zunächst völlig leer. Doch ich betrachte seine Frage gründlich von zwei Seiten und gebe ihm dann nach bestem Vermögen eine Antwort.«

Eine der wichtigsten Aufgaben des Managers ist es, für die Zielfindung zu sorgen. Dabei bleibt es zunächst einmal gleich, ob die Ziele vorgegeben werden oder ob sie vereinbart werden sollen. Nur wer ein klares Ziel hat, kann zielgerichtet arbeiten. Ziele definieren die Richtung.

Führen mit Zielen gilt als wichtiges Prinzip für einen Manager. In der Literatur heißt dies häufig »Management by Objectives«. Auch wenn solche Führungsprinzipien theoretisch allgemein bekannt sind, funktionieren sie dennoch in der Praxis kaum. Warum? Die Antwort ist bekannt: Weil die Formulierung der Ziele nicht richtig oder nicht eindeutig genug erfolgt. Das richtige Formulieren der richtigen Ziele setzt nämlich Wissen und Zeit voraus. Sowohl derjenige, der die Ziele vorgibt, wie auch derjenige, der die Ziele verwirklichen soll, benötigen fast das gleiche Wissen über die Strukturen, die Märkte, die Prozesse, die Arbeitsinhalte. Haben sie dieses Wissen nicht, reden sie aneinander vorbei. Dann kann es passieren, dass zum einen die falschen Ziele vereinbart werden, zum anderen die (falschen oder richtigen) Ziele nur allgemein und schwammig definiert werden. So erhält zum Beispiel der Leiter des strategischen Einkaufs Ziele bezüglich der Versorgungssicherheit. Dieser kann die entsprechende Messzahl aber nicht beeinflussen, weil die operative Abwicklung von Bestellvorgängen in der Verantwortung des Werksleiters liegt. Oder ein Vertriebsleiter erhält das Ziel, den Auftragseingang in Südamerika zu steigern, aber die nicht ihm unterstellte Filialorganisation in Südamerika hat ganz andere, konträre Ziele. Solche Ungereimtheiten sind ohne Weiteres zu klären, wenn man bereit ist, die notwendige Zeit aufzubringen.

> *Lehrsatz 72:* Die Ziele müssen richtig sein und eindeutig formuliert werden. Klare Ziele kann man erst formulieren, wenn man den gesamten Sachverhalt umfassend analysiert hat.

Diese Situation ist, wie man den Aussagen Konfuzius' entnehmen kann, nicht neu. Konfuzius gibt zu, dass er nicht über das gesamte notwendige Wissen verfügt. Aber er nimmt sich die Zeit, das Problem zu beleuchten und sich eine Meinung zu bilden. Dann wird er auch eine Antwort finden. Diese Antwort kann auch ein Ziel sein. Ich kenne im Gegensatz dazu viele Manager, die der ehrlichen Überzeugung sind, sie seien allwissend. Nur sie können entscheiden, was richtig ist und was nicht. Konfuzius behauptet nicht, allwissend zu sein. Und er nimmt sich Zeit. Er lässt sich vortragen und entscheidet dann. Wohl dem, der dies in heutigen Unternehmer-, Manager- und Leaderkreisen zu tun vermag.

Wir müssen häufig konstatieren, dass das Setzen von Zielen nicht funktioniert, weil diejenigen, die die Ziele umsetzen sollen, sie nicht richtig verstehen, manchmal auch nicht verstehen wollen. Ist der Inhalt der Ziele nicht eindeutig geklärt, bleiben die zu treffenden Maßnahmen (auf Dauer) ungeklärt. Normalerweise wird in der täglichen Arbeitspraxis eine weitere Diskussion nicht mehr geführt. Die Tagesprobleme, die einer aktuellen, nicht aufschiebbaren Lösung bedürfen, verdrängen jeden analytischen Ansatz. Aufgrund eines solchen Zustandes werden Ziele auf einem hohen Abstraktionsniveau vereinbart, meistens Ergebnisziele, die auch mit dem Einkommen gekoppelt werden. Nicht definiert werden meistens die mehr konkreten Ziele, die sich auf den Weg beziehen, der einzuschlagen ist. Daraus ergeben sich in der Praxis sehr unterschiedliche und sehr vielfältige Wege.

Gerade hier aber liegt ein großes und nicht genutztes Potenzial. Je geradliniger ein Unternehmen sich positioniert, desto klarer sind die Ziele für die Mitarbeiter, desto konsistenter sind die beschrittenen Wege, desto höher sind die Ergebnispotenziale.

Wie formuliert man die richtigen Ziele?

Mein Freund berichtete, dass es in der Fahrradfabrik AG einen strategischen Ansatz gab, der besagte, dass man alle bekannten Fehler vermeiden wollte. Man veranstaltete unter allen Führungskräften einen Workshop, in dem die Ziele erarbeitet werden sollten. Der Ansatz schien zunächst durchaus sinnvoll. Man verfügte in diesem Workshop durch die Teilnehmer über das notwendige Wissen. Man diskutierte auch Ziele, die für mehrere Bereiche gleichzeitig galten. Man unterhielt sich über die Zielkongruenz, also darüber, ob Einzelziele wirklich den gewünschten Beitrag zu den Gesamtzielen erbringen oder diese sich widersprechen. Letztendlich ergaben sich aber über 30 Ziele, die die Organisation, wie sich bald herausstellte, schlichtweg überforderten. Nach einem halben Jahr sprach niemand mehr über die Ziele.

Es ist eine Binsenweisheit, dass wenige Ziele, auf die man sich wirklich konzentrieren kann, besser sind als eine Vielzahl von Zielen. Dabei ist aber gar nicht die Menge der Ziele von so großer Bedeutung, sondern eher ihre Widerspruchsfreiheit. Die Durchgängigkeit, die Komplementarität von Zielen ist wichtig und ausschlaggebend für den Erfolg. Wenn dies eingehalten ist, ist es unproblematisch, wie viele Ziele auch immer nach unten in der Hierarchie vergeben werden. Man kann mit einigermaßen gutem Willen viele Ziele in eine Übereinstimmung bringen. Sobald aber das Einkommen des Einzelnen danach bemessen wird, bedeutet die Konvergenz von Zielen auch gleichzeitig Krieg. Jeder gute Wille wird sofort erstickt.

Lehrsatz 73: Wenige wichtige Ziele sind besser als viele Ziele. Auf wenige und große Ziele kann man sich besser konzentrieren.

Mein Freund berichtete, dass es unter den 30 Teilzielen, die sich die Fahrradfabrik AG gegeben hatte, Ziele mit einer hohen und wichtigen Auswirkung auf die Gesamtziele gab, aber auch sehr kleine Ziele, die zwar sinnvoll waren, die aber vergleichsweise unwichtig erschienen. Aus diesem Grund entschied man sich, die unwichtigen Ziele nicht weiter zu diskutieren, sondern sich auf die wichtigen Ziele zu konzentrieren. Jede der anwesenden Führungskräfte wurde auf die wichtigen Ziele verpflichtet. Sie nahmen als Aufgabe mit, diese Ziele für ihren jeweiligen Aufgabenbereich anzupassen. Damit verfügte das ganze Unternehmen über einheitliche und wichtige Ziele, und jede Abteilung definierte eigene ergänzende Subziele, die die Leitziele ergänzten.

Ziele verbreiten sich automatisch, wenn sie akzeptiert sind. In einer Führungssphäre der Offenheit ist dies kein Problem. Man kann daraus sogar ein Programm gestalten. Jeder passt die wichtigen Ziele für das individuelle Arbeitsfeld an. Natürlich müssen sich die Ziele in den allgemein verabschiedeten Zielkorridor einbringen lassen. Akzeptierte Ziele tragen zur Aufbruchstimmung im Unternehmen bei. Wichtig ist, dass der Leader des Unternehmens dahintersteht.

Mein Freund berichtete, dass man sich in der Fahrradfabrik

AG entschlossen hatte, eine Zielkaskade zu veranstalten. Die Geschäftsleitung gibt eine erste unternehmerische Zielvorgabe. Sie beinhaltet Auftragseingang, Umsatz, Ergebnis, vielleicht auch noch Produktauswahl. Innerhalb dieser Ziele sollte jede Abteilung und dann auch jeder Mitarbeiter für sich drei Ziele benennen, um seinen Beitrag zu definieren. Die Ausbeute an Zielen und Ideen war gewaltig. Jedes Ziel wurde überprüft, ob es in den Zielkorridor passte, also nicht widersprüchlich zur Zielkaskade war, ob es auch umsetzbar war und ob es die entsprechende Resonanz fand.

Die Mitarbeiter haben in den meisten Fällen ein profundes Wissen über ihre Arbeit, über die Abläufe, aber auch über die Barrieren, sodass sie ihre Ziele zumeist kompetent beschreiben können. Mitarbeiter verordnen sich selbst vielfach ehrgeizigere Ziele, als das bei vorgegebenen Zielen der Fall wäre. Und, was noch viel wichtiger ist: Für diese Ziele setzen sie sich auch ein.

Was macht man, wenn die Ziele nicht erreicht werden? Natürlich kann man das Verfehlen von Zielen nicht einfach hinnehmen. Es müssen Konsequenzen folgen. Nur welche? Es sollte selbstverständlich sein, dass niemand auf den Gedanken kommt, die Mitarbeiter zu bestrafen. Das Verfehlen von Zielen hat in den seltensten Fällen etwas mit »Verschulden« zu tun. Aber selbstverständlich sollte der Vorgesetzte zusammen mit seinen Mitarbeitern analysieren, warum sie die Ziele nicht erreicht haben. Dies erweitert das Wissen, ist eine Lehrstunde für die Zukunft, reflektiert auch die Erkenntnis über die Machbarkeit.

Die diskutierte Erfahrung könnte dazu führen, im nächsten Jahr zu wirklich realistischen Zielen zu kommen.

Eine »Strafe« für alle Beteiligten ist die Auswirkung auf das Unternehmensergebnis. Wird das Ergebnis nicht erbracht, kann dies zu Gehaltseinbußen und letztendlich auch zum Verlust des Arbeitsplatzes führen. Dies ist aber Managern und Mitarbeitern in den meisten Fällen bewusst.

Führung erfordert strategische Orientierung

Die beiden zentralen Aufgaben von Führung im Management bestehen darin, Orientierung zu vermitteln und für die Umsetzung der festgelegten Ziele zu sorgen. Jede dieser beiden Kernaufgaben setzt sich ihrerseits aus einer ganzen Reihe von Teilaufgaben zusammen.

Lunyu 15.37
Konfuzius sprach: »Der Edle bleibt seinen Prinzipien treu, hält dabei aber nicht stur an irgendwelchen Meinungen fest.«

Orientierung zu vermitteln setzt voraus, selber Orientierung zu haben. Dies ist heute auch bei Führungskräften keine Selbstverständlichkeit. Weiterhin kann man nicht davon ausgehen, dass die Orientierung auf Dauer gilt. Man muss sich also darauf einstellen, dass die Orientierung immer nur für einen bestimmten Zeitabschnitt Gültigkeit hat.

Die Belastbarkeit der Orientierung ist umso wichtiger, je größer die Zahl der mitwirkenden Personen ist und je eigenständiger sie arbeiten sollen. Der Polier auf einer kleinen Baustelle kann »auf Zuruf« führen, ohne Schaden anzurichten. Er kann durchaus ad hoc festlegen, welche Arbeiten nach der Frühstückspause in Angriff genommen werden. Sollten sich Führungskräfte, die für komplexe Veränderungsprozesse verantwortlich sind, einbilden, sie könnten mittels Ad-hoc-Entscheidungen führen, wird bald ein ziemliches Chaos entstehen und bei den Mitarbeitern eine immense Demotivation. Typische Reaktionen der nachgeordneten Ebenen auf einen solchen Führungsstil sind Desorientierung, Frustration und früher oder später Resignation. Es ist in der Praxis festzustellen, dass viele Vorgesetzte eine gewisse Baustellenmentalität auch in ihrem Topjob nicht abgelegt haben.

Wenn jemand eine beständige und verlässliche Orientierung vermitteln möchte, ist dies weniger vom guten Willen abhängig, sondern vielmehr von der eigenen klaren Richtung. Dafür muss man aber eine mittel- bis langfristigen Strategie haben, an der man sich ausrichten kann. Mit anderen Worten, als Führungskraft muss man die geplante, vereinbarte Entwicklung des Unternehmens kennen. Der Manager muss weiterhin eine klare Vorstellung haben, was dies für den eigenen Verantwortungsbereich bedeutet. Daraus wiederum kann er die eigene Orientierung schöpfen und an die Mitarbeiter weitergeben.

Eine Strategie kann prinzipiell auf zwei Arten zustande kommen: Sie ist entweder das Ergebnis einer Analyse oder sie beruht auf Intuition. Natürlich gibt es Unternehmer, die ihre Firma aus einer unerschütterlichen Überzeugung, was richtig und was falsch ist, heraus führen – und die damit häufig lange Jahre erfolgreich waren. Das späte Scheitern vieler erfolgreicher Unternehmer ist aber auch Beweis, dass die Intuition zu einem bestimmten Zeitpunkt versagt.

Die eigene Orientierung ist nur eine notwendige, jedoch keine hinreichende Bedingung für erfolgreiche Führung. Ihren Nutzen entfaltet sie erst dann, wenn es gelingt, die eigene Orientierung überzeugend und wirksam auf die Mitarbeiter zu übertragen, alle in den Veränderungs- oder Gestaltungsprozess einzubinden.

An dieser Stelle sei auch noch erwähnt, dass nicht nur die eigenen Führungskräfte und Mitarbeiter gemeint sind, sondern auch Kunden, Lieferanten und Anteilseigner des Unternehmens.

Konfuzius verwendete viel Zeit auf das Reden und auf das Predigen. Das war für ihn ein Mittel, seine Meinung weiterzugeben, andere zu überzeugen.

Lunyu 14.32

Ein gewisser Weisheng Mu fragte Konfuzius einmal: »Warum predigst Du eigentlich immer ohne Pause? Willst Du vielleicht nur mit Deiner Redegewandtheit prahlen?«

Konfuzius entgegnete: »Auf meine Redegewandtheit bilde ich mir nichts ein. Ich mache das nur, um die Sturheit der Menschen zu bekämpfen.«

Wie kommt man von der Orientierung zur Umsetzung? Die Antwort ist einfach: Informieren, Überzeugen, Informieren, Überzeugen.

Der Leader kann zunächst nicht davon ausgehen, dass alle seiner Führungskräfte überzeugt sind. Wichtigste Aufgabe für jeden Leader ist es daher, Multiplikatoren zu finden. Diese sind zu unterweisen und zu motivieren. Es geht darum, glaubhaft zu machen, dass ein Umsetzungsbedarf besteht.

Mein Freund berichtete, dass man in der Fahrradfabrik AG einen neuen Bereichsleiter eingestellt hatte. Kaum hatte er seine neue Tätigkeit begonnen, nahm er mit allen Abteilungen Kontakt auf und ließ sich informieren. Anschließend veranstaltete er mit den Abteilungsleitern einen Workshop und arbeitete mit ihnen ein Entwicklungsprogramm aus. Die Abteilungsleiter bekamen relativ komplexe Aufgabenpakete. Sie sollten diese mit ihren Mitarbeitern weiter verfeinern und entsprechende Maßnahmen definieren. Durch diese kaskadenförmige Arbeitsweise wurden viele Mitarbeiter involviert. Darüber hinaus schlug der Bereichsleiter vor, in allen Segmenten regelmäßige Treffen einzurichten, in denen über den Fortgang des Projektes berichtet wurde. In diesen Diskussionsrunden wurden viele Verbesserungsvorschläge aus der Arbeitspraxis benannt, die wiederum den Projektteams zur Berücksichtigung übergeben wurden. Innerhalb kürzester Zeit arbeitete der gesamte Bereich an der Umsetzung des Programms.

Nur wer das Problem oder eine Notwendigkeit erkennt und sieht, ist auch bereit, entsprechende Anstrengungen zu unternehmen. Veränderungen sind heute zwar nicht mehr gefürchtet, aber auch nicht unbedingt beliebt. Es ist wichtig, dass die Mitarbeiter den Veränderungsbedarf erkennen. Ein neuer Vorgesetzter ist mit Sicherheit kein überzeugender Veränderungsanlass. Die Mitarbeiter erkennen den Veränderungsbedarf relativ einfach, wenn bereits »Feuer auf dem Dach« ist. Doch dann ist es schon ziemlich spät, um grundlegende Veränderungen in Angriff zu nehmen.

Und man hat in den meisten Fällen auch gar nicht mehr viel Zeit, den Veränderungsprozess in der Mannschaft umzusetzen.

Sehr viel besser ist es, die Veränderung schon dann zu starten, wenn der Handlungsbedarf zwar sichtbar, aber noch nicht brennend ist. Dafür ist umfassende Information notwendig, viel Wissen um Markt, Strukturen, Wettbewerb und Organisationsformen. Der Manager muss dieses Wissen seinen Mitarbeitern vermitteln. Erst dann werden sich diese aktiv an Maßnahmen beteiligen.

Lunyu 1.10

Zi Qin fragte den Jünger des Konfuzius Zi Gong: »Wenn der Meister in ein anderes Land kommt, wird er bestimmt etwas über die dortige Regierung in Erfahrung bringen wollen – muss er da um Auskunft bitten, oder wird ihm alles von selbst mitgeteilt?«

Zi Gong sprach: »Der Meister erlangt alles wie von selbst, nur durch seine milde, gutmütige, höfliche, maßvolle und nachgiebige Art.

Seine Art zu bitten ist wirklich ganz anders als die anderer Menschen!«

Lunyu 2.17

Konfuzius sprach zu einem seiner Jünger: »You, ich werde Dich lehren, was echtes Wissen ist! Echtes Wissen ist: Wenn Du das, was Du weißt, als Wissen erkennst, und das, was Du nicht weißt, als Nichtwissen akzeptierst.«

Lehrsatz 74: Menschen werden sich nur engagieren, wenn sie überzeugt sind. Der Manager verbreitet das Wissen, das dafür die Basis ist.

Natürlich könnte die Führungskraft auch ohne Zustimmung der Mitarbeiter agieren. Wenn aber niemand diesen Entscheidungen folgt, wenn niemand die Entscheidungen in die Praxis von Maßnahmen überleitet, ist die Entscheidung der Führungskraft wirkungslos, kann aber auch der notwendige Prozess nicht eingeleitet und umgesetzt werden. Der Leader wird nur erfolgreich sein, wenn er seine Mannschaft hinter sich hat. Wissen ist der wirkungsvollste Motivator. Daher muss er Wissen vermitteln.

Am Anfang steht die Orientierung des Managers. Diese Orientierung vermittelt er seinen Führungskräften. Somit entstehen aus der Orientierung Ziele. Für die Umsetzung der Ziele benötigt man Wissen und Erfahrung. Diese erhält man in der Organisation von den entsprechenden Fachleuten. Sie sind zu mobilisieren. Sie sind zu informieren.

Die Vermittlung von Orientierung hat zwar zu Beginn eines Veränderungsprozesses besondere Bedeutung, doch wird es auch immer und immer wieder unterwegs notwendig. Denn es ist ganz normal, dass sowohl alle Betroffenen angesichts kurzfristiger Probleme und Streitfragen zuweilen den Blick für das große Ganze verlieren. Wenn man sich in operativen Details und Konflikten verheddert hat, hilft die Orientierung an den übergeordneten Zielen am ehesten, die Richtung wieder zu finden und zu unterscheiden, was noch ein annehmbarer Kompromiss ist und wo die Verwässerung der großen Linie beginnt. Daher liegt es am Leader, die Orientierung zu behalten und immer wieder (widerspruchsfrei) an die Mitarbeiter weiterzugeben.

Lehrsatz 75: Die Orientierung ist nicht nur für den Leader von Bedeutung. Daher muss die Orientierung im ganzen Team verbreitet werden.

Lunyu 6.14
Konfuzius sprach: »Wer nicht die Redegewandtheit des [Würdenträgers] Zhu Tuo besitzt, dafür aber die Schönheit des [Prinzen] Zhao von Song, der wird in unserer heutigen Zeit trotzdem nur schwer bestehen können.«

Er organisiert sich und das Unternehmen

Lunyu 8.2

Konfuzius sprach: »Ehrerbietung ohne das rechte Maß ist nur ermüdend. Vorsicht ohne das rechte Maß ist bloße Ängstlichkeit. Tapferkeit ohne das rechte Maß führt ins Chaos. Direktheit ohne das rechte Maß wirkt aggressiv. Wenn das Verhalten des Herrschers zu seiner Umgebung von Verlässlichkeit geprägt ist, dann wird unter seinen Untertanen tugendhaftes Handeln aufkommen. Wenn er alte Weggefährten nicht einfach beiseite drängt, werden seine Untertanen ihre Grenzen nicht überschreiten.«

Wichtige Aufgabe eines Managers ist das Organisieren. Organisation aber erfordert viel Erfahrung und Wissen – und nach Konfuzius auch das richtige Maß. In der täglichen Praxis von Unternehmen werden gerade hier viele Fehler gemacht.

Unter Organisieren versteht man nicht nur das Erstellen einer Organisation, umgesetzt in einem Organisationsplan oder in einem Chart, auf dem sich jeder Mitarbeiter wiederfindet, sondern auch das Organisieren von Prozessen. Natürlich hängt beides eng zusammen. Man sollte aus den idealtypischen Prozessen heraus eine Organisation ableiten können, sodass Prozess und Organisation eine abgestimmte Einheit ergeben. Häufig entspricht dies nicht den Realitäten. Organisationen werden vielfach um Menschen gemacht und weniger nach den Prozessen. Prozesse werden definiert, aber nicht gelebt.

Manche Unternehmen verfügen sogar über Organisationsabteilungen. Ich halte dies grundsätzlich für falsch, weil der Manager »Organisation« nicht delegieren kann. Er selbst hat sich um die Organisation zu kümmern, sich damit auseinanderzusetzen, zu entscheiden und umzusetzen. Delegiert er »Organisation«, meistens in Form von Prozessgestaltung, besteht die Gefahr, dass sich das Thema verselbstständigt und plötzlich eine Vielzahl von Menschen im gesamten Unternehmen an Prozessen arbeiten.

Organisation soll das Arbeiten im Unternehmen erleichtern und nicht erschweren. Daher ist hier Perfektionismus fehl am Platze, man muss stattdessen pragmatische Kompromisse eingehen. Man muss wissen: Es gibt keine absolut perfekte Organisation.

Lehrsatz 76: Organisation ist der Aufbau von Prozessen und Funktionen unter Berücksichtigung ihrer jeweiligen Schnittstellen. Es ist wichtig, das richtige Maß zu finden.

»Structure follows strategy«, lautet ein viel zitierter Leitsatz der Organisationslehre. Nur kann niemand so richtig erklären, auf welche Weise, das heißt nach welchen Regeln und Gesetzmäßigkeiten die Struktur eigentlich der Strategie folgt. Solange diese Regeln aber nicht benannt werden können, ist die Aussage bedeutungslos. Vermutlich ist sie sogar falsch, denn die Organisationsstruktur eines Unternehmens ergibt sich keineswegs in erster Linie aus dessen Strategie. Zumal sich Strategien natürlich auch ändern können. Es wäre schwierig, mit jeder Strategieänderung auch die Organisation anpassen zu müssen. Vielmehr sind Organisation und Struktur in hohem Maße von der tatsächlichen Situation bestimmt; die Gestaltungsfreiräume für organisatorische Entscheidungen sind weit geringer als gemeinhin angenommen wird.

Bei jedem Versuch, Organisationen zu definieren, geht es letzten Endes darum, die Arbeitsteilung, die wegen der Menge und der Unterschiedlichkeit der Arbeit notwendig wird, auf möglichst sinnvolle Art und Weise vorzunehmen. Sinnvoll ist die Arbeitsteilung dann, wenn durch die entstehenden Schnittstellen möglichst geringe Nachteile für die Arbeitsqualität und für die Effizienz entstehen. Weiterhin ist natürlich auch die Steuerbarkeit des Unternehmens ein wichtiges Kriterium. Wenn der Manager eine Organisationsstruktur entwirft, wird er bald feststellen, dass durch die Realität des Unternehmens und des Umfeldes eine ganz bestimmte Organisationsstruktur beinahe zwingend vorliegt.

Jede Organisation ist ein Kompromiss. Ein Kompromiss etwa zwischen Effizienz und Flexibilität, zwischen Spezialisierung und Ganzheitlichkeit oder zwischen den Vorteilen der Einheitlichkeit (= Zentralisierung) und denen der Entscheidungsfähigkeit vor Ort (= Dezentralisierung). Das heißt: Es gibt keine »ideale« Organisation, die frei von irgendwelchen Nachteilen wäre. Oft hat man nur die Wahl, welches Problem einem lieber ist.

Organisation wächst mit der Entwicklung des Unternehmens. Die einfachste denkbare Organisationsstruktur ist der »Einzelkasten«. Stellen wir uns einen jungen und talentierten Fahrradbastler vor, der sich vor einiger Zeit selbstständig gemacht und auf den Zusammenbau von Fahrrädern spezialisiert hat. Das Organigramm ist ziemlich einfach: Es gibt nur ein Kästchen, und da steht alles drin. Der Fahrradbastler ist für alles verantwortlich.

Dieses »Ur-Organigramm« hat große Vorteile gegenüber allen differenzierteren Organisationsformen: Es gibt keinen Streit, wer zuständig ist, es gibt wenig Informationsverluste, und es gibt auch keine Diskussion, wer schuld ist, wenn etwas vermurkst oder vergessen wurde. Überdies passieren tatsächlich weniger Fehler, denn es gibt keine Schnittstellen, an denen Informationsverluste oder Missverständnisse entstehen können.

Nun stellt der Fahrradbastler aber noch weitere Mitarbeiter ein, die nun gewisse Teilfunktionen übernehmen, so kann man einen Organisationsplan erstellen, der Kästchen für jede Einzelfunktion wie zum Beispiel Einkauf, Fertigung, Vertrieb und so weiter hat. Der Gründer des Unternehmens ist der Chef, der Manager und Leader. Das ist nun eine klassische »funktionale Organisation«; die Einheiten oder Abteilungen sind nach Aufgabenfeldern (Funktionen) und damit nach Kompetenzschwerpunkten untergliedert. Durch diese Arbeitsteilung wird eine fachliche Überforderung vermieden oder zumindest reduziert – aber um den Preis der ersten Schnittstellen. Nun müssen bereits die ersten Prozesse definiert und der Informationsfluss festgelegt werden.

Wenn der Fahrradbetrieb weiter wächst, entwickelt er fast

zwangsläufig eine differenziertere Organisation. Werden zum Beispiel verschiedene Fahrradtypen hergestellt, für die sich auch eigene Kundenkreise herauskristallisieren, wird der »Fahrradbastler« mit großer Wahrscheinlichkeit (und ohne eine wirkliche Alternative zu haben) zu einer Spartenorganisation (oder »divisionalen Organisation«) kommen. Er hat dann zwei Geschäftsbereiche sowie – wie bisher auch – eine Verwaltung. Wächst das Unternehmen noch weiter, kommt man schließlich zur Matrixorganisation.

Spätestens mit der Matrix hat die Geschäftsleitung der Fahrradfabrik auch all die klassischen Themen der Organisationsdiskussion zu lösen: etwa die Frage nach der Rolle der Zentrale, die nach der Rolle und dem Stellenwert der Regionen und ihrer Chefs, die nach dem zweckmäßigen Grad von Zentralisierung oder Dezentralisierung und die nach der Klammer, welche die dezentralen Einheiten zusammenhält.

Mein Freund berichtete, dass die Landesgesellschaft der Fahrradfabrik AG in China ähnlich wie ihre europäische Mutter organisiert sei. Es gibt einen Vertrieb, eine Technik, eine Fertigung, eine Beschaffung. Mein Freund überlegte sich, inwieweit er dem Gedanken des Supply-Chain-Managements folgen könne, also dem Lieferkettenmanagement, das die intraorganisationale Arbeitsteilung verringert, indem man sich auf Kernkompetenzen konzentriert. Er wollte Einkauf und Beschaffung bis zum Wareneingang in eine Hand geben. Er brachte den Vorschlag in eine Leitungsrunde ein, stellte aber fest, dass seine Kollegen von diesem Vorschlag nicht sehr begeistert waren. Der Werksleiter protestierte besonders stark. Er wolle die Beschaffung im Werk behalten, dies sei wichtig, um die Versorgungssicherheit auch wirklich gewährleisten zu können. Nach einiger Diskussion zog mein Freund seinen Vorschlag wieder zurück. Er wollte nicht zu viel Unruhe verursachen. Eine Ausrichtung nach dem Supply-Chain-Management würde ein vollkommen neues Organisationskonzept bedeuten. Wenn er die Organisation maßvoll beibehalten wollte, war es besser, auf die Umorganisation zu verzichten.

Organisationen sind notwendig und lebenswichtig, je größer ein Unternehmen wird. Organisationen sind aber gleichzeitig auch Quelle von endlosen Diskussionen, der Austragung von Meinungsverschiedenheiten und damit auch Verletzungen, Demotivation, Resignation. Bei jeder Organisationsänderung gibt es Verlierer und Gewinner.

Die Organisation soll von den Prozessen abgeleitet werden und die Schnittstellen definieren und optimieren. Somit ist die Organisation eigentlich nichts anderes als das Abbild des optimierten Prozesses.

Leider hat ein Organisationsplan viele Kästen, und in den einzelnen Kästen stehen Namen. Hinter jedem Namen steht ein Mensch mit seinen Eigenarten, Vorbehalten und Konflikten. Der Organisationsplan darf darauf eigentlich keine Rücksicht nehmen, weil er sich ja von den Prozessen ableitet. In der Praxis ist es aber häufig so, dass der Organisationsplan das Kräfteverhältnis der Manager und Führungskräfte zueinander abbildet.

Festzustellen ist, dass Organisation eine wichtige Aufgabe des Managers ist. Über den formalen Organisationsplan hinaus ist es aber sehr wichtig, die Interaktion der Menschen, die die Organisation ausmachen, zu »organisieren«, also zu gestalten.

Lehrsatz 77: Ein Organisationsplan beschreibt das Zusammenspiel aller Mitarbeiter und Funktionen. Er ist so zu gestalten, dass sich jeder gemäß seiner Bedeutung und Funktion wiederfindet.

Zum Entwerfen und Zeichnen eines Organisationsplans kann sich der Manager fachliche Beratung einholen. Nicht delegieren kann er aber die Entscheidung über den Organisationsplan, die Umsetzung und die sensible Kommunikation mit allen betroffenen Mitarbeitern. Eine Organisationsänderung ist zwar jedes Mal eine

Chance, sich besser zu positionieren, schlagkräftiger am Markt zu werden, aber sie birgt auch jedes Mal ein Risiko, Mitarbeiter zu frustrieren und zu demotivieren.

Ein Organisationsplan muss klar sein. Jeder Mitarbeiter muss ihn verstehen können. Jeder im Unternehmen muss eine konkrete Vorstellung über die dahinterliegenden Prozesse haben. Er muss sich vorstellen können, wie die einzelnen Teile der Organisation zusammenarbeiten. Ist dies nicht gegeben, schadet der Organisationsplan mehr als er nützt.

Der Manager entscheidet mutig und richtig

Lunyu 7.28

Konfuzius sprach: »Es gibt Menschen, die trotz ihres Mangels an Wissen handeln können. Zu ihnen gehöre ich nicht. Ich höre viel, wähle das Richtige aus und setze es um: Denn viel beobachten und erfahren, das ist fast so gut wie Wissen.«

Lunyu 4.10

Konfuzius sprach: »Der Edle verhält sich gegenüber allen Dingen unter dem Himmel so, dass er nichts kategorisch bejaht oder ablehnt – in allem versucht er sich dem Richtigen langsam anzunähern.«

Jeden Tag geraten wir in Situationen, in denen wir uns entscheiden müssen. Einige dieser Entscheidungen, sowohl im beruflichen als auch im privaten Bereich, haben eine große Tragweite, sind mit Risiken verbunden und können negative Konsequenzen haben. Meistens müssen Entscheidungen unter Zeitdruck getroffen werden, und außerdem stehen häufig nicht alle Informationen für die Entscheidung zur Verfügung.

Im beruflichen Umfeld sollten Entscheidungen immer begründet werden und nachvollziehbar sein.

Entscheidungsfähigkeit (Entscheidungskompetenz), also die

Fähigkeit, richtig zu entscheiden, ist für den Manager von größter Wichtigkeit. Daran wird er gemessen. Daran muss er sich messen lassen.

Gibt es methodische Hilfen, die den Prozess der Entscheidungsfindung unterstützen und gegebenenfalls auch verbessern?

Eine methodische Hilfe für die Entscheidungsfindung ist die Entscheidungsanalyse.

Lehrsatz 78: Richtige Entscheidungen zu fällen verlangt viel Erfahrung. Man benötigt Zeit, um sich der Entscheidung anzunähern. Die richtige Entscheidung ist die Entscheidung, mit der man sich selbst im Reinen befindet.

Entscheidungen sind aus folgenden Gründen schwierig:

- Wir haben widersprüchliche Ziele: So geht zum Beispiel höhere Qualität, die man bevorzugen würde, meist einher mit einem höheren Preis, den man lieber ablehnen würde.
- Wir sind einer Flut von Informationen ausgesetzt: Stellen Sie sich vor, sie müssten 10 Alternativen hinsichtlich von 10 Merkmalen miteinander vergleichen, um die beste herauszufiltern. Und schon sind sie bei 100 Informationen, die Einfluss auf die Entscheidung haben.
- Ereignisse in der Zukunft sind unsicher: Viele Entscheidungen sind davon abhängig, ob nicht genau bestimmbare Ereignisse eintreten. So kann zum Beispiel die Durchführung einer Marketingveranstaltung unter freiem Himmel statt in einer sterilen Umgebung deutlich attraktiver auf potenzielle Kunden wirken. Was aber, wenn es regnet?
- Wahrscheinlichkeiten sind keine Fakten: Um Unsicherheiten zu analysieren und zu modellieren, müssen wir mit Wahrscheinlichkeiten umgehen.

Die Entscheidungsanalyse sorgt dafür, dass man als Manager

möglichst optimal entscheidet. Natürlich kann niemand eine Garantie dafür geben, dass Entscheidungen die gewünschten Wirkungen haben. Aber bereits im Entscheidungsprozess Fehler zu begehen, erhöht das Risiko für negative Konsequenzen. Dem beugt die Entscheidungsanalyse vor. Und so läuft sie ab:

1. Problem identifizieren
Der bedeutendste Schritt einer Entscheidung ist, sich klar zu machen, worin eigentlich das Problem besteht. Eine noch so rational getroffene Entscheidung kann nicht zum Erfolg führen, wenn sie am eigentlichen Auslöser des Problems vorbeigeht!

2. Ziele definieren
Ohne Ziele, die am Ende zu erreichen sind, könnten wir nicht handeln, geschweige denn entscheiden. Ziele leiten den Entscheidungsprozess, sind wichtig für die Auswahl und Bewertung der Alternativen und lassen uns unsere Entscheidung vor anderen rechtfertigen.

3. Alternativen suchen oder schaffen
Sich nicht nur mit den vorhandenen Alternativen zufrieden zu geben, sondern solche aktiv zu suchen, die die Ziele noch besser erfüllen, gibt dem Entscheider Kontrolle über die Situation und eröffnet neue Perspektiven für die Lösung.

4. Problem strukturieren und analysieren
Zu diesem, dem wichtigsten, umfangreichsten und kompliziertesten Schritt der Entscheidungsanalyse gehören zunächst das vollständige Erfassen (oder zumindest Abschätzen) aller möglichen Konsequenzen der Alternativen: Was bekomme ich bei der Entscheidung für Alternative X, und welche Eintretenswahrscheinlichkeit hat das meine Entscheidung beeinflussende Ereignis Y? Dann folgt das Bewerten dieser Konsequenzen unter Zuhilfenahme von Gewichtungsfaktoren: Wie viel des Guten, das ich gern hätte, wäre ich bereit zu opfern für weniger des Schlechten, auf das ich verzichten will?

5. Entscheidung treffen
Im Ergebnis von Strukturierung und Analyse ergibt sich die Alternative, die den Präferenzen des Entscheiders am besten entspricht und entsprechend seinem gegenwärtigen Informationsstand die optimale Lösung für sein Entscheidungsproblem darstellt.

6. Robustheit prüfen
Da die gesamte Entscheidungsanalyse vor dem eigentlichen Ausführen der Entscheidung stattfindet, ist es möglich zu simulieren, wie sich Veränderungen in Gewichtungen, Bewertungen und Wahrscheinlichkeiten auf das Entscheidungsergebnis auswirken.

Wir haben uns damit auseinandergesetzt, wie man eine Orientierung gibt. Es folgt die Umsetzung. Die Entscheidung ist die erste Phase der Umsetzung.

Mit der Orientierung ist es alleine nicht getan. Auch wenn die Leute wissen, in welche Richtung die Reise gehen soll, heißt das noch lange nicht, dass sich wirklich alle auf den Weg machen. Es gibt manchmal sogar viele Gründe, die gegen einen Aufbruch sprechen. Hier können Angst und Unsicherheit maßgeblich beteiligt sein.

Für eine zügige Umsetzung zu sorgen, heißt zunächst einmal, zügige und konsequente Entscheidungen zu treffen. Erstaunlich häufig werden Vorstände und Geschäftsführungen zu Bremsklötzen ihrer eigenen Veränderungsprozesse, weil sie erstens zu wenig Verantwortung an die Mitarbeiter delegieren, zweitens zu lange brauchen, um Entscheidungen zu treffen, und drittens in ihren getroffenen Entscheidungen oftmals zu mutlos und zu halbherzig sind. Solche Signale mangelnder Entschiedenheit sind kontraproduktiv und stellen die Ziele sehr schnell infrage.

Erste Voraussetzung für eine zügige Umsetzung ist daher ein hoher Grad an Entschiedenheit des für das Vorhaben verantwortlichen Managers oder Management-Teams. Wobei sich Entschiedenheit nicht nach markigen Worten bemisst, sondern nach – vordergründig oftmals unspektakulären – Taten.

Die erste solche Tat ist der Aufbau einer entsprechenden Organisation und die Besetzung mit den richtigen Mitarbeitern. Jeder Manager ist natürlich daran interessiert, anerkannte und gute Leute einzusetzen. Er wird also einige Mühe darauf verwenden, die richtigen Mitarbeiter auszuwählen und dann aber auch zu entwickeln und auszubilden.

Es folgt als nächste Managementaufgabe die »Kontrolle«. Hierfür muss sich der Manager Zeit nehmen. Es liegt also stark an ihm, die benötigte Arbeit und Zeit richtig einzuschätzen und einzuplanen.

Mein Freund berichtete, dass er sich anfänglich bei seiner Tätigkeit als CEO mit Entscheidungen sehr schwer getan habe. Er hatte das Gefühl, niemals ausreichend informiert zu sein, um entscheiden zu können. Er verstand auch manche Sachverhalte nicht. Aus diesem Grund ernannte er einen fähigen Mitarbeiter, der ihm schon in den ersten Tagen aufgefallen war, zu seinem Assistenten, der zunächst ausschließlich Entscheidungsvorlagen erarbeitete. Er ließ sich von ihm ein Problem aufbereiten, Lösungsvorschläge skizzieren, die Vor- und Nachteile aufschreiben. Diese systematische Vorgehensweise erlaubte ihm sehr schnell, sehr viel und umfassend über das Unternehmen zu lernen und vor allen Dingen auch eine gewisse Einsicht in die Konsequenzen der Entscheidungen zu erhalten. Der Mitarbeiter selbst gewann im Laufe der Zeit so viel Routine, dass er später auch die anderen Führungskräfte beraten konnte und alle dem Prozess »Entscheidung« mit der notwendigen Sorgfalt folgten. Mein Freund behauptete, dass diese Methode ihn vor so mancher Fehlentscheidung bewahrt hat.

Lehrsatz 79: Im Allgemeinen setzt jede Tat eine Entscheidung voraus. Deshalb hat der Manager darauf zu achten, Entscheidungen verantwortlich zu treffen.

Die Umsetzung kontrollieren und Vertrauen schaffen

Lunyu 9.24

Konfuzius sprach: »Worte der Ermahnung – wer könnte ihnen auch nicht folgen! Das Entscheidende aber ist, sein Handeln wahrhaft zu ändern.

Worte des Lobes – wer freut sich nicht darüber! Das Entscheidende aber ist, ihnen auf den Grund zu gehen.

Wer sich über Lob freut, ohne es zu prüfen und wer Ermahnungen folgt, ohne sich dabei zu ändern – mit solchen Menschen kann ich nichts anfangen!«

Kontrollieren sollte man sich nicht als repressive Funktion vorstellen. Eigentlich ist »Kontrollieren« ein bei Managern unbeliebter Begriff. Dennoch: Kontrolle ist eine wichtige Aufgabe des Managers. Was heißt das? Kontrollieren heißt zunächst, überprüfen, ob das geschehen ist, was man vereinbart hat. Regelmäßige Statusgespräche sind eine Kontrollmaßnahme und gleichzeitig die Möglichkeit der Informationsaufnahme. In diesem Sinne bedeutet die Managementaufgabe Kontrollieren, über den Fortgang von Maßnahmen informiert zu bleiben. Daraus ergibt sich die Chance, rechtzeitig korrigierend einzugreifen. Dies ist weder eine Entmündigung der Mitarbeiter noch eine Zumutung für die Führungskraft.

In sensitiven, sicherheitsrelevanten Branchen ist Kontrolle sogar vorgeschrieben. So muss in Kraftwerken jeder Handgriff kontrolliert werden. Kontrolle soll natürlich nicht zur Entmündigung des Mitarbeiters führen. Und Kontrolle enthebt selbstverständlich den Mitarbeiter nicht seiner Verantwortung.

Kontrollieren in diesem Sinne heißt, für die Umsetzung zu sorgen. Das heißt auch, ohne zu zögern auf Widerstände, Krisen, Konflikte und so weiter zu reagieren. An solchen kritischen Stellen der Umsetzung gehen meistens viel Zeit, Geld und Energie verloren. Die Umsetzung gerät ins Stocken, und vielleicht wird in solchen Augenblicken auch der Keim für das Scheitern des ganzen Projekts gelegt. Viele Widerstände und Konflikte lassen sich im Grunde vorhersehen, wenn man sich die Mühe macht, sich in die Lage der anderen beteiligten Parteien zu versetzen, was wir durchaus als Teil dieser Managementaufgabe verstehen können. Oft lassen sich bei einfühlsamem und durchdachtem Vorgehen Konflikte sogar gänzlich vermeiden.

Grundsätzlich gilt bei Konflikten, dass man sie am leichtesten und schnellsten lösen kann, dass sie am wenigsten kosten, je früher man sie erkannt und entschärft hat. Deshalb beginnt professionelles Konfliktmanagement mit der Früherkennung. Oftmals spürt man einfach, dass es irgendwo hakt oder dass es nicht mehr im bisherigen Tempo vorangeht. Vielfach neigt man dazu, an dieser Stelle wegzusehen. Aber dies rächt sich. Das Problem wächst schnell und wird bald offensichtlich. Jetzt muss unbedingt eingegriffen werden, ehe sich das Problem zum Konflikt ausweitet.

Auch wenn man eine ausführliche Orientierung gegeben hat, wird jeder Veränderungsprozess einmal in eine mehr oder weniger große Krise geraten. Es kann sein, dass man selbst die anfängliche Orientierung verloren hat, es kann auch sein, dass die Mitarbeiter sich auf unterschiedlichen Wegen fortbewegt haben und nun erst wieder ausgerichtet werden müssen. Weiterhin können natürlich auch ganz individuelle und emotionale Vorbehalte, Ängste, Bemühungen der Mitarbeiter eine solche Krise heraufbeschwören.

Es gibt Phasen, in denen den Mitarbeitern Mut gemacht werden muss, damit sie die begonnene Arbeit zu Ende führen können. Auch dies ist eine Managementaufgabe. Nur eine konsequente Kontrolle lässt dies erkennen.

Mein Freund erzählte, dass Kontrolle für ihn überhaupt keine Schwierigkeit gewesen sei. Als er zum CEO ernannt wurde, hatte er noch wenig Wissen über das Geschäft. Deshalb war es wichtig für ihn, informiert zu werden. Er traf Entscheidungen, legte mit seinen Mitarbeitern Maßnahmen fest und ließ sich regelmäßig über die Umsetzung der Maßnahmen berichten. Diese wöchentlichen Reporting-Tage implementierte er als festen Bestandteil des Führens. Er kontrollierte eigentlich im engen Sinne nicht, sondern er ließ sich informieren. Er konnte allerdings im Gespräch auch gut den jeweiligen Entwicklungsstand hinterfragen und gegebenenfalls die Maßnahmen korrigieren. Die Mitarbeiter waren über diese Einrichtung sehr froh. So konnten sie sich selbst positionieren, waren angetan, dass ihre Arbeit Anerkennung fand, und waren sich sicher, dass sie auf dem richtigen Zielstrang arbeiteten.

Es wird immer gerne betont, dass das Führen von Veränderungsvorhaben kein demokratischer Prozess sei. Das stimmt wohl, aber es ist auch kein Prozess, der befohlen werden kann. Nur wenn man den Großteil der Mitarbeiter für diesen Prozess gewinnen kann, wird man ihn auch erfolgreich abschließen. Damit Veränderungsvorhaben erfolgreich verlaufen können, ist der verantwortliche Manager auf die intelligente Unterstützung und damit auf den guten Willen zahlreicher Mitstreiter angewiesen. Intelligente Unterstützung heißt, dass die betreffenden Personen die Ziele, Intentionen und die innere Logik des Vorhabens erstens verstehen und sich zweitens darauf einlassen – und dass sie drittens bei der Umsetzung ihr ganzes Wissen und Können, ihre Erfahrung und Kompetenz einbringen.

Das Rezept hierfür heißt, die Mitarbeiter »von Betroffenen zu Beteiligten« zu machen. Vielfach hat man den Eindruck, dass Führungskräfte die Einbindung der Betroffenen in den Veränderungsprozess jedoch bloß als Schachzug empfinden, um sich unnötige Reibungsverluste zu ersparen. Hier sollte man ganz vorsichtig sein. Wird das von den Mitarbeitern erkannt oder auch nur vermutet, erhält man genau den heftigen Widerstand, den man eigentlich vermeiden wollte. Ich glaube, man kann sagen: Der Manager haftet mit seiner Persönlichkeit. Er muss authentisch und glaubwürdig sein. Er muss für seine eigene Orientierung auch einstehen.

Lunyu 1.14

Der Meister sprach: »Der Edle strebt beim Essen nicht nach Sättigung, beim Wohnen nicht nach Bequemlichkeit. In der Erledigung seiner Aufgaben ist er sorgfältig, in seinen Worten vorsichtig. Er begibt sich zu denen, die den rechten Weg pflegen, um sich zu bessern. Deswegen kann man sagen, dass er das Lernen liebt.«

Positiv verstandene Kontrolle kann auch etwas mit dem Einbeziehen von Mitarbeitern zu tun haben. Einbeziehung ist kein Gegenpol zur Führung, sondern eine wichtige Ergänzung zu ihr. Es geht um die pragmatische Frage, wie das Wissen, die Erfahrung und die Intelligenz idealerweise der gesamten Belegschaft erschlossen werden kann, um die Ziele zu erreichen.

Dabei muss man allerdings berücksichtigen:

- Einbeziehung ist kein Ersatz für Überzeugung. Denn wer vom Sinn einer Veränderung nicht überzeugt ist, wird sie auch als Einbezogener eher bremsen als mit Engagement unterstützen.
- Einbeziehung bedeutet nicht automatisch, dass es keine Konflikte mehr gibt, sondern nur, dass die Konfliktbewältigung einfacher ist.
- Je größer ein Unternehmen ist, desto schwieriger wird es, alle Mitarbeiter – oder auch nur einen großen Teil der Mitarbeiter – in Veränderungsprozesse einzubeziehen. Es werden hier also Mitarbeiter ausgegrenzt. Man muss darauf achten, dass sie sich nicht gegen die Veränderung und Entwicklung wenden.

Lunyu 1.4

Meister Zeng sprach: »An jedem Tag prüfe ich mich selbst dreifach: Habe ich mich heute bei den Dingen, die ich für andere erledige, aufrichtig verhalten? War ich heute im Umgang mit meinen Freunden vertrauenswürdig? Habe ich heute selbst praktiziert, was ich anderen predige?«

Lehrsatz 80: Kontrolle beginnt mit der Selbstkontrolle und reicht bis zur Überprüfung der jeweiligen Arbeitsfortschritte. Kontrolle ist ein permanenter Prozess.

Kontrolle gehört zum Aufgabenbereich des Managers, sollte aber mit Vertrauen gepaart sein. Je mehr Vertrauen in einer Mannschaft herrscht, desto weniger muss im Sinne von Überwachung der Mitarbeiter kontrolliert werden, desto sachlicher kann der Arbeitsfortschritt kontrolliert werden.

Für jeden Manager ist es wichtig, eine Vertrauenskultur zu schaffen. »Wir gehen vertrauensvoll und offen miteinander um« – Sätze wie dieser stehen in Unternehmensleitbildern und Führungsgrundsätzen. Oft beschreiben sie jedoch nicht die Realität, sondern ein Wunschbild, das von der Realität ziemlich weit entfernt ist. Deshalb erzeugen sie eher Frust und Zynismus als Identifikation. Umso wichtiger, sich mit einer solchen Diskrepanz zu beschäftigen.

Wir können auch hier wieder von Konfuzius lernen.

Lehrsatz 81: Eine Vertrauenskultur entsteht nur, wenn man auf den Menschen eingeht, wenn man Lob und Tadel ernst nimmt und ihnen auf den Grund geht.

Ermahnung und Lob müssen dafür so vorgetragen werden, dass der andere sie verstehen und akzeptieren kann und daraus Konsequenzen ableitet, sich ändert oder sich bestätigt fühlt. Dies ist ein wichtiger Schritt zur Vertrauenskultur.

Fast jeder, der im Berufsleben steht, ob als Sachbearbeiter oder als Topmanager, wünscht sich ein Betriebsklima, das von Vertrauen und Offenheit geprägt ist und nicht von Schuldzuweisungen und taktischen Spielchen. Die meisten Menschen würden sehr viel lieber gemeinsam mit einem eingeschworenen Team erfolgreich sein, als ständig auf der Hut sein und sich absichern zu müssen, um nicht unter die Räder zu kommen. Doch so verbreitet dieser Wunsch ist, so selten findet er sich umgesetzt: In erstaunlich vielen Unternehmen und öffentlichen Einrichtungen herrscht alles andere als ein vertrauensvolles Klima; stattdessen bestimmen Revierdenken, Eigeninteressen und mehr oder weniger gekonnte Machtspielchen den Alltag. Oder, noch schlimmer, es herrscht ein ausgeprägtes Klima des Misstrauens und der Schuldzuweisungen.

Da muss man doch die Frage stellen: Wenn Vertrauen tatsächlich so erstrebenswert ist, wieso macht sich dann kaum jemand die Mühe, in seinem Verantwortungsbereich Vertrauen systematisch aufzubauen und zu kultivieren? Eigentlich wäre das ja kein Hexenwerk, sondern eine Managementaufgabe wie viele andere: Man müsste nur herausfinden, welche Faktoren Einfluss auf das Entstehen und den Fortbestand von Vertrauen haben, und dann entsprechend handeln.

Im Grunde ist das vermeintliche Geheimnis des Vertrauens ähnlich simpel wie das Geheimnis einer guten Beziehung: Man muss bereit sein zu investieren. Ein gutes Beispiel ist ein einfaches Konto. Will man einen hohen Kontostand haben, muss man zuerst einzahlen. Man wird nie einen hohen Kontostand erreichen, wenn man nur abhebt.

Lunyu 15.36

Konfuzius sprach: »Wenn es darum geht, Gutes zu tun, sollte man nicht einmal seinem Lehrer den Vortritt lassen.«

Als Führungskraft, so bin ich der Meinung, ist man zunächst verpflichtet einzuzahlen oder wie Konfuzius es nennt, Gutes zu tun. Es ist wichtig, die Mitarbeiter zu stärken, und es ist wichtig, ihnen die notwendige Offenheit zu bieten. Mitarbeiter müssen sich vollkommen selbstverständlich beschweren können, wenn sie nicht einverstanden sind. Der Vorgesetzte muss mit so einer Kritik umgehen, sich ihr stellen.

Lehrsatz 82: Um eine Kultur des Vertrauens zu schaffen, müssen Gewohnheiten im Führungsverhalten abgelegt werden, die Vertrauen behindern.

Aufgegeben werden müssen all jene alltäglichen Schachzüge, die uns kurzfristig kleine Vorteile bringen, aber zulasten unseres Vertrauenskontos gehen: Kollegen bei einer Entscheidung zu übergehen, weil sie Einwände erheben würden; Fakten zu schaffen, statt den Konsens mit anderen Einsichten zu suchen; unrealistische Vorgaben von oben einfach nach unten durchzustellen; bei Mitarbeitern, Kollegen und/oder Vorgesetzten unerfüllbare Erwartungen zu wecken (oder auch nur entstehen zu lassen); sich zulasten von anderen zu profilieren; die Zustimmung eines Mitarbeiters oder Kollegen durch eine untertriebene Darstellung des Aufwands zu gewinnen. All diese kleinen Listen und Tricks beschädigen das Vertrauen.

Wie Vertrauen entsteht

Am Anfang zwischenmenschlicher Beziehungen steht ein Vertrauensvorschuss. Wir wären gar nicht lebensfähig, wenn wir jedem Menschen auf der Straße oder im Bus unterstellen würden, dass er uns bedrohen könnte. Doch dieser Vorschuss ist sehr unterschiedlich. Die Ausprägung orientiert sich an unseren tatsächlichen oder auch vermeintlichen Erfahrungen, die wir aus Medien oder von anderen übernommen haben.

Der Vertrauensvorschuss wächst, wenn wir eine Weile gute Erfahrungen gemacht haben. Nur so sind alltägliche Vertrauensbeweise zu verstehen. Wir bitten zum Beispiel einen Mitreisenden im Zug, den wir vielleicht vor einer Stunde das erste Mal getroffen haben, auf unser Gepäck aufzupassen. Dabei ist die Wahrscheinlichkeit, dass er ein Gauner ist, nicht geringer ist als bei jedem anderen, der gerade draußen auf dem Gang vorbeigeht. Vertrauensbildend wirkt auch der Eindruck, den wir von einem Menschen gewinnen. Der nette junge, kommunikative Mann aus der Nachbarschaft wirkt einfach nicht wie ein Betrüger.

Natürlich ist dieses erste und ungeprüfte Vertrauen nicht unbegrenzt. Jemandem, dem wir für eine Stunde unser Gepäck anvertrauen, dem würden wir nicht zwangsläufig auch unsere Brieftasche überlassen. Doch sicher ist: Das Vertrauen wächst durch Erfahrungen mit anderen Menschen. Je nach Tragweite der Erfahrungen kann sich auch ein gehobenes Maß an Vertrauen einbürgern. Aber zunächst wächst es nicht ins Grenzenlose, es braucht seine Zeit.

Umgekehrt entsteht Misstrauen dann, wenn man mit einem Menschen schlechte Erfahrungen macht. Anscheinend entsteht Misstrauen schneller als Vertrauen, und es hält sich auch länger. Ausschlaggebend hierfür ist eine Verallgemeinerung in dreifacher Weise: Erstens misstraut man dem Übeltäter nicht nur in Bezug auf die negative Situation, sondern man hält ihn grundsätzlich für nicht vertrauenswürdig. Weiterhin misstraut man nicht nur dem Menschen, der unser Vertrauen enttäuscht hat, sondern man wird grundsätzlich misstrauisch, auch anderen gegenüber. Drittens schließlich entwickelt nicht nur der direkt Betroffene Misstrauen, sondern auch andere Menschen, die es miterlebt oder aus glaubwürdiger Quelle davon erfahren haben.

Dies gilt natürlich auch im Berufsleben. In vielen Unternehmen haben Erlebnisse und Erfahrungen die Mitarbeiter gegenüber Vorgesetzten generell misstrauisch gemacht. Daher sind sie nicht mehr bereit, sich auf Neues einzulassen. Sie glauben zu wissen, dass alle Veränderungen auf ihre Kosten gehen.

Da schlechte Erfahrungen generalisiert werden, müssen sie gar nichts mit aktuellen Themen zu tun haben; vielmehr sind sie Ausdruck eines Grundmisstrauens, in das alle gemachten und gehörten Erfahrungen eingehen. Natürlich beschränkt sich dieses Misstrauen nicht nur auf jene Mitarbeiter, die am eigenen Leibe schlechte Erfahrungen gemacht haben, sondern es entsteht eine misstrauische Grundstimmung.

Vertrauen ist mehr als die Abwesenheit von Misstrauen. Es ist die Gewissheit, sich in kritischen Situationen auf den anderen verlassen zu können. Viele Vorgesetzte meinen, eine vertrauensvolle und offene Beziehung zu ihren Mitarbeitern zu haben, weil sie zugänglich sind und einen lockeren, kollegialen Umgang pflegen. In Krisenzeiten sind sie jedoch verwundert, wenn sich das vermeintlich vertrauensvolle Verhältnis als nicht belastbar erweist: Unter dem Druck beispielsweise von drohenden Entlassungen oder anderen Einschnitten reagieren viele Vorgesetzte hilflos und viele Mitarbeiter mit Angst und Rückzug. Sie sprechen mit dem Vorgesetzten nicht über ihre Sorgen, sondern behalten ihre Gedanken für sich. Sie treffen ihre Entscheidungen ohne Vorwarnung, schalten zum Beispiel sofort den Betriebsrat ein oder suchen sich im Stillen einen neuen Job. Oder sie ducken sich und machen Dienst nach Vorschrift.

Das Vertrauen, das man im Berufsleben benötigt, entsteht nicht, wenn man nur nett miteinander ist. Hier könnte man höchstens von Vertrautheit sprechen. Das Vertrauen stellt die Gewissheit dar, dass man sich auch dann auf einen Menschen verlassen kann, wenn der sich dabei gegen seine eigenen Interessen entscheiden müsste.

Kann solch ein Vertrauen im Berufsumfeld überhaupt existieren? Der Vorgesetzte ist für die Mitarbeiter ja auch und vor allem Repräsentant des Unternehmens; daher ist die Situation in einem offenkundigen Interessenkonflikts zwischen Unternehmens-, Mitarbeiter- und Eigeninteressen nicht einfach und klar.

Was hat Vertrauen mit Kontrolle zu tun?

Lunyu 15.30

Konfuzius sprach: »Einen Fehler begangen haben und ihn nicht korrigieren: Erst das ist ein Fehler.«

Viele Menschen verbinden den Begriff Vertrauen mit Ausschließlichkeit: Entweder man hat Vertrauen zueinander – oder eben nicht. Das ist aber eine überzogene und unrealistische Ansicht. Nicht einmal in einer Ehe kann dies so absolut aufgefasst werden, noch viel weniger im Berufsleben.

Im beruflichen Umfeld kommen wir mit Vertrauen besser klar, wenn wir nicht von einem »Alles oder Nichts« ausgehen, sondern wenn wir uns mit einem Vertrauensmodell der Abstufungen beschäftigen. Wenn wir im Berufsalltag Vertrauen aufbauen wollen, so handelt es sich immer um ein Mehr an Vertrauen, aber niemals um ein bedingungsloses, allumfassendes Vertrauen. Natürlich ist es sinnvoll, ein hohes Maß an gegenseitigem Vertrauen anzustreben, sowohl im Beruf als auch im Privatleben. Natürlich lohnt es sich, in ein solches Ziel Anstrengung zu investieren.

Die Vorstellung von absolutem Vertrauen stiftet hingegen mehr Schaden als Nutzen. Zum einen weckt die Auseinandersetzung damit überzogene Erwartungen, zum anderen gleitet man bei Schwierigkeiten gerne in das Extrem der absoluten Kontrolle. Vertrauen und Kontrolle liegen nicht weit auseinander. Stellt man keine Ausschließlichkeitsdogmen auf, kann man Vertrauen und Kontrolle sehr wohl miteinander in Einklang bringen. Wenn man von Vertrauen in sinnvollen Abstufungen ausgeht, dann ist Kontrolle das notwendige und logische Gegenstück zum Vertrauen: Überall dort, wo Aufgaben und Verantwortung delegiert wurden, bleibt ein Mindestmaß an Kontrolle erforderlich. Denn: Die letztliche Verantwortung bleibt auch bei delegierten Aufgaben beim Vorgesetzten. Der muss also, in manchen Fällen ist er sogar gesetzlich dazu angehalten, ein gewisses Maß an Kontrolle ausüben, um der vom Unternehmen an ihn delegierten Verantwortung gerecht zu werden. Umfang und Intensität der Kontrolle richtet sich nach der Kompetenz des Mitarbeiters für die jeweilige Aufgabe, nach seiner Sorgfalt, aber auch nach seiner Integrität. Und außerdem nach der Bedeutung der jeweiligen Aufgabe für das Unternehmen.

Daraus ergibt sich auch bezogen auf Mitarbeiter ein unterschiedliches Maß an Kontrolle. Bei einem Mitarbeiter, der mit einer Aufgabe unerfahren ist und noch nicht alle nötigen Fähigkeiten besitzt, hat der Vorgesetzte nicht nur das Recht, sondern sogar die Pflicht, genauer hinzuschauen. Bei einem »Chaoten« ist mehr Kontrolle erforderlich als bei einem äußerst zuverlässigen Mitarbeiter.

Konstruktive Kontrollen sind ohne Schrecken. Das beginnt damit, dass man mit dem Mitarbeiter die Art der Kontrolle vereinbaren kann, man kann zum Beispiel den Rhythmus der Durchsprache der Arbeitsergebnisse festlegen. Konstruktive Kontrolle bietet darüber hinaus die Gelegenheit, Impulse zur Qualitätssteigerung und persönlichen Weiterentwicklung zu geben. Konstruktive Kontrolle wird tendenziell am ehesten in kleineren Unternehmen ausgeübt, da diese Kontrolle bereits durch den täglichen Kampf am Markt, in der täglichen Mühe um die Kunden gegeben ist. In solch einem Unternehmen muss jedes Mitglied unmittelbar Leistung erbringen. Es fällt sofort auf, wenn sich einer drücken möchte. In anonymen Großsystemen vernachlässigen viele Führungskräfte die Kontrolle und die daraus resultierenden Konsequenzen, weil sie ihnen nicht wichtig ist, weil sie konstruktive Kontrolle gar nicht ausüben können, weil Kontrollspannen viel zu groß sind. Es gibt sicherlich vielerlei Gründe. Selbst in Krisenzeiten fällt es aber in solchen Systemen schwer umzusteuern, denn die kontrollfreien Zustände sind längst Bestandteil der Unternehmenskultur geworden. Gerade in größeren Organisationen darf man von Anfang an nicht auf ein grenzenloses Vertrauen bauen, sondern man ist gut beraten, Vertrauen und konstruktive Kontrolle zu verknüpfen – nicht zuletzt zugunsten des Mitarbeiters.

Wie wir Vertrauen erwerben können

Lunyu 9.25

Konfuzius sprach: »Am wichtigsten sind Loyalität und Vertrauenswürdigkeit.

Ferner befreunde man sich nicht mit Leuten, die einem nicht das Wasser reichen können.

Wenn man einen Fehler gemacht hat, scheue man sich nicht davor, ihn auszubügeln.«

Vielleicht sollte man die Fragestellung umkehren: Was sollte man unterlassen, um dem Wachstum von Vertrauen keine unnötigen Hindernisse in den Weg zu stellen? Der erste Schritt ist es, die richtige Offenheit herzustellen. Weiterhin ist es wichtig, die Beteiligung der Mitarbeiter zu gewinnen, damit sie bereit sind, sich in der Offenheit am Geschäftsprozess zu beteiligen. Und schließlich muss auch die Unterschiedlichkeit von Menschen, Rollen, Aufgaben, ja auch Gehältern diskutiert und akzeptiert werden. In einem solchen Klima kann man Konflikte leichter handhaben. Es ergibt sich ein gewisses Niveau an Ehrlichkeit, das wiederum zu Vertrauen führt.

Vertrauen hat auch etwas mit Berechenbarkeit zu tun. Man kommt leichter mit einem Menschen zurecht, dessen Reaktionen vorhersehbar sind, als mit jemanden, der nur lächelt und dessen Beweggründe man nicht kennt. Ein Mangel an Berechenbarkeit steht dem Wachstum von Vertrauen im Weg.

Für die Vertrauensbildung im Alltag ist entscheidend, wie ein Mensch unangenehme Themen in Angriff nimmt. Wie geht man mit Fehlern oder Fehlentwicklungen um? Konfuzius hat empfohlen, Fehler einzugestehen, damit man sie korrigieren kann. So hat ein Mitarbeiter auch zu berichten, wenn vereinbarte Maßnahmen nicht greifen, wenn sich daraus Fehlentwicklungen abzeichnen. Er hat dies rechtzeitig mitzuteilen, damit man vielleicht noch Gegenmaßnahmen ergreifen kann. Weiß der Manager, dass seine Mitarbeiter ehrlich berichten, kann er die Kontrolle verringern.

Lehrsatz 83: Fehler sollen zugegeben werden, dann kann man sie korrigieren. Erst wenn man den Fehler nicht korrigiert, macht man einen gravierenden Fehler.

Lunyu 15.32

Der Meister sprach: »Wer nicht überall Betrügereien vermutet oder ständig anderen unterstellt, unehrlich zu sein, aber diese Dinge trotzdem zuerst bemerkt, der ist weise.«

Ein Mitarbeiter gesteht Fehler und Probleme viel leichter ein, wenn er seinem Vorgesetzten vertrauen kann. Weiß er, dass der Vorgesetzte ihn nach bestem Wissen und Gewissen unterstützt, wird er eher bereit sein, rechtzeitig die gesamte Wahrheit zu beichten.

Lehrsatz 84: Der Manager muss Vertrauen in seine Mitarbeiter haben und dennoch Fehlentwicklungen schnell erkennen. Dies zeugt von wahrem Können.

Erkennt ein Vorgesetzter Fehlentwicklungen, so zeugt es auch von Vertrauen, diese rechtzeitig zu kommunizieren. Wenn ein Mitarbeiter erst bei der Beurteilung oder gar bei der Kündigung erfährt, dass der Vorgesetzte mit seinen Leistungen unzufrieden ist, wird er sich betrogen und zutiefst unfair behandelt fühlen. Von Vertrauen kann dann natürlich nicht mehr die Rede sein. Das ist in dem Einzelfall vielleicht auch gar nicht mehr gewünscht, aber solche Erfahrungen verbreiten sich in Windeseile im gesamten Unternehmen und können die Vertrauensbasis weit über den Einzelfall hinaus zerstören.

Damit ein Mensch – und insbesondere ein Vorgesetzter – vertrauenswürdig ist, muss man sich erstens darauf verlassen können, dass er unangenehme Themen, gleich ob Kritik oder schlechte Nachrichten, unverzüglich anspricht, dass er dies zweitens mit einer wohlwollenden Einstellung tut, und dass er drittens über diese Themen zuerst mit den Betroffenen spricht und nicht mit anderen Personen.

Die richtige, die konstruktive Kontrolle ist eine der wichtigsten Aufgaben des Managers. Dabei geht im Grunde weniger um

Kontrolle als um Führen. Hierfür muss der Manager aber seine Persönlichkeit einbringen. Er muss sich auf der einen Seite auf die Aufgabe konzentrieren, auf der anderen Seite aber auch alle Widersprüchlichkeiten von rationalen und emotionalen Eindrücken auf sich zukommen lassen – um anschließend den kritischen Ausgleich zu bilden.

Mein Freund sagte mir, er habe durch regelmäßige Reporting-Runden viele Mitarbeiter kennengelernt und habe auch ein gutes Empfinden für die Stärken und Schwächen dieser Mitarbeiter erhalten. So konnte er auch gezielt auf die Mitarbeiter zugehen. Dies, so meint er, habe eine Vertrauensbasis geschaffen. Er wusste, was er seinen Mitarbeiter zutrauen konnte, hatte also Vertrauen in sie. Dies bemerkten die Mitarbeiter sehr schnell, und es wuchs auch ihr Vertrauen zum Chef. Mein Freund machte dabei die Entdeckung, dass man den Mitarbeitern nicht immer nur positives Feedback geben muss. Auch ein kritisches Feedback ist anerkannt und wird sogar eingefordert. Vertrauen kann nicht nur in einer Gutwettersituation funktionieren, Vertrauen ist noch hilfreicher in schwierigen Situationen.

Mitarbeiter einstellen, entwickeln und führen

Lunyu 11.16

Zi Gong fragte: »Wer von beiden ist besser, Shi oder Shang?«

Konfuzius sprach: »Shi geht zu weit, Shang tut zu wenig.«

Zi Gong fragte weiter: »Also ist Shi der Bessere?«

Konfuzius sprach: »Zu viel tun ist nicht unbedingt besser als zu wenig tun.«

Lunyu 15.10

Zi Gong fragte, wie Menschlichkeit zu praktizieren sei.

Konfuzius sprach: »Wenn ein Handwerker seine Sache gut machen will, muss er sich zuerst um die Qualität seines Werkzeugs kümmern. Genauso muss, wer in diesem Land lebt, sich zuerst auf Menschen in wichtigen Positionen konzentrieren und diejenigen zu seinen Freunden machen, die selbst Menschlichkeit hochhalten.«

Zum Thema »Mitarbeiter führen« fällt mir die folgende Geschichte ein: Eine Expedition arbeitete sich langsam durch bisher unerforschte Gebiete des südamerikanischen Amazonasgebietes. Da hielt der Forschungsleiter es eines Tages für angebracht, das Tempo des Urwaldmarsches, das, wie er sagte, recht gemächlich war, zu steigern, und er trieb seine Träger zur Hergabe ihrer letzten Kräfte an.

Zwei Tage ging dieser Gewaltmarsch ganz gut vorwärts, und man legte eine bedeutende Strecke zurück. In der Frühe des dritten Tages aber lauschte der Expeditionsleiter in seinem Zelt vergeblich auf die vertrauten Geräusche des Aufbruchs. Als er zum Schlafplatz der Trägerkolonne ging, fand er die Indianer still und fast feierlich am Boden hockend. Erstaunt fragte er sie nach dem Grund ihrer Arbeitsverweigerung. »Seid ihr krank? Passt euch der Lohn nicht? Habt ihr nicht immer gutes Essen und ausreichend Entlohnung bekommen?« Da antwortete ihm ganz ruhig der Sprecher der indianischen Träger: »Wir können vorläufig nicht weiter. Unsere Körper müssen ruhen, bis unsere Seelen nachkommen. Wir warten, bis sie uns eingeholt haben.«

Was hat dies nun mit Mitarbeiterführung zu tun? Können wir es uns leisten, auf die Seele zu warten? Ich finde, wir werden es uns leisten müssen. Und immer, wenn Mitarbeiter beim Arbeiten ihre Seele verloren haben, hat ein Vorgesetzter versagt.

Personalauswahl, eine vernachlässigte Millioneninvestition

Viele Vorgesetzte nehmen sich für die Mitarbeiterauswahl keine Zeit. Sie delegieren diese Aufgabe einfach. Dabei steht diese Beiläufigkeit in krassem Missverhältnis zur Bedeutung der Personalauswahl. Die Auswahl und die Einstellung der richtigen Mitarbeiter ist für jeden Vorgesetzten von höchster Bedeutung. Denn die Qualität, die Kreativität, die Lösungsorientierung seiner Mitarbeiter ist gleichzusetzen mit den Arbeitsergebnissen, die er einst abliefern kann. So müsste der Vorgesetzte umgekehrt handeln. Das (zeitliche) Investment in neue Mitarbeiter ist Chefsache.

Lunyu 15.23

Konfuzius sprach: »Der Edle beurteilt einen Menschen nicht nur aufgrund seiner Worte. Genauso verwirft er aber auch nicht die Worte nur aufgrund des Menschen, der sie sprach.«

Jeder Manager sollte also ein fundamentales Interesse daran haben, die bestmöglichen Mitarbeiter zu erhalten. Da man außerdem Mitarbeiter nicht so leicht wieder entlassen kann, wenn sie nicht den Erwartungen entsprechen, wäre es wohl angemessen, sich für die Auswahl und Einstellung entsprechende Zeit zu nehmen.

»Die Menschen sind weniger veränderbar als wir glauben«, schreiben Marcus Buckingham und Curt Coffman in ihrem Buch *Erfolgreiche Führung gegen alle Regeln – Wie sie wertvolle Mitarbeiter gewinnen, halten und fördern.* Aus einer Gallup-Befragung von 80000 amerikanischen Führungskräften ziehen sie pragmatisch und nüchtern das Fazit: »Verschwende nicht deine Zeit damit, etwas hineinzutun, was die Natur weggelassen hat. Versuche herauszuholen, was drin ist. Das ist schwer genug.«

Man kann zwar davon ausgehen, dass sich Menschen verändern können (wenn sie wollen), dass aber die Führungskraft den Menschen nur bedingt verändern kann. Es ist manchmal leichter, die Arbeitsaufgabe zu verändern, sodass sie auf den Mitarbeiter passt. Diese Umkehrung wird zwar nicht so gerne gesehen, ist aber manchmal doch eine gute Alternative.

Wenn man also dem Gedanken folgt, dass man Mitarbeiter nicht beliebig verändern kann, ist es umso wichtiger, die richtigen Mitarbeiter von Anfang an einzustellen.

Untersuchungen ergeben, dass bereits die Besetzung einer mittleren Führungsposition eine zweistellige Millioneninvestition ist. Nehmen wir einfach an, eine Führungskraft bliebe 10 Jahre im Unternehmen und verdiente 100 000 Euro pro Jahr. Dann lägen allein Gehalt und Gehaltsnebenkosten bereits bei guten 1,5 Millionen Euro. Kaum ein Unternehmen aber würde eine Stelle schaffen oder neu besetzen, wenn die betreffende Position gerade eben ihre Kosten einspielte – jede Einstellung soll dem Unternehmen deutlich mehr Nutzen bringen als sie kostet. Der Nutzen einer mittleren Führungskraft liegt im Wesentlichen darin, dass sie ihre Abteilung gut führt und dafür sorgt, dass interne oder externe Kunden gut bedient werden, was direkt oder indirekt zu einem Mehrwert für das Unternehmen führt. Darüber hinaus erwarten wir von einer Führungskraft auch noch Impulse für das gesamte Unternehmen. Damit ist die Einstellung jeder Führungskraft eine Investition in die Zukunft mit hohen monetären Erwartungen.

Weiterhin muss man bedenken, dass jede (Wertschöpfungs-) Kette nur so gut ist wie ihr schwächstes Glied. Eine einzige schlecht besetzte Schlüsselfunktion kann sowohl den Ertrag als auch die Schlagkraft eines gesamten Unternehmens entscheidend beeinträchtigen. Denn was nützt das beste Produkt, wenn Vertrieb oder Marketing nicht funktionieren? Was nützen ein gutes Produkt und ein guter Vertrieb, wenn der Service den Kunden erst zur Weißglut und dann zum Lieferantenwechsel treibt? Wie hoch der Faktor an dieser Stelle angesetzt werden muss, hängt von der Größe des Unternehmens und der Bedeutung der jeweiligen Funktion ab.

Mein Freund erzählte von einem Leiter der Technikabteilung im Stammhaus der Fahrradfabrik AG. Dieser Mann war ein begnadeter Techniker, der viele technische Innovationen erfand, aber leider keinerlei Managementgeschick besaß. Man hatte ihn einst eingestellt, weil man von seiner technischen Qualifikation überzeugt war. Aber man hatte sich nicht überlegt, welche Aufgaben er außerdem noch erfüllen sollte und hatte ihn auch keinem Auswahlverfahren unterzogen.

Der Technikleiter initiierte zwar interessante technische Lösungen, aber kein von ihm betreutes Projekt konnte jemals die Kosten und den Zeitrahmen einhalten. Dies führte zu Millionenverlusten und, da man an ihm festhielt, fast auch zum Bankrott des Unternehmens.

Schließlich beorderte ihn der Vorstand nach China. Er sollte in China ein Hightech-Fahrrad entwickeln, das dem Land und seinen Bedürfnissen angepasst ist. Und es sollte auch mit den vorhandenen Techniken und Ressourcen im Land gebaut werden können. Er begeisterte sich für die Aufgabe, scharte eine kleine Spezialistengruppe um sich und begann zu entwickeln. Er war erfolgreich, nach einiger Zeit hatte er das später sehr erfolgreiche Frachtfahrrad entworfen.

Fast schien es, als ob der Techniker sogar froh war, keine so große Personalverantwortung mehr zu haben und sich voll auf die Technik konzentrieren zu können. In Europa stellte man einen Manager für den Job ein, der keine großen technischen Fähigkeiten hatte, aber ausgezeichnet organisieren und führen konnte.

Mit wie viel Sorgfalt würde man über eine Investition in dieser Größenordnung entscheiden, wenn es sich um Anlagen, Maschinen oder Gebäude handelte? Auf welcher Hierarchieebene wäre in solchen Fällen die Entscheidungsbefugnis angesiedelt? Wie viele Manntage Vorarbeit würden in den Entscheidungsprozess einfließen? – Personalentscheidungen dagegen werden häufig aus dem Bauch heraus getroffen. Warum? Weil viele Manager auch gar nicht so richtig beschreiben können, wen sie eigentlich suchen. Häufig sind in Unternehmen die Kriterien, die eine Managerposition beschreiben würden, nicht bekannt.

Lunyu 15.34

Der Meister sprach: »Den Edlen kann man nicht an seinen kleinen Fertigkeiten erkennen, aber man kann ihn mit großen Aufgaben betrauen. Den Gemeinen kann man nicht mit großen Aufgaben betrauen, dafür kann man ihn aber in seinen kleinen Fertigkeiten schätzen lernen.«

Lunyu 2.10

Konfuzius sprach: »Beobachte, wie er handelt, betrachte seine Motive und untersuche, worin er seine Ruhe findet. Wie könnte ein Mensch Dir dann noch etwas verbergen?«

Die Realität ist, dass sich die Manager oftmals nur oberflächlich Gedanken über die Auswahlkriterien machen und nach einem flüchtigen Blick auf die Bewerbungsunterlagen in die Vorstellungsgespräche hetzen. Nur selten findet dort ein strukturiertes Interview statt, das sicherstellt, dass zu den wesentlichen Anforderungen vergleichbare Daten gewonnen werden. Stattdessen führen viele Interviewer die Gespräche, wie es sich eben aus der Situation und ihrer eigenen Lust und Laune ergibt. Infolgedessen steht am Ende auch keine differenzierte Beurteilung der Kandidaten, sondern ein pauschaler Gesamteindruck wie »guter Mann« oder »hat mich nicht überzeugt«.

Lehrsatz 85: Nur eine klare Beschreibung der Anforderungen an einen Stellenbewerber verhindert Fehlentscheidungen.

Mein Freund hat mir erzählt, dass er immer viel Zeit und viele Gedanken aufgewandt habe, um seine Direct Reports auszuwählen. Schließlich musste er sich in der Zukunft auf sie verlassen können. Ihre Fehler würden ihm angekreidet werden. Ihre Erfolge dagegen wären auch seine Erfolge. Er beschloss daher, lieber keine Kompromisse einzugehen. Er nahm sich (auch notgedrungen) die Zeit, bis er den richtigen Kandidaten gefunden hatte. Das bereitete ihm schlaflose Nächte. Aber nach einiger Zeit konnte er dafür umso besser schlafen. Wo er konnte, hat er kleine Assessments abgehalten und die Kandidaten von mehreren Personen beurteilen lassen. Mein Freund sagte, dass er bisher noch keine Fehlentscheidung getroffen habe.

Lehrsatz 86: Personalauswahl braucht Sorgfalt. Überprüfe die Ausgeglichenheit und Ruhe eines Bewerbers. Frage den Bewerber nach seinen Motiven. Lass Dir erzählen, wie er handeln will. Dann kann man den geeigneten Bewerber entdecken.

Wie kann man strukturiert vorgehen?

Ziel ist die bestmögliche Besetzung der jeweiligen Position. Aber was heißt eigentlich bestmöglich? Der Kandidat oder die Kandidatin erfüllt die Anforderungen, die in der jeweiligen Position über Erfolg oder Misserfolg entscheiden. Dies bedeutet, dass man vor der Personalauswahl solche Anforderungen erarbeiten muss.

Ein gutes Auswahlverfahren besteht aus folgenden Schritten:

- Bestimmung der Anforderungen, die über Erfolg oder Misserfolg in der jeweiligen Position entscheiden;
- Abschätzung, ob die entsprechenden Fähigkeiten erlernbar sind (bestimmte Fachkompetenzen zum Beispiel) oder bereits vorhanden sein müssen (besonders Persönlichkeitseigenschaften).
- Konzeption des Auswahlverfahrens. Das Hauptaugenmerk liegt bei den Anforderungen, die vorhanden sein sollen.
- Entscheidung auf Grundlage der Befunde zu den (kaum entwickelbaren) kritischen Anforderungen.

Abschließend erfolgt noch die sogenannte »Inselfrage«, mit der überprüft werden soll, ob der Kandidat zu den Vorgesetzten und Kollegen passt. Werden sie zusammenarbeiten können? Diese Frage ist wichtig, denn ein Bewerber kann theoretisch noch so gut geeignet sein, wenn die Chemie nicht stimmt (aus welchen Gründen auch immer) wird eine Zusammenarbeit auch nie funktionieren.

Ein solches Vorgehen setzt voraus, dass man, wie bei jeder anderen Managementaufgabe auch, am Anfang Zeit in die Vorbereitung investiert. Die Betonung liegt auf »am Anfang«. Die Vorbereitung entscheidet, ob ein befriedigendes Ergebnis erzielt werden kann.

Das gravierendste Problem ist in der Praxis meistens die Formulierung des Anforderungsprofils. Bei vielen Managern, die sich damit beschäftigen, scheinen alle Kriterien besonders wichtig zu sein. Die wenigsten Manager schaffen es, eine Auswahl zu erstellen, die dann Leitfaden für die Suche sein könnte. Im Grunde weiß der Manager gar nicht genau, wen er sucht. Vielleicht so jemanden, wie er selbst ist. Aber das würde natürlich niemals gut gehen.

Nur wenn man den Mut hat, sich auf die fünf oder maximal sieben Anforderungen zu fokussieren, die wirklich über Erfolg oder Misserfolg entscheiden und kaum entwickelbar sind, hat man eine Chance.

Lunyu 13.13

Konfuzius sprach: »Wer sein eigenes Leben in Ordnung zu bringen vermag, der wird auch im öffentlichen Leben keine Schwierigkeiten haben. Wer aber nicht einmal sein eigenes Leben in Ordnung bringen kann – wie könnte der andere zur Ordnung rufen?«

Lunyu 3.26

Konfuzius sprach: »Wer auf einem hohen Posten sitzt, aber nie Milde walten lässt; wer sich zwar höflich benimmt, aber es nie ehrlich meint; wer an einer Trauerfeier teilnimmt, ohne echte Trauer zu empfinden – warum sollte ich mir solche Leute noch näher ansehen!«

> *Lehrsatz 87:* Der Manager muss die Anforderungen formulieren, von denen er sich leiten lassen will. Dann wird er auch keine Schwierigkeiten haben, Kandidaten auszuwählen, die diese Anforderungen erfüllen.

Nun ist die Hauptaufgabe des Managers nicht, Personal einzustellen, sondern Personal zu führen. Personalführung ist ausschlaggebend für den Erfolg oder Misserfolg eines Unternehmens.

In den neunziger Jahren gab es eine Führungsauffassung, die Mitarbeiter nur als Kostenfaktor betrachtete. Diese Unternehmen konnten sich keine verlässliche Mitarbeitermannschaft aufbauen. Erst als (geeignete) Mitarbeiter knapp wurden, besann man sich auf deren Wert. Da man Mühe hatte, qualifizierte Mitarbeiter zu gewinnen, investierte man notgedrungen. Mitarbeiterführung ist aber kein kurzfristiges Konzept, sondern ist das Unternehmenskonzept schlechthin. Führungsmodelle von hierarchischem und autoritärem Führungsstil gehören schon seit einiger Zeit der wissenschaftlichen Vergangenheit an. Doch in vielen Unternehmen hat sich am Führungsverhalten noch nichts geändert. Das liegt aber nicht nur an den Unternehmen, sondern an den noch verbliebenen Managern aus einer längst vergangenen Welt – die durch ihr stetes Vorbild auch nachrückende Manager noch beeinflussen.

Personalführung ist nichts anderes als das Managen eines steten Konflikts: Effizienz und Arbeitsleistung versus Arbeitsbedingungen. Es wird behauptet, dass dies nicht konfliktfrei zu lösen sei. Dennoch gilt auch in einem solchen Fall: Erfolg überzeugt. Effizienz führt zu besseren Arbeitsbedingungen.

Problematisch ist auch das Spannungsfeld zwischen Kooperation und Teamfähigkeit und der individuellen Leistung. Die beiden Begriffe lassen sich häufig nicht verknüpfen. Trotzdem gibt es auch hier Lösungsmöglichkeiten. Man spricht von Networking. Teams binden Experten ein. Auch in einem solchen Fall gilt: Erfolg überzeugt. Networking führt zur Kombination von Teams und Experten.

Noch ein Spannungsfeld: Struktur und Sicherheit gegen Innovation und Veränderungsmanagement. Natürlich ist für den Prozess in Unternehmen die Stabilität der Umwelt und der Strukturen eine wichtige Vorbedingung. Dennoch muss eine permanente Veränderungsbereitschaft bestehen. Veränderung von Marktgegebenheiten, Konsumverhalten, Investitionsbereitschaft führt zu Änderungen in einem Unternehmen. Je schneller das Unternehmen solche Änderungen mit motiviertem Personal bewältigen kann, desto mehr Chancen hat es im Wettbewerb. Auch in einem solchen Fall gilt: Erfolg überzeugt. Wurden Veränderungen professionell gemeistert, schreckt auch die nächste Veränderung nicht.

Einer kooperativen und offenen Personalführung, welche die Mitarbeiter nicht als Kostenfaktor, sondern als wichtigstes Kapital betrachtet, gehört die Zukunft. Ein gutes Arbeitsklima ist ein zentraler Faktor für gute Leistungen. Dafür sind eine gute Ausbildung und hohe soziale Kompetenzen von Managern wichtiger denn je.

Konfuzius hätte noch in anderen Dimensionen gedacht: Nur stetes Lernen führt zum Erfolg. Die Mitarbeiter lernen von den Vorgesetzten, die Vorgesetzten lernen von den Mitarbeitern.

Lunyu 15.31
Der Meister sprach: »Ich habe einmal einen Tag lang nicht gegessen und eine Nacht lang nicht geschlafen, um nachzudenken. Das hat nicht geholfen – besser ist es, stattdessen zu lernen.«

Lunyu 19.5
Der Jünger Zi Xia sprach: »Wer sich täglich vor Augen hält, was er noch nicht weiß, und zugleich Monat für Monat der Dinge eingedenk bleibt, die er schon kann, von dem kann man wahrlich sagen, dass er das Lernen liebt.«

Lunyu 5.28
Konfuzius sprach: »Selbst in einem Dorf von nur zehn Häusern wird es Menschen geben, die mir in Loyalität und Vertrauenswürdigkeit gleichkommen. Doch wird es niemanden geben, der das Lernen so liebt wie ich.«

Lehrsatz 88: Mitarbeiter, die in einem Unternehmen beginnen, müssen lernen. Sie müssen lernen, das Lernen zu lieben. Die Vorgesetzten müssen mit gutem Beispiel vorangehen.

Und zum Schluss noch ein Rat von Konfuzius für die gelegentliche Selbstreflexion:

Lunyu 16.10

Konfuzius sprach: »Ein Edler sollte ständig diese neun Dinge bedenken:

1. ob er, wenn er etwas betrachtet, auch alles deutlich erkannt hat;
2. ob er, wenn er jemandem zuhört, auch alles richtig verstanden hat;
3. ob er in seiner Miene Milde und Harmonie ausstrahlt;
4. ob er in seiner Haltung den anderen gegenüber Respekt zeigt;
5. ob er in seinen Worten aufrichtig ist;
6. ob er in seinem Tun gewissenhaft ist;
7. ob er in Zweifelsfällen auch daran denkt, nachzufragen;
8. ob er, wenn er in Zorn geraten ist, auch an die Folgen denkt, die sein Handeln haben könnte;
9. ob es, wenn er einen Vorteil für sich selbst erblickt, auch rechtschaffen wäre, ihn zu nutzen.«

Empfehlung für Konfuzius

Herr Konfuzius, geb. 551 v. Chr. in Qufu, war bei uns von ... bis ... als Berater und Coach tätig. Seine Aufgabe bestand vor allem in der Beratung des Managements. Er hat dabei alle an ihn gestellten Erwartungen stets zu unserer vollsten Zufriedenheit erfüllt.

Herr Konfuzius brachte vielfältige Erfahrungen mit, die er als Beamter, Fürstenberater und Lehrer gesammelt hatte. Deshalb vertrauten wir ihm die Aufgabe an, obwohl er noch wenig Erfahrung als Berater in Unternehmen des 21. Jahrhunderts hatte. Dennoch arbeitete er sich schnell und sorgfältig in die Probleme modernen Managements ein und konnte uns so wertvolle Anregungen zu vielfältigen Führungsproblemen vermitteln. Im direkten Umgang mit den Führungskräften war Herr Konfuzius aufgeschlossen und einfühlsam. Auch Manager mit schwieriger Persönlichkeitsstruktur wurden von ihm zu ihrer persönlichen Zufriedenheit betreut. Deshalb konnte er bereits nach einiger Zeit zum Chefberater ernannt werden. Unseren damit verbundenen Erwartungen ist er stets in allerbester Form gerecht geworden.

Besonders anerkennenswert ist, dass Herr Konfuzius sich in seiner Freizeit stets der eigenen Fortbildung widmete. Er lernte sozusagen dauernd und ausdauernd. Er behauptete, dass Lernen der Schlüssel zum Erfolg sei. Nur so ist es zu verstehen, dass er nach kürzester Zeit in der Lage war, allen Managern wertvolle Anregungen zum Umgang mit Führung zu geben, die sämtlich zu einer wesentlichen Zeit- und damit auch zu einer Kostenersparnis führten und nicht zuletzt Harmonie und Mitarbeiterzufriedenheit in unserem Unternehmen förderten.

Herr Konfuzius verlässt uns auf eigenen Wunsch, um in einem anderen Unternehmen neue Aufgaben zu übernehmen. Wir bedauern sein Ausscheiden außerordentlich, haben aber volles Verständnis dafür, dass Herr Konfuzius sich fortentwickeln und neuen Aufgaben stellen möchte.

Wir bedanken uns bei Herrn Konfuzius für die bei uns geleistete Arbeit und wünschen ihm für seine berufliche und private Zukunft alles Gute.

Nachwort

Ich habe dieses Buch Konfuzius gewidmet und dabei natürlich auch etwas nach China geschielt. Wie wirkt Konfuzius in China? Leider kann ich nur feststellen, dass in vielen chinesischen Unternehmen die Lehren von Konfuzius gar nicht berücksichtigt werden. Eher herrscht Wildweststimmung vor. China gibt sich zurzeit kapitalistischer als die Herkunftsländer des Kapitalismus.

Ich kann mir das nur so erklären, dass wir in einer Zeit des Umbruchs leben, in der Raffgier mehr zählt als der einzelne Mitarbeiter. Und mein Freund, der CEO der Fahrradfabrik AG, ist ein einsamer Kämpfer. Er hat es leicht, er ist ja auch bei einem deutschen Unternehmen angestellt.

Deshalb haben wir Konfuzius nach getaner Arbeit auch wieder nach China geschickt. Er soll nun die Regierung und die Unternehmensleitungen in seinem Heimatland beraten. Vielleicht besinnt man sich ja wieder auf den traditionellen Ratgeber.

Lehrsätze des Konfuzius

Lehrsatz 1: Vertrauen
Ohne Vertrauen der Mitarbeiter ist keine erfolgreiche Führung möglich.

Lehrsatz 2: Kommunikation
Der Führer passt sein Kommunikationsverhalten der Situation an.

Lehrsatz 3: Gesinnung
Der Führer muss von edler Gesinnung sein. Er ist würdevoll, menschlich und weise.

Lehrsatz 4: Erfahrung
Zukunftsweisende Führung baut auf den Erfahrungen der Vergangenheit auf.

Lehrsatz 5: Krisen
Auch Krisenzeiten dürfen den Manager nicht in Verzweiflung und Angst treiben. In solchen Situationen werden sich nur die weisen Manager bewähren.

Lehrsatz 6: Ruhe
Erfolgreiche Manager führen aus der Ruhe heraus.

Lehrsatz 7: Leitbild
Es ist wichtig, in einem Unternehmen einen Polarstern zu haben, an dem sich alle ausrichten können. Diese Funktion hat der Leader zu übernehmen. Er hat sie mit Tugend auszufüllen.

Lehrsatz 8: VORBILD

Erfolgreiche Manager werden als Vorbilder angesehen

Lehrsatz 9: PERSÖNLICHKEIT

Die Persönlichkeit einer Führungskraft ist geprägt von Tugend, Weisheit und Achtung.

Lehrsatz 10: BEISPIEL

Gutes Beispiel wirkt von oben nach unten.

Lehrsatz 11: AUTHENTIZITÄT

Der Manager und Führer wird nur erfolgreich sein, wenn er authentisch ist.

Lehrsatz 12: MASS

Das Ergebnis ist vom rechten Maß abhängig.

Lehrsatz 13: ELAN

Gehe den anderen voraus und zeige keine Müdigkeit.

Lehrsatz 14: PRÄSENZ

Der Leader überzeugt durch seine Dasein und vermeidet überflüssige Worte.

Lehrsatz 15: RESULTAT

An ihren Ergebnissen werdet ihr die guten Manager erkennen.

Lehrsatz 16: LERNEN

Lernen ist auch für einen Manager das bestimmende Element des Lebens.

Lehrsatz 17: PRAXIS

Man kann niemals genug lernen – aber erst die Anwendung entscheidet über den Erfolg.

Lehrsatz 18: CHARAKTER

Der Leader und Manager zeichnet sich durch Charakterbildung aus. Er setzt sich für das Wohl anderer ein und steht zu seinem Wort.

Lehrsatz 19: Schwächen

Der Manager und Leader kann seine Stärken und Schwächen einschätzen und offen mit seinen Schwächen umgehen.

Lehrsatz 20: Respekt

Oberstes Führungsprinzip ist das Prinzip der gegenseitigen Achtung. Es ist die Aufgabe des Leaders und Managers, damit zu beginnen.

Lehrsatz 21: Anforderung

Der Leader und Manager muss die Anforderungen, die er an seine Mitarbeiter stellt, zuerst an sich stellen.

Lehrsatz 22: Rücksicht

Der Leader und Manager übt Treue gegen sich selbst und Rücksichtnahme auf andere.

Lehrsatz 23: Menschlichkeit

Der Leader und Manager muss menschlich sein. Er achtet auf Gefahren und kann sein Handeln danach ausrichten.

Lehrsatz 24: Erster Schritt

Es gehört Mut dazu, anzufangen. Aber wenn wir nicht anfangen, haben wir ohnehin schon verloren.

Lehrsatz 25: Weg

Der Manager muss Ziel und Weg in Übereinstimmung bringen. Er muss sowohl Ziele erkennen und formulieren, als auch darauf achten, dass der Weg beschritten wird.

Lehrsatz 26: Ziel

Der Manager muss sich rechtzeitig über die Zukunft Gedanken machen und aufgrund seiner Erkenntnisse Ziele formulieren.

Lehrsatz 27: Ablenkung

Der Manager konzentriert sich auf den Weg. Er darf sich dabei nicht von den Umständen ablenken lassen.

Lehrsatz 28: Taten

Nicht auf die Person des Führers kommt es an, sondern auf das, was er erreicht. Darauf sollte sich der Führer konzentrieren.

Lehrsatz 29: Ergebnisse

Der Leader muss in der Lage sein, zurückzutreten und anderen den Vortritt zu lassen. Es geht nicht um seine Person, sondern es geht um das Ergebnis.

Lehrsatz 30: Konzentration

Befindet man sich auf dem Weg, so muss man sich auf den Weg konzentrieren. Konfuzius fordert, dass wir uns nicht ablenken lassen.

Lehrsatz 31: Aufgeben

Wenn man von seinem Ziel überzeugt ist, so gibt es keinen Grund aufzugeben.

Lehrsatz 32: Beharrlichkeit

Und wenn man uns mit Nebensächlichkeiten vom Weg abbringen will, sollten wir uns dagegen wehren.

Lehrsatz 33: Priorität

Es kommt auf den Weg an, nicht auf persönliche Eitelkeiten.

Lehrsatz 34: Aufrichtigkeit

Der Leader muss dafür sorgen, dass er aufrichtige (edle) Führungskräfte einsetzt.

Lehrsatz 35: Zeit

Ein Führer macht aus einer chaotischen Mitarbeitergruppe noch lange kein effizient arbeitendes Team. Der Führer braucht Zeit, bis er sich durchsetzen kann. Diese Zeit muss man ihm zugestehen.

Lehrsatz 36: Mittelpunkt

Der verantwortliche Leader muss seine Tätigkeit in bescheidener Überzeugung ausüben. Er muss Vertrauen zu seinen Mitarbeitern haben und sie in den Mittelpunkt seines Handelns stellen.

Lehrsatz 37: Ressourcen

Die erste Priorität des Führers ist es, sich um sein Handwerkszeug und um seine Mitarbeiter zu kümmern. Das sind seine Ressourcen – sie müssen einsatzbereit sein.

Lehrsatz 38: Optimale Kombination

Der Leader ist verantwortlich für die optimale Kombination von Aufgabe und Mitarbeiter. Je mehr Harmonie daraus resultiert, desto erfolgreicher wird er sein.

Lehrsatz 39: Identifikation

Der Leader muss authentisch sein und sich mit seiner Aufgabe identifizieren.

Lehrsatz 40: Klarheit

Klarheit ist wichtig. Die Rollen der Beteiligten müssen klar formuliert sein, die Kommunikation zwischen allen muss nach klaren Spielregeln ablaufen.

Lehrsatz 41: Engagement

Die Topmanager müssen persönlich beteiligt sein. Die persönliche Verantwortung ist verpflichtend festgelegt. Ergebnisse werden gemessen und Fehler rechtzeitig korrigiert.

Lehrsatz 42: Harmonie

Nur eine authentische Führungskraft ist in der Lage, der Organisation die notwendige Ruhe und Harmonie zu vermitteln, um die größtmögliche Attraktivität zu erlangen.

Lehrsatz 43: Offenheit

Ein Klima der Offenheit ermöglicht Lernprozesse. Offenheit aber gedeiht nur in einem angstfreien Raum. Offenheit entsteht nicht auf Befehl. Offenheit erfordert einen Lernprozess.

Lehrsatz 44: Beteiligung

Ein Unternehmen lebt durch die Beteiligung aller Mitarbeiter. Deshalb ist es von größter Bedeutung, dass der Manager einen Raum der Offenheit etabliert, in dem die Beteiligung Fuß fassen kann.

Lehrsatz 45: Differenzierung

Der Manager muss differenzieren können. Kann er dies nicht, ist er als Manager und Leader nicht geeignet.

Lehrsatz 46: Beförderung

Der Manager muss die »aufrechten« Mitarbeiter befördern. Dann werden auch alle anderen Mitarbeiter folgen. Befördert er aber »unehrliche« Mitarbeiter, so werden sich die anderen gegen den Manager wenden.

Lehrsatz 47: Denken und Handeln

Der Manager und Leader hat eine Vorbildfunktion wahrzunehmen. Er ist weise, tapfer und menschlich. Er denkt nach, aber er entscheidet auch.

Lehrsatz 48: Vorschriften

Der Manager muss Vorbild sein und Achtung vor den anderen zeigen. Vorschriften dürfen nicht willkürlich sein, sondern müssen sich an den Regeln der Sittlichkeit und an den Erfordernissen des Unternehmens ausrichten.

Lehrsatz 49: Wohl des Unternehmens

Der Führer muss zuerst an sein Unternehmen und an seine Mitarbeiter denken. Er darf weder sein Unternehmen ausbeuten noch seinen Untergebenen seine Maßlosigkeit demonstrieren.

Lehrsatz 50: Handlungsbasis

Der Manager hat mit Anstand und mit Nachsicht zu führen. Die Basis seines Handelns sind Rechtschaffenheit, Bescheidenheit und Vertrauenswürdigkeit.

Lehrsatz 51: Vordergrund

Der Manager denkt nicht an sich und an seine Leistung, er denkt an sein Unternehmen, und er hat das Bestreben, die Arbeitsleistung seiner Mitarbeiter entsprechend in den Vordergrund zu rücken.

Lehrsatz 52: Massstab

Die Manager haben sich so zu verhalten, wie sie wollen, dass sich die Mitarbeiter verhalten. Der Manager muss hohe Maßstäbe an sich legen, dann folgt man ihm auch in den schwierigsten Zeiten.

Lehrsatz 53: Kritik
Der Manager muss seine Menschlichkeit im Umgang mit Mitarbeitern auch zeigen. Das schließt Forderungen und Kritik nicht aus.

Lehrsatz 54: Entwicklung
Der Manager muss sich mit seiner eigenen Persönlichkeit und seinen eigenen Emotionen auseinandersetzen. Er bemüht sich um die eigene Vervollkommnung, um besser führen zu können.

Lehrsatz 55: Integration
Der Führer muss den Prozess gestalten, der alle Mitarbeiter integriert, um für ein Unternehmen eine Wertsteigerung zu erreichen.

Lehrsatz 56: Ansporn
Der Manager spornt seine Mitarbeiter mit Kritik und Harmonie gleichermaßen zu Höchstleistungen an.

Lehrsatz 57: Kardinaltugenden
Nur durch ständiges Lernen wird man verstehen, die Kardinaltugenden sinnvoll anzuwenden.

Lehrsatz 58: Selbsterkenntnis
Der Manager muss seinen ureigenen Beitrag zum Leitbild eines Unternehmens leisten. Dabei muss der Manager seine Aufgabe kennen und sich von positiven Werten leiten lassen.

Lehrsatz 59: Reife
Führungsfähigkeit setzt menschliche Reife voraus. Professionalität in diesem Sinne bedeutet, sich zurückzunehmen im Interesse der Ergebnisse.

Lehrsatz 60: Kompetenz
Bescheidenheit beginnt damit, dass man sich auf die eigenen Verantwortlichkeiten konzentriert, sein Wissen und seine Kompetenz optimiert und einsetzt. Es ist keine Bescheidenheit, wenn man sich mit Halbwissen überall einmischt.

Lehrsatz 61: Bescheidenheit

Bescheidenheit heißt, seine Möglichkeiten realistisch einzuschätzen. Bescheidenheit heißt, sich nicht selbst in den Mittelpunkt zu stellen, sondern anderen die Aufmerksamkeit zukommen zu lassen.

Lehrsatz 62: Ehrlichkeit

Ehrlichkeit schafft Glaubwürdigkeit. Glaubwürdigkeit führt zu Anerkennung. Anerkennung ist der halbe Erfolg.

Lehrsatz 63: Glaubwürdigkeit

Ehrlichkeit ist die Basis für das Denken und Handeln des Managers. Dann wird er auch glaubwürdig sein – in Worten und Taten.

Lehrsatz 64: Angst und Mut

Es ist keine Schande, Angst und Furcht zu haben. Es ist Mut, Angst und Schande zu überwinden.

Lehrsatz 65: Konsequenzen

Man muss zuerst denken, dann entscheiden, dann Mut für die Umsetzung haben. Schließlich muss man auch die Konsequenzen für die eigenen Handlungen übernehmen, die positiven wie auch die negativen.

Lehrsatz 66: Einfühlungsvermögen

Der Manager braucht für seine Arbeit Einfühlungsvermögen. Er muss seine Mitarbeiter verstehen, um sie zielorientiert führen zu können.

Lehrsatz 67: Soziale Fähigkeiten

Selbsterkenntnis, Selbststeuerung, Motivation, Einfühlungsvermögen und soziale Fähigkeiten sind die Voraussetzungen, um als Führungskraft glaubwürdig und erfolgreich zu sein.

Lehrsatz 68: Rhetorik

In der Rede kann der Manager seine Zuhörer überzeugen. Voraussetzungen sind: rhetorische Fähigkeiten, Authentizität und eine sorgfältige Vorbereitung.

Lehrsatz 69: Teamfähigkeit

Der Manager muss sich auf seine Mitarbeiter einstellen können. Er muss in der Lage sein, ihre Potenziale zur Entfaltung zu bringen. Teamfähigkeit gehört zum Handwerkszeug des Managers.

Lehrsatz 70: Umgang mit Erfahrungen

Erfahrung lehrt uns, das Gelernte richtig anzuwenden. Auch der Umgang mit Erfahrungen muss gelernt werden.

Lehrsatz 71: Anwendung von Erfahrungen

Erfahrung entsteht durch eigene Praxis, aber auch durch Zuhören und Zusehen. Erfahrung ist aber nur wertvoll, wenn sie auch angewendet wird.

Lehrsatz 72: Analyse

Die Ziele müssen richtig sein und eindeutig formuliert werden. Klare Ziele kann man erst formulieren, wenn man den gesamten Sachverhalt umfassend analysiert hat.

Lehrsatz 73: Fokus

Wenige wichtige Ziele sind besser als viele Ziele. Auf wenige und große Ziele kann man sich besser konzentrieren.

Lehrsatz 74: Überzeugung

Menschen werden sich nur engagieren, wenn sie überzeugt sind. Der Manager verbreitet das Wissen, das dafür die Basis ist.

Lehrsatz 75: Orientierung

Die Orientierung ist nicht nur für den Leader von Bedeutung. Daher muss die Orientierung im ganzen Team verbreitet werden.

Lehrsatz 76: Organisation

Organisation ist der Aufbau von Prozessen und Funktionen unter Berücksichtigung ihrer jeweiligen Schnittstellen. Es ist wichtig, das richtige Maß zu finden.

Lehrsatz 77: Plan

Ein Organisationsplan beschreibt das Zusammenspiel aller Mitarbeiter und Funktionen. Er ist so zu gestalten, dass sich jeder gemäß seiner Bedeutung und Funktion wiederfindet.

Lehrsatz 78: Entscheidung

Richtige Entscheidungen zu fällen verlangt viel Erfahrung. Man benötigt Zeit, um sich der Entscheidung anzunähern. Die richtige Entscheidung ist die Entscheidung, mit der man sich selbst im Reinen befindet.

Lehrsatz 79: Entscheidungsverantwortung

Im Allgemeinen setzt jede Tat eine Entscheidung voraus. Deshalb hat der Manager darauf zu achten, Entscheidungen verantwortlich zu treffen.

Lehrsatz 80: Kontrollprozess

Kontrolle beginnt mit der Selbstkontrolle und reicht bis zur Überprüfung der jeweiligen Arbeitsfortschritte. Kontrolle ist ein permanenter Prozess.

Lehrsatz 81: Vertrauenskultur

Eine Vertrauenskultur entsteht nur, wenn man auf den Menschen eingeht, wenn man Lob und Tadel ernst nimmt und ihnen auf den Grund geht.

Lehrsatz 82: Gewohnheiten

Um eine Kultur des Vertrauens zu schaffen, müssen Gewohnheiten im Führungsverhalten abgelegt werden, die Vertrauen behindern.

Lehrsatz 83: Fehler

Fehler sollen zugegeben werden, dann kann man sie korrigieren. Erst wenn man den Fehler nicht korrigiert, macht man einen gravierenden Fehler.

Lehrsatz 84: Wahres Können

Der Manager muss Vertrauen in seine Mitarbeiter haben und dennoch Fehlentwicklungen schnell erkennen. Dies zeugt von wahrem Können.

Lehrsatz 85: Klarheit der Anforderungen

Nur eine klare Beschreibung der Anforderungen an einen Stellenbewerber verhindert Fehlentscheidungen.

Lehrsatz 86: Auswahl

Personalauswahl braucht Sorgfalt. Überprüfe die Ausgeglichenheit und Ruhe eines Bewerbers. Frage den Bewerber nach seinen Motiven. Lass Dir erzählen, wie er handeln will. Dann kann man den geeigneten Bewerber entdecken.

Lehrsatz 87: Formulierung der Anforderungen

Der Manager muss die Anforderungen formulieren, von denen er sich leiten lassen will. Dann wird er auch keine Schwierigkeiten haben, Kandidaten auszuwählen, die diese Anforderungen erfüllen.

Lehrsatz 88: Lernen und Beispiel

Mitarbeiter, die in einem Unternehmen beginnen, müssen lernen. Sie müssen lernen, das Lernen zu lieben. Die Vorgesetzten müssen mit gutem Beispiel vorangehen.

Anmerkungen

Vorwort

1 Eine ausführliche Darstellung der Geschichte und Bedeutung von Qufu bietet die chinesische Botschaft in Bern: Botschaft der Volksrepublik China in der Schweiz (Hrg.), »Qufu – Heimat des Konfuzius«, 4.8.2004, auf: http://ch.chineseembassy.org

2 Vgl. Erling Weinreich, »Bemerkungen zur Geschichte des Konfuzius-Tempels«, auf: www.konfuzius.net

Kapitel 1: Konfuzius – Ratgeber seit 2500 Jahren

1 Alle Zitate aus dem Lunyu sofern nicht anders angegeben nach: Erling Weinreich, »Berühmte Konfuzius-Sprüche«, auf: www.konfuzius.net

2 »Zu einigen Bezeichnungen des Konfuzius im Lun-yü«, in: *Hamburger China Notizen* Nr. 14, 24.12.2001, auf: www.stumpfeldt.de

3 Vicente Vargas Martinez, *Konfuzius und der Konfuzianismus*. Radiomanuskript zum Thema Fernöstliche Philosophie Teil 2 vom 23.7.2000, gesendet auf Radio Flora, Hannover

4 Martinez, *Konfuzius und der Konfuzianismus*

5 Ralf Moritz, *Gespräche*, Stuttgart: Reclam 2003

6 Vgl. Zhanao Yang, *Konfuzianismus*, Gastvortrag zur 90. Sitzung der Humboldt-Gesellschaft am 29.7.1999.

7 Vgl. Yang, *Konfuzianismus*

8 Ebd.

9 Richard Wilhelm, *I Ging: Das Buch der Wandlungen*, Erstausgabe Jena, Köln: Diederichs 1924, auf: http://gutenberg.spiegel.de

10 Vgl. »Ranking: Chemiefirmen frustrieren Manager mit Dauerumbau«, in: *Financial Times Deutschland*, 20.7.2005

Kapitel 2: Gibt es eine ideale Führungskraft?

1 Vgl. *manager magazin*, 18.3.2005

2 Alois Czipin, Czipin & Proudfoot Consulting GmbH, *Globale Produktivitätsstudie*, auf: www.visavis.de

Kapitel 3: Aus dem Baukasten des Beraters Konfuzius

1 Lisa Nienhaus, »Der Club der stillen Tüftler«, in: *brand eins* 09/2004

2 Vgl. »Deutsche Manager: Rüpel oder Vorbild«, *stern.de Extra* 3.6.2005, auf: www.stern.de

3 »Deutsche Manager«, *stern.de Extra*

4 Die Leserzuschrift entstammt der Zeitung *Blick* vom 3. März 2005. Die in der Zeitung zitierten Zahlen, auf die sich der Leser beruft, wurden veröffentlicht in: Dirk Schütz, *Gierige Chefs. Warum kein Manager zwanzig Millionen wert ist*, Zürich: Orell Füssli 2005

5 Therese Jäggi, »Selbstbedienung«, in: *Context* 07/2005

6 Graef S. Crystal, *In Search of Excess: the overcompensation of American Executives*, New York: Norton 1991

7 Dirk Schütz, *Gierige Chefs. Warum kein Manager zwanzig Millionen wert ist,* Zürich: Orell Füssli 2005

8 Jäggi, »Selbstbedienung«

9 Schütz, *Gierige Chefs*

10 Zitiert nach: *Der große Brockhaus, Enzyklopädie in zwanzig Bänden*, Leipzig, Mannheim: Brockhaus

11 *Duden – Deutsches Universalwörterbuch,* 4. Aufl., Mannheim: Dudenverlag 2001

12 Zitiert nach: Michael Behn, »Die Vision – das Bild von der Zukunft«, auf: www.behn-friends.de

Kapitel 4: Die Persönlichkeit des Managers

1 Richard Wilhelm, *I Ging: Das Buch der Wandlungen,* Erstausgabe Jena, Köln: Diederichs 1924, auf http://gutenberg.spiegel.de
2 Wilhelm, *I Ging*
3 Zitiert nach: *Der große Brockhaus, Enzyklopädie in zwanzig Bänden*, Leipzig, Mannheim: Brockhaus
4 Zitiert nach: Markus Knill, »Kommunikation und Lüge,« auf: www.rhetorik.ch
5 Martin Wagner, »Feigheit, Angst, Mut und Vertrauen«, auf: http://www.martin-wagner.org
6 Zitiert nach: wert: voll, »Mut – die neue deutsche Tugend«, Report vom 16.6.2004, auf: www.wertvoll-medien.de
7 Beate Weymann-Reichardt, »Konsequenz: Regeln und Grenzen«, in: *Online-Familienhandbuch*, hrsg. von Wassilios E. Fthenakis und Martin R. Textor, auf: www.familienhandbuch.de
8 Friedhelm Franken, »Die Zehn Gebote für den Redner«, auf: www.komma-net.de